AF254171

SOUVENIRS DU VIEUX PARIS

Léon LESAGE

Souvenirs du Vieux Paris

L'ancien Quartier St-Merry
Les Monuments incendiés sous la Commune
Variétés

Publiés par André LESAGE

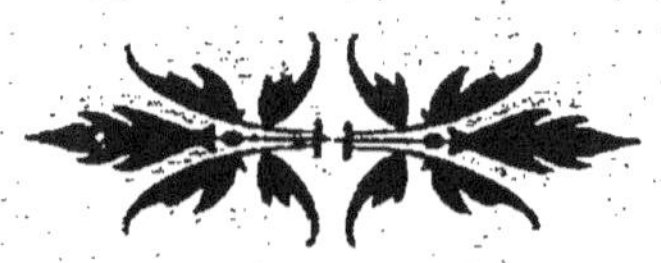

PARIS
HENRI FALQUE, Libraire-Éditeur
86, Rue Bonaparte, 86
—
M DCCCC IX

AVANT-PROPOS

L'ouvrage que je publie aujourd'hui sous le titre de Souvenirs du Vieux Paris est l'œuvre personnelle et exclusive de mon regretté Père : j'ai à cœur de lui en laisser tout l'honneur et tout le mérite ; car mon rôle, dans cette publication, a été des plus modestes et tout à fait effacé. Il m'a été seulement donné de réunir les matériaux qu'il avait laborieusement accumulés : là se borne ma part de collaboration.

De bonne heure, mon Père s'était adonné à l'étude des questions historiques se rattachant à notre vieille cité. Appelé comme avocat à défendre devant le Jury les intérêts pécuniaires des expropriés, il s'était plu aussi, dans des articles parus soit dans la Gazette des Tribunaux, soit dans la Semaine Religieuse, à rappeler les souvenirs qu'évoquaient les hôtels, les vieux logis tombant tour à tour sous le pic des démolisseurs. C'est ainsi que de 1866 à 1890, sans une défaillance, il rendit compte de toutes les opérations d'expropriations nécessitées par le percement de nouvelles voies publiques ou l'élargissement des anciennes rues. Il avait même écrit un ouvrage consacré tout spécialement au Quartier Saint-Merry ; mais le temps et les circonstances ne lui ont pas permis de le livrer à l'impression. Sans doute cette œuvre, à laquelle il avait donné tous ses soins, eût été présentée par lui-même au public avec une toute autre garantie de compétence et d'érudition ; j'ai pensé cependant qu'il serait intéressant, pour ceux qui ont le culte du passé, de grouper tous ces matériaux épars. Tel est le but de cet ouvrage, divisé en trois parties : la première comprend ce qui a trait à l'ancien Quartier Saint-Merry, la seconde concerne les monuments incendiés sous la Commune. Enfin dans la troisième partie ont trouvé place les articles parus plus spécialement dans la Semaine Religieuse de Paris et qui sont relatifs à des Églises, des Couvents ou des Collèges, pour la plupart à jamais disparus.

A. L.

PREMIÈRE PARTIE

L'ANCIEN QUARTIER SAINT-MERRY

PRÉFACE DE L'AUTEUR

On ne lit plus les préfaces de nos jours ;
aussi n'ai-je point l'intention d'en faire une :
mon but, en écrivant ces quelques lignes, est
d'indiquer la pensée qui a présidé au travail
que je livre aujourd'hui au public.

Les articles spéciaux que, depuis 1866,
j'ai publié dans la *Gazette des Tribunaux*
et les études si attachantes des souvenirs
historiques du Vieux Paris m'ont engagé, à
rappeler dans une notice complète les phases
diverses du quartier Saint-Merry, l'un des
plus anciens de la capitale, que j'ai habité
sept années. J'ai surtout recherché, dans
ce modeste travail, à faire connaître aux
Parisiens les origines des voies publiques
qu'ils habitent ou parcourent journellement
et à retracer l'image effacée des coutumes

et des traditions ; j'ai écarté soigneusement toutes versions ou récits qui ne s'appuyaient pas sur des documents sérieux et authentiques.

Heureux si ce faible tribut de reconnaissance à mon ancien quartier peut-être utile à quelques-uns et les intéresser.

L. L.

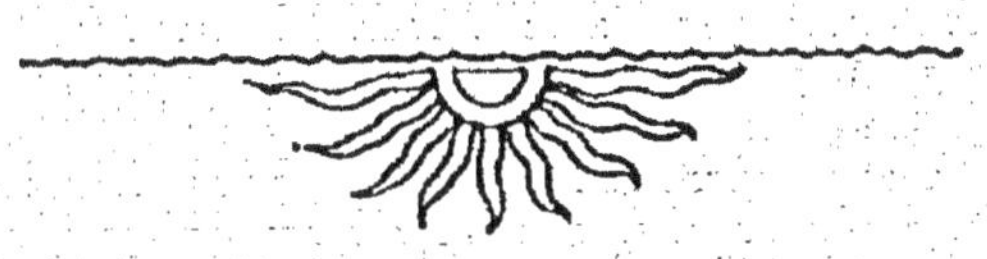

L'ANCIEN
QUARTIER SAINT-MERRY

I

INTRODUCTION

Organisation de la Ville avant la Révolution

LE quartier Saint-Merry, qui fait partie du quatrième arrondissement de Paris, forme presque un carré parfait. Il s'étend de la rue de Rambuteau à la Seine, d'un côté et de l'autre du boulevard Sébastopol aux rues du Chaume, de l'Homme Armé, des Billettes et de Lobau. Il compte quarante-neuf rues ou quais, trois ponts, une église.

Lorsque la Ville de Paris, appelée Lutèce jusqu'au règne de Constantin, franchissant l'étroit espace qui l'enserrait dans son berceau et traversant les deux bras du fleuve, établit ses faubourgs sur les deux rives, des constructions s'élevèrent bientôt de chaque côté, mais dans un rayon encore restreint, car si les *Nautes Parisii*, profitant de l'heureuse situation du pays, avaient donné à leur commerce un grand développement, les richesses qu'ils en tiraient n'auraient pas été en sûreté à une trop grande distance de leur île, refuge commode et sûr en cas d'invasion.

La Cité était fortifiée dès le ıv⁰ siècle ; ses murailles, grâce à l'héroïsme de ses habitants surexcité par Sainte Geneviève, résistèrent victorieusement à Childéric ; mais, lorsqu'en 845, les Normands se présentèrent pour la première fois devant Paris, l'enceinte, qui protégeait la ville, avait été détruite et les barbares ne rencontrant aucun obstacle ne mirent pas de frein à leurs instincts dévastateurs et pillards. Pour les éloigner, Charles le Chauve dut même leur verser 7000 livres d'argent. Il ne fallut pas moins des deux autres incursions de 856 et de 860 pour faire comprendre au roi la nécessité de relever les fortifications de Paris. Elles étaient entièrement achevées, quand pour la quatrième fois, les Normands débarquèrent, en 885, sur les rives de la Seine. Le second siège de Paris fut aussi honorable pour les Parisiens que le premier ; il dura une année entière, ce qui avait donné à Charles le Gros le temps de rassembler une armée et d'accourir à la défense de la ville ; mais il préféra au combat le facile sacrifice d'une rançon.

Il a été donné à notre génération, après dix siècles écoulés de voir se renouveler ces incursions de barbares avides, ne cherchant à s'assimiler dans la civilisation moderne que les effrayantes découvertes de la science mises en œuvre par eux pour accomplir sur leur passage des dévastations et des ruines, dont l'histoire enregistrera les honteuses monstruosités. Exemple cruel, qui depuis a trouvé d'odieux imitateurs, ennemis acharnés de la raison et de l'humanité ! (1).

Sans vouloir discuter ici la question de savoir si la seconde enceinte de Paris a été l'œuvre des Romains ou si elle est postérieure au temps de leur occupation, il n'est pas douteux que du côté Nord de la ville, cette clôture partait de la Porte de Paris (rue Saint-Denis, à l'encoignure du Pont au Change) longeait la rue Saint-Denis, passait entre les rues Troussevache (de la Reynie) et des Lombards, arrivait à la rue Saint-Martin à la hauteur du Cloître Saint-Merry, qu'elle comprenait après avoir laissé sur son passage une seconde Porte, l'Archet Saint-Merry, tournait entre les rues Barre du Bec (du Temple) et des Billettes, suivait la rue de la Verrerie jusqu'à la rue des Deux-Portes, traversait la rue de la Tixeranderie et le Cloître Saint-Jean, près duquel s'ouvrait la *Porte Baudets* ou *Baudoyer* et venait aboutir à la Seine entre les églises Saint-Jean et Saint-Gervais.

Au cours des Xe XIe et XIIe siècles des constructions nombreuses s'élevèrent autour de cette enceinte ; les marais et les bois épais qui l'avoisinaient furent transformés en culture ou en petites bourga-

(1) Ces lignes ont été écrites presque au lendemain du siège de Paris et de la Commune. (Note du Rédacteur).

des (1) et dès la fin du xiiᵉ siècle, en 1190, Philippe Auguste conçut le projet d'étendre les limites de Paris, en y comprenant les faubourgs et les cultures les plus proches des anciennes murailles. Pour ne parler ici que du quartier Saint-Merry, il nous suffit d'énoncer qu'il fit dès lors, dans toute son étendue, partie intégrante de la ville. Les travaux de fortifications commencés en 1191 se terminèrent en 1211.

Après cette première extension, Paris fut divisé en quatre quartiers, savoir : la Cité, Saint-Jacques (la Boucherie), de la Verrerie et de la Grève. Sous Philippe Auguste furent créés quatre nouveaux quartiers, dont deux du côté Nord, ceux de Saint-Germain (L'Auxerrois) et de Sainte-Opportune ; les quartiers Saint-Jacques et de la Verrerie s'étendirent en longueur jusqu'aux nouveaux murs d'enceinte ; mais sous Charles V et Charles VI, huit nouveaux quartiers ayant été formés du côté Nord, en portèrent le nombre total à seize, en conservant toutefois la dénomination qui indiquait la division originaire de la ville en quatre quarts ou parties. Depuis Charles VI jusqu'à la fin du règne de Louis XIII, cette division fut maintenue. En 1642, on ajouta un quartier aux précédents ; puis on remania l'ensemble, en 1702, en vertu d'un arrêt du Conseil du 14 janvier. « Le Roi, est-il expliqué « dans les motifs de cet arrêt, ayant par son Édit « de décembre 1701 créé vingt offices de Receveurs « particuliers et deux offices de Receveurs géné-

____

(1) Tels étaient le Bourg de Saint-Germain-L'Auxerrois, le Bourg L'Abbé, le Beau Bourg, le Bourg Thibourt et le Bourg Saint-Eloy.

« raux des deniers destinés pour l'entretien des
« lanternes et pour le nettoyement des rues de la
« Ville et faubourgs de Paris et quatre Conseillers
« du Roi quarteniers pour les nouveaux quartiers
« établis dans la dite Ville...... et sa Majesté étant
« informée que les seize anciens quartiers sont très
« inégaux dans leur étendue, qu'il y en a plusieurs
« qui ne sont composés que de 10 à 12 rues, pen-
« dant que d'autres en contiennent plus de 60, que
« même ils sont engagés les uns dans les autres,
« ce qui rend le service du Roi et les soins de la
« Police et du Bien Public beaucoup plus difficiles.
« A quoi il est nécessaire de pourvoir en faisant
« une nouvelle division des vingt quartiers ; joint
« que si l'ancienne subsistait, la plupart des Rece-
« veurs particuliers n'auraient presque pas de fonc-
« tion et leur recette serait si modique qu'ils ne rece-
« vraient tout au plus que 3 à 4000 livres, pendant
« que les autres recevraient 28 à 30.000 livres par
« an, ce qui ferait une très grande inégalité entre
« ces officiers par rapport à la première finance qu'ils
« doivent payer au Roi, à la répartition des gages
« qui leur sont attribués et à leurs droits et taxa-
« tions. »

La ville fut dès lors divisée en 20 quartiers d'une
étendue bien moins grande qu'aujourd'hui, car dans
la division qui nous régit, pour constituer spécialement le quartier Saint-Merry, avec les données
anciennes, il faudrait distraire une portion de territoire aux quartiers Saint-Jacques la Boucherie,
Saint-Martin, de la Grève et Sainte-Avoie. La loi du
16 Juin 1859 et les décrets du 3 Novembre suivant

sur l'extension des limites de Paris ont fixé l'étendue des 20 arrondissements actuels et subdivisé, à l'aide d'une dénomination plus exacte que l'ancienne, chaque arrondissement en quatre quartiers.

La domination romaine avait placé dans les différentes villes des Gaules des Préfets, administrateurs et magistrats suprêmes, dont l'institution se perpétua sous les rois des premières races; le titre de Préfet se transforma en celui de Comte. Le Comte de Paris jouissait dans l'Ile de France d'une autorité sans bornes et d'un revenu considérable; les deux tiers du domaine et des droits qui se payaient devenaient sa propriété. Charles le Simple accorda en outre à son parent et tuteur Hugues, titulaire de cette dignité, l'inféodation du Comté de Paris à la charge de réversion à la Couronne à défaut d'enfants mâles. C'est de ce temps que date la création par les Comtes des Vicomtes, chargés par eux d'une partie de l'administration du Comté. Ils se réservèrent personnellement la portion qu'ils n'avaient pas distraite de leur autorité; plus tard ils établirent des baillis ou sénéchaux qui les représentaient.

Le Comté de Paris fit retour à la Couronne en 1032 à la mort du Comte Odon décédé sans postérité et le titre de Vicomte de Paris cessa d'exister en même temps. Le Roi institua alors, pour remplir le même office la dignité de Prévôt de Paris, seule charge, en France, qui échappa à la vénalité; elle fut accordée sous la minorité de Saint-Louis au plus offrant, mais cet état de chose dura peu, car en 1254, Saint-Louis devenu majeur nommait Prévôt de Paris Estienne Boylesve (Boileau).

Les pouvoirs du Prévôt étaient très étendus : ils comprenaient la justice, la police de la cité, les finances des domaines royaux. Saint-Louis lui enleva la gestion des finances. L'obligation à laquelle fut imposé le Prévôt de Paris d'être gradé en droit par Charles VIII (1493) et Louis XII (1498) eut pour conséquence de répartir ses pouvoirs judiciaires entre les Lieutenants et autres magistrats du Châtelet. Il avait également sous sa dépendance les magistrats d'épée ; aussi était-il à la fois homme de robe et homme d'épée. Les magistrats d'épée étaient les lieutenants de Robe Courte, les Chevaliers du Guet et les Prévôts des Maréchaux. Nous n'entrerons pas dans le détail des attributions de ces officiers ; mais nous observerons que le guet de nuit existait dans les villes dès l'origine de la Monarchie, les Registres des *Olim* mentionnent le partage du service du guet entre les communautés de Marchands et Artisans, qui fournissaient journellement un certain nombre d'hommes et la Compagnie du Guet à la solde du Roi, chargée spécialement de faire des rondes dans la ville. Les marchands et artisans étaient placés dans des postes déterminés ; on les nommait pour ce motif le guet assis. Depuis l'édit de Pacification de Mars 1563 les Bourgeois de Paris ont été déchargés de ce service ; la troupe du guet seule en a eu le soin dès cette époque ; on la mit en état d'y suffire en introduisant, selon les temps, des modifications dans son organisation première.

A côté du Prévôt de Paris et dans un ordre d'idées tout différent se trouvait le Corps Municipal, pouvoir redoutable, redouté des rois eux-mêmes. Émané des institutions romaines, conservé par nos premiers rois sous la dénomination de *Hanse Parisienne*, il prit, par la suite, une importance d'autant plus grande qu'il était le produit d'une élection à deux degrés et que ceux qui le dirigeaient devaient à l'expérience acquise dans les rangs inférieurs de cette magistrature les dignités dont ils étaient revêtus. A sa tête étaient placés le Prévôt des Marchands et ses quatre Échevins. Les Défenseurs de la Cité devenus *Nautes Parisiaci, Mercatores aquæ, Bourgeois de la Hanse*, étaient dans l'origine une association du commerce par eau qui dans son propre intérêt avait établi une police de précaution. Quelques-uns des membres de cette association étaient élus pour la diriger, leur influence grandit avec les services qu'ils rendaient à la Cité. Elle finit par prendre une telle extension qu'ils administrèrent bientôt la Cité elle-même. Les titres de Prévôt des Marchands et d'Échevins datent de Philippe le Hardi (1274).

Le mode d'élection en usage pour les premiers magistrats municipaux mérite d'être rapporté. Avant le 16 Août, date fixée pour l'élection, le quartenier (magistrat municipal placé à la tête de chaque quartier) réunissait tous les bourgeois de son quartier, qui élisaient quatre d'entre eux ; c'étaient toujours les plus honnêtes et les plus notables. De ce nombre deux étaient tirés au sort dans un chapeau mi-partie des couleurs de la Ville ; parfois ils étaient choisis ; leurs noms étaient inscrits avec celui du quartenier sur une liste et lorsque ce travail était terminé pour chacun des quartiers, on procédait à l'élection des scrutateurs. Outre les bourgeois nommés, le Prévôt des Marchands, les Echevins, les Conseillers, les quarteniers avaient droit de vote. Les scrutateurs une fois installés au bureau, on appelait les électeurs qui votaient dans l'ordre suivant : le Prévôt, les Echevins, les Conseillers, les quarteniers et les bourgeois désignés. Le dépouillement du scrutin était ensuite opéré; on dressait de ces opérations un procès-verbal, qui était confirmé par le Roi. Le Prévôt pouvait être réélu quatre fois.

Voici quelles étaient les attributions du Prévôt des Marchands : il présidait le Bureau de Ville, jugeait conjointement avec les Echevins les causes des marchandises par eau, celle des Officiers de la Ville pour raison de leurs offices et fonctions; il connaissait dans certains cas des délits commis par les marchands, des rentes constituées sur l'Hôtel de ville, fixait le taux des marchandises et denrées. Sa juridiction s'étendait sur la Seine, dont il avait soin de tenir la navigation libre, enfin il ordonnait tous les travaux de construction et de viabilité dans Paris. Les Echevins n'avaient pas un office spécial; ils étaient les assesseurs adjoints du Prévôt des Marchands, leur pouvoir se confondait avec le sien. Ils étaient chargés par lui et sous sa surveillance des diverses branches d'administration générale. Chacun d'eux était nommé pour quatre ans : mais tous les deux ans, deux d'entre eux sortaient de charge; toutefois ils étaient rééligibles jusqu'à trois fois.

Le Conseil Municipal placé à côté du Prévôt des Marchands et des Echevins, approuvait ou rejetait les propositions d'achats ou d'aliénations. Les Conseillers étaient élus par les habitants de leur quartier. Leur nombre était de vingt-quatre dès le XIIIe siècle, il s'est maintenu le même jusqu'en 1792. L'usage de transmettre cette charge par voie héréditaire s'introduisit dans les premières années du XVIe siècle.

Le procureur, le greffier et le receveur de la Ville, nommés par le Prévôt des Marchands, formaient le personnel des hauts fonctionnaires de l'administration municipale. Venaient ensuite le maître des Œuvres (architecte) le maître d'Hôtel, le capitaine de l'artillerie et l'imprimeur.

Les Quarteniers, dont le nombre était égal à celui des quartiers de la Capitale, avaient une influence considérable. Il leur appartenait de convoquer les habitants, dont ils formaient le lien avec le Prévôt des Marchands, de commander la milice bourgeoise, d'ordonner les prises d'armes, de détenir pendant la nuit les clés des portes de la Ville, de faire poser ou lever les chaînes dans les rues. Sans être membre du bureau de la Ville, ils assistaient aux séances importantes et avaient droit de vote pour l'élection du Prévôt des Marchands et des Echevins. A l'origine, ils étaient eux-mêmes élus par tous les habitants de leur quartier respectif ; plus tard ils le furent par les cinquanteniers, les dizainiers et quatre bourgeois nommés par chaque dizaine et réduits à deux par la voie du sort.

Les cinquanteniers, chargés de la conservation des chaînes dans les rues et de l'incorporation dans la milice bourgeoise, commandaient à cinquante hommes, les dizainiers à dix hommes, comme leur nom l'indique. Ces magistrats inférieurs étaient placés sous l'autorité du quartenier.

Nous avons esquissé rapidement toute l'organisation municipale ancienne, afin d'en donner une idée générale. Chacun sait quels sont les divers rouages de l'administration actuelle de Paris; il est inutile de les rappeler dans une étude qui a trait uniquement au vieux Paris.

Nous abordons maintenant, en suivant l'ordre alphabétique, l'examen des souvenirs historiques qui se rattachent aux différentes voies publiques du quartier Saint-Merry.

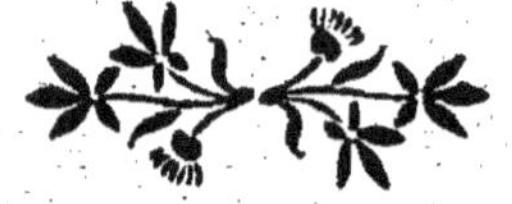

II

Les voies publiques
de l'ancien Quartier Saint-Merry

RUE DES ARCIS

La rue des *Arcis, Arsis* ou *Assis* commençait à la rue de la Planche Mibrai, dont elle faisait le prolongement, et aboutissait à la rue Saint-Martin, à l'encoignure des rues des Lombards et de la Verrerie.

Sauval a rapporté trois diverses étymologies de ce nom : la première est tirée du mot *ardere* la seconde d'une enseigne où plusieurs personnages étaient représentés assis ; la troisième enfin du mot Assyriens. Aucune de ces versions n'est acceptable. Sauval a négligé celle qui est la plus naturelle et qui a pour origine une ancienne porte de Paris ; on sait, en effet, que le mot arcis signifie arc, arcade, archet et que près de l'Église Saint-Merry était située, sous les rois de la première race, une des portes de la Ville.

Un descendant du favori Charles V, Bureau de la Rivière, nommé Bureau comme lui, grand voyer, seul trésorier de France, conseiller du Roi et maître des comptes, habitait au commencement du xv⁰ siècle rue des Arcis un hôtel sur la façade duquel étaient gravées ses armes ; on les y voyait encore à la fin du xvⁱⁱ⁰ siècle presque en face de la rue de la Vieille Lanterne (aujourd'hui Pernelle). La femme de ce Bureau, Jeanne Hesselin, mourut dans cet hôtel le 24 Mai 1428 et fut enterrée aux Saints-Innocents.

Au xvⁱⁱⁱ⁰ siècle, la partie droite de la rue des Arcis dépendait de Saint-Gervais, la partie gauche dépendait de Saint-Merry et était comprise dans sa censive. L'Eglise Saint-Jacques la Boucherie y possédait une maison rapportant 720 livres en 1790 ; l'Eglise Saint-Denis-du-Pas y percevait des rentes à cens depuis le xⁱⁱ⁰ siècle jusqu'à la fin du xvⁱⁱ⁰ siècle et Saint-Eustache comptait aussi parmi les propriétaires ayant pignon sur cette rue.

Jean Butay, peintre ordinaire du roi, cousin par alliance de Lebrun, mourut le 12 Février 1690, rue des Arcis ; neuf jours après, naissait dans la même rue Paul Hopinot, filleul de Jules Crenet, marchand de vins, un des douze privilégiés suivant la Cour. Ce Paul Hopinot, successeur de son père, devait épouser le 13 juin 1748 à Saint-Germain-le-Vieil, Marie-Claude Chardin, fille de Jean Chardin, menuisier des Menus Plaisirs du Roi, veuve de Claude-Michel Balté, marchand de soieries. Guillaume de Froidemontagne, paysagiste distingué, qui devint peintre du Roi, puis académicien le 1ᵉʳ Février 1676 habitait chez ses parents rue des Arcis, lorsqu'en 1645 sa mère donna le jour à deux enfants jumeaux. Nicolas Ponteron, maître peintre ordinaire du Roi, fils de peintre, naquit le 7 Août 1603 dans cette même rue. Un autre peintre, inconnu aujourd'hui, Eustache de Tournon, y demeurait lors de la naissance de sa fille Charlotte, que Wlenghels tint sur les fonts baptismaux le 2 Février 1653.

Il est à noter qu'au cours du XVIIᵉ siècle les artistes, peintres, graveurs, sculpteurs, orfèvres habitaient particulièrement les rues Saint-Martin, de la Verrerie, des Arcis et quelques autres voisines.

RUE AUBRY LE BOUCHER

Suivant les époques le nom de cette rue a été orthographié différemment : *Auberi le Bouchier* (Tailles de 1292 et de 1313 — Guillot, 1300), *Aubry le Buché* (Manuscrit de la Bibliothèque Cottovienne, 1400), *Aubry le Bouchier* (Guillebert de Metz, 1434), *Aubri le Bouché* (Journal d'un Bourgeois de Paris sous Charles VII, 1437), *Aubri qui dort* (Cris de Paris, 1560), *Brilboucher* (Journal de l'Estoile, 1593), *Briboucher* (Registres de l'Hôtel de Ville pendant la Fronde, 1652), *Aubriboucher* (Sauval, 1724), *Aubri le Boucher* (Jaillot, 1775), *Briboucher* (Plans de Ducerceau, 1560 et de Mérian, 1615), *Aubry le Bouché* ou *Bribouché* (Plan de Lacaille, 1714), *Aubri Boucher* (Plan de Maire, 1808). L'orthographe que nous avons adoptée est celle de Corrozet, 1585, du Plan Verniquet 1797, du Plan Jacoubet, 1836 et de l'administration municipale.

La rue Aubry le Boucher commençait autrefois rue Saint-Martin et aboutissait rue Saint-Denis. Elle mesurait alors 85 toises 17 pouces, aujourd'hui, réduite de plus de moitié elle aboutit au Boulevard Sébastopol. Sa dénomination lui vient d'une famille de bourgeois qui y demeurait au XIII° siècle. Sauval déclare ignorer si cette famille se nommait Aubry ou Boucher; il n'aurait pas éprouvé tant d'hésitation s'il eût consulté un acte d'Avril 1225, un contrat de vente et d'accord passé entre Philippe le Hardi et le Chapitre de Saint-Merry en Décembre 1273, le cartulaire de Saint-Magloire de 1284. Ces divers titres portent en effet *Vicus Alberici Carnificis;* d'où il faut conclure que le membre de la famille Aubry, qui a donné son nom à la rue exerçait la profession de boucher. Le même auteur ajoute que de son temps deux familles bourgeoises de Paris, les Aubry et les Boucher s'appuyaient sur l'antiquité de cette voie publique pour établir leur noblesse : il résulte de ce que nous venons de dire, que les Aubry seuls pouvaient s'en faire un appui, fragile d'ailleurs, car la magistrature municipale était l'origine de leur petite noblesse, bien petite, il est vrai et nous n'en voulons d'autre preuve que cette épigramme remontant à la régence d'Anne d'Autriche et qui tourne en ridicule la facilité avec laquelle pour se créer des partisans, on accordait l'honneur fort recherché du droit au tabouret à la Cour :

> Dépêchez, Monsieur Le Tellier,
> A dame Aubry son escabelle,
> C'est pour mettre son gros fessier.
> Dépêchez, Monsieur Le Tellier,
> Elle est du sang d'Aubry Boucher
> Des Maillotins le plus fidèle.
> Dépêchez, Monsieur Le Tellier,
> A dame Aubry son escabelle.

La rue Aubry le Boucher rappelle une légende intéressante. Un jour le Cardinal Saint-Eusèbe, traversant cette voie publique, rencontra sur son chemin un criminel que l'on menait au supplice. Ce fait tout fortuit sauva la vie à ce malheureux ; les cardinaux prétendaient exercer un privilège semblable à celui des Vestales à Rome, qui en affirmant n'avoir pas prémédité une rencontre de cette nature, obtenaient la grâce du condamné à mort. Le propriétaire de l'établissement de marchand de vins situé à l'encoignure des rues Saint-Martin et Aubry le Boucher est resté fidèle, bien certainement à son insu, au souvenir de cette légende en conservant l'ancienne enseigne du Chapeau Cardinal. Cette tradition si elle eut été connue de M. Lefeuve (1) l'aurait tiré de ses incertitudes, alors qu'il se perd en conjectures sur la cause de la présence de ces emblêmes à la porte d'un marchand de vins au détail. La maison dont ce négociant est locataire était au XVIIᵉ siècle la propriété du quartenier, Conseiller du roi, Génard. On pense que Jean Bart l'a habitée pendant son séjour à Paris.

(1) Anciennes Maisons de Paris.

En 1765 le commissaire au Châtelet, Dudoigt, demeurait rue Aubry le Boucher, en même temps que le grand garde des Orfèvres, Loir, un des gardes des Merciers, Garnier, et l'un des huissiers du Bureau des finances. Nous y trouvons en 1790 au n° 7, le sieur Boucher, Conseiller de la ville, au n° 43, le Procureur au Parlement, Compain, au n° 55, le notaire Fourchi.

Sous la République, en l'an III, la rue Aubry le Boucher faisait partie du XVIIIᵉ quartier, dit des Lombards. Les Chanoines du Saint-Sépulcre y possédaient deux maisons, portant pour enseignes, l'une à l'Epée Royale, l'autre, au Soleil d'Or (magasin d'étoffes). Le Chapitre Saint-Honoré et l'Eglise Saint-Josse étaient également propriétaires de divers immeubles dans cette rue placée dans la censive de Saint-Lazare et démembrement de l'ancien fief de Marly. Les abbayes de Saint-Martin-des-Champs et de Saint-Antoine jouissaient de revenus placés en rentes sur plusieurs autres maisons.

Ont habité rue Aubry le Boucher : Charles Geuslain de l'Académie de peinture qui, lors de sa présentation, le 28 Août 1723, en vue de laquelle il avait fait le portrait de Largillière, demeurait en face de l'Eglise Saint-Josse; en 1651 le frère et témoin de la future de Largillière, Marie Mignon; il était marchand linger; d'autres négociants y exerçaient le même commerce : c'étaient, en 1603, Robert de Sor, qui tint sur les fonts batismaux Robert Pinaigrier, de la famille des maîtres verriers bien connus, en 1655 Pierre Maret, auquel François de Lorraine et sa femme Anne d'Ornano s'engageaient le 15 Février de cette année à payer 3.791 livres tournois pour vente et délivrance de marchandises et dentelles. Le peintre Doyen, dont le père était maître tapissier, est né le 20 Mai 1726, sur la paroisse Saint-Leu, dans cette rue. Six ans après, le 24 janvier 1732, un de ses voisins, Pierre-Augustin Picard, fils mineur de Pierre Picard, maître chandelier de la paroisse Saint-Josse était parrain de Pierre Augustin, Caron de Beaumarchais.

Plusieurs décisions ont ordonné l'élargissement de la rue Aubry le Boucher : un arrêt du Conseil du roi rendu en présence du roi le 4 Juin 1679, une décision ministérielle, signée Letourneux, en date du 28 Brumaire an VI fixant la largeur à 10 mètres, une ordonnance du 19 Juillet 1840 la portant à 12 mètres, un décret du 27 Septembre 1854 qui l'a fixée définitivement à 16 mètres. L'expropriation nécessitée par le percement du boulevard Sébastopol a fait disparaître les numéros 27 à 51 et 18 à 36 inclus.

A l'angle Nord-Ouest des rues Quincampoix et Aubry le Boucher était située l'Eglise Saint-Josse. Elle n'offrait rien de remarquable, mais sa haute antiquité mérite une mention particulière. Presque tous les auteurs, sur la foi de Corrozet et de Dubreuil, ont rapporté que, dans l'origine, Saint-Josse était un hôpital dans lequel Saint-Fiacre et plus tard Saint-Josse étaient venus durant leur séjour à Paris. Jaillot combat cette assertion ; il n'a trouvé, dit-il, aucune preuve qu'au commencement du VIIe siècle il y eut des hôpitaux de ce côté de la ville. Rien n'établit, ajoute cet historien, que Saint-Fiacre et Saint-Josse aient demeuré à Paris ;

mais rien n'établit non plus le contraire. Il faut donc accepter le fait comme une tradition répétée d'âge en âge jusqu'à Corrozet. Le titre de 1260, qui a érigé en paroisse la chapelle Saint-Josse n'a pas parlé de l'ancien usage auquel elle aurait servi; il emploie l'expression *de novo fundata*, pour la désigner et ce silence ne saurait servir d'argument à l'une ou l'autre de ces deux versions.

La rue Aubry le Boucher étant devenue, après l'extension de la ville et la construction de l'enceinte de Philippe Auguste, partie intégrante de la capitale, les habitants, qui dépendaient de la paroisse Saint-Laurent dans le territoire de laquelle s'élevait la chapelle Saint-Josse, demandèrent avec insistance que cette chapelle fut érigée en paroisse. L'évêque de Paris et le prieur de Saint-Martin-des-Champs ne s'y opposaient pas; mais le Curé de Saint-Laurent s'y refusait obstinément, car il perdait ainsi le lien qui rattachait sa paroisse à la ville et les produits auxquels il devait renoncer et ce ne fut qu'après cinquante années de lutte, en 1260, que les habitants obtinrent le consentement définitif de l'évêque Renaud, du Prieur de Saint-Martin-des-Champs, Evrard, et du Curé de Saint-Laurent. La nouvelle paroisse avait une étendue fort restreinte, vingt-neuf maisons seulement en faisaient partie. Il est à remarquer que l'Eglise Saint-Josse elle-même et la maison voisine étaient construites en dehors des limites qu'elle comprenait. Le chevet de l'Eglise était originairement vers l'Orient, mais il fut placé au Nord lors de sa reconstruction opérée en 1679 à la suite de l'élargissement de la rue Aubry le Boucher en vertu de l'arrêt du Conseil du roi que nous avons cité plus haut. Deux architectes travaillèrent à cette reconstruction, le premier, du nom de Leduc, éleva le monument du portail à la corniche, mais, après sa mort, son successeur, nommé Sudro selon les uns, Chamois, selon d'autres, changea le plan primitif, donna à l'Église une étendue moindre que celle originairement fixée et décora le maître autel d'une architecture feinte derrière laquelle il continua la perspective des voûtes. Puisque l'occasion s'en présente, nous dirons qu'au cas d'alignement, d'expropriation, d'élargissement d'une voie publique les choses se passaient avant 1792 bien autrement que de notre temps et pour les détracteurs de la loi de 1841 sur l'expropriation, le champ des critiques eût été plus vaste. L'arrêt du Conseil désignait un ou plusieurs experts qui déterminaient sans recours le prix des terrains retranchés.

L'Eglise Saint-Josse qui avait la forme d'un carré était ornée d'un porche à voûte ronde et basse. On admirait à l'intérieur, entre autres tableaux, un Saint-Sébastien peint par Martin Fréminet. Saint-Fiacre était un des patrons de cette paroisse ; dans une permission de l'évêque de Paris qui date de 1571, il est même qualifié *primus illius Ecclesiæ patronus* ; son image en bosse était représentée à l'encoignure de la rue Aubry le Boucher. Charles VI avait autorisé du consentement de l'évêque Gérard de Montaigu l'établissement d'une confrérie. L'Eglise Saint-Josse possédait un os de l'épine du dos de Saint-Fiacre ; cette relique lui avait été donnée en 1671 par la nièce de Richelieu, Madame de Combalet, duchesse d'Aiguillon, redevenue aussi fervente catholique à la fin qu'au début de sa vie et pour laquelle le Cardinal avait rêvé la main de Gaston de France. La duchesse d'Aiguillon tenait cette relique de son oncle à qui le Chapitre de Meaux en avait fait présent en 1627.

A ce propos, il n'est pas sans intérêt de remarquer que quelques-unes des reliques, surtout celles qui venaient de Rome, nécessitaient une patiente vérification. On pourra s'en convaincre par le fait suivant : En 1668 le protonotaire apostolique demeurait Cloître Saint-Marcel ; il y conservait plusieurs reliques de Saints inconnus *(Sanctorum ignotorum,* comme les appelait dom Mabillon) qui lui avaient été envoyées par l'évêque de Porphyre, Préfet de la Sacristie du Pape. M. Bourlon, évêque de Soissons, fut chargé, en l'absence de M. Péréfixe, archevêque de Paris, de procéder à leur vérification. La première et la plus importante de ces reliques était une tête de Saint-Fortunat martyr. Le chirurgien Henri Brossard, qui avait été mandé pour un examen scientifique, s'aperçut tout d'abord que les dents n'étaient pas proportionnées à la tête ; il enleva un os et reconnut que ce n'était pas un os véritable ; puis il plaça une lumière dans la tête et n'y remarqua aucunes sinuosités ni cavités. Il prit alors un burin et ne rencontra pas la moindre résistance ; l'ayant ensuite frappée avec un marteau, la tête résista sans perdre sa forme. Il la mit enfin dans l'eau bouillante, elle perdit aussitôt sa consistance et devint comme du linge mouillé. Ces diverses expériences lui permirent de reconnaître que cette prétendue relique était faite de carton recouvert d'une toile d'ortie tannée qui avait toutes les apparences des os humains. On jugea alors inutile d'examiner les autres reliques.

Au nombre des personnages inhumés à Saint-Josse, nous citerons Paul Peteau, Conseiller au Parlement, décédé en 1614, Michel du Vivier, Conseiller du Roi et de Paris qui contribua puissamment à la reddition de la Ville sous Henri IV, décédé le 8 Mars 1623, Madeleine Collier, épouse de Jacques le Coq, Seigneur de Corbeville et des Porcherons (faubourg Montmartre), substitut du Procureur Général au Parlement, décédée le 12 Février 1625.

Les revenus de la fabrique en 1726 ne montaient qu'à 1363 livres et d'après la déclaration faite par le Curé en exercice le 26 Janvier 1790 les recettes ne dépassaient pas 1817 livres 10 sous. Les dépenses étaient de 430 livres 19 sous, dans lesquelles on comprenait pour 12 livres 10 sous le droit du Curé de Saint-Laurent de se faire remettre, en vertu de l'acte d'érection de la paroisse, les offrandes des jours de Pâques et de Saint-Josse. Le Curé était à la nomination du Prieur de Saint-Martin-des-Champs et était généralement choisi parmi les membres de la Congrégation des Eudistes.

L'Église devint propriété nationale en 1791 et le 18 Octobre de cette année elle fut vendue en cette qualité et démolie. Elle occupait l'emplacement des immeubles situés rue Quincampoix et rue Aubry le Boucher n° 18.

RUE D'AVIGNON

Cette rue, qui tirait son nom d'un hôtel qui y était connu au XV⁰ siècle, donnait d'un bout dans la rue Saint-Denis et de l'autre dans celle de la Savonnerie ; elle comprenait aussi jadis le retour d'équerre qui allait rejoindre la rue de la Heaumerie et qui depuis a porté le nom de Trognon. La rue d'Avignon s'est appelée aussi *Jehan le Comte* au moins dans la partie qui séparait la rue Trognon de la rue de la Savonnerie. Elle est ainsi désignée dans le compte de confiscation de 1421 rapporté par Sauval ; Guillot nomme l'autre partie la *Basennerie*.

Rien d'intéressant à noter au sujet de la rue d'Avignon.

RUE SAINTE-AVOIE

On ne la connaissait autrefois que sous le nom de *Grande Rue du Temple* qu'elle a quitté pour le reprendre de nos jours. La dénomination qu'elle portait au XVIII⁰ siècle entre les rues Barre du Bec et Michel le Comte et que nous lui restituons ici temporairement lui vient de l'Hôpital de Sainte-Avoie dont nous allons parler.

Une communauté de pauvres femmes veuves âgées de plus de cinquante ans fut établie par Jean Séquence, chefcier de Saint-Merry dans une maison qu'il avait achetée rue du Temple en 1288. De concert avec la dame veuve Constance de Saint-Jacques, il rebâtit cette maison qui tombait en ruines et après y avoir établi quarante pensionnaires, il leur fit don de l'immeuble sous la seule condition de reconnaître pour supérieur et administrateur le chefcier de Saint-Merry ou ses successeurs. Jusque vers le milieu du XVIe siècle, on appelait ces femmes *les pauvres veuves de la rue du Temple* ou *les pauvres femmes veuves en deça la porte du Temple*. Les lettres patentes de 1623 les désignent ainsi : *Mère et Sœurs de la Chapelle Sainte-Avoie*. Deux ans auparavant leur nombre était réduit à neuf et ces femmes, qui n'avaient jusqu'alors suivi la règle d'aucun ordre, consentirent sur les instances du chefcier de Saint-Merry, Gui Houssier, et de dame veuve de Sainte-Beuve, d'embrasser la règle des Urselines. A cette occasion, la veuve du Conseiller au Parlement, Claude Le Roux de Sainte-Beuve leur faisait don de 1.000 livres de rente. L'acte en date du 10 Décembre 1621 qui stipule ces conditions fut homologué par le Cardinal de Retz, évêque de Paris, le 4 Janvier 1622. C'est à ce moment que les Urselines prirent possession de la Maison de Sainte-Avoie. Leur coiffure était tellement incommode qu'une ordonnance des Grands Vicaires en date du 26 Janvier 1663 les autorisa à la modifier.

Le but de l'institution des Urselines ou Ursulines, qui suivaient la règle de Saint-Augustin, était l'éducation des jeunes filles. La pension ordinaire à Sainte-Avoie coûtait 450 livres par an, la pension extraordinaire 550. On devait verser 300 livres pour le noviciat, les frais de profession et la dot étaient de 7 à 8.000 livres. Les Religieuses de Sainte-Avoie recevaient en outre des pensionnaires qui payaient 550 livres par an et 350 livres pour une femme de chambre. Les appartements étaient loués 250, 500 et 600 livres. Elles avaient aussi des jeunes filles internes et externes qu'elles élevaient gratuitement.

Il résulte de la déclaration faite en leur nom le 22 Février 1790 qu'elles étaient 21 dames de chœur et 10 sœurs converses., qu'elles jouissaient d'un revenu de 8.536 livres et en dépensaient 7.722. Lorsqu'on fit enlever leur argenterie pour la transporter à la Monnaie en 1792, on constata la disparition de 50 marcs d'argent. Procès-verbal fut dressé de ce fait et les religieuses déclarèrent avoir vendu l'argenterie qui manquait pour payer leurs dettes. Les constructions devenues propriétés nationales furent vendues à des particuliers ; elles furent abattues lors du percement de la rue de Rambuteau. Les bâtiments s'étendaient de la rue Geoffroy Langevin jusqu'à l'hôtel de Beauvilliers et du coin de la rue Sainte-Avoie à la rue Beaubourg. Les religieuses étaient devenues propriétaires de tout ce vaste emplacement par des acquisitions successives, parmi lesquelles il faut citer l'achat d'une portion de l'hôtel Lagny appartenant au duc de Vivonne, de qui elles l'achetèrent en 1686.

Les nouvelles Catholiques s'étaient fixées pour quelque temps et à titre provisoire rue Sainte-Avoie en l'année 1648.

Une synagogue y fut fondée en 1808 au n° 47.

Un seul hôtel mérite une mention particulière ;

c'est l'hôtel de Mesmes, qu'il ne faut pas confondre avec l'hôtel Beauvilliers qui a porté aussi le nom d'hôtel de Mesmes. Le premier hôtel de Mesmes était célèbre autrefois sous le nom d'hôtel de Montmorency, dans lequel le Connétable a reçu plusieurs fois le roi Henri II. Il passa depuis dans la maison de Mesmes. Le premier Président de ce nom y a fait faire d'importantes réparations sur les dessins des architectes Bullet et Boffrand. Les bureaux de Law y furent établis avant leur installation rue Quincampoix. Le dernier propriétaire avant la Révolution était la duchesse douairière de la Trémoïlle.

Ont habité rue Sainte-Avoie vers le milieu du XVIII° siècle, le Maître des requêtes Lefèvre de Caumartin, les Conseillers au Parlement Symonnet, Fermé, Bourée de Caboron, Dupré, Aymeret du Gazeau et de Chavaudon, les Conseillers à la Cour des Comptes Billet de Mingon, Héron, Lecomte, Bourée de Caboron et Dionis du Séjour, le Conseiller au Châtelet Héron, vis-à-vis de la rue du Plâtre, l'expéditeur en Cour de Rome Raynal, le Maître des requêtes Dufour de Villeneuve, le syndic des avocats au Parlement Rolland, près de Sainte-Croix, le Conseiller honoraire au Grand Conseil Perrin de Cypierre, le Conseiller à la Cour des Aydes de Chavaudon de Sainte-Maure, le Trésorier de France Hachelle, le quartenier Fourestier et l'ancien échevin Allen. En 1790 nous y trouvons la marquise de Montbrun, l'intendant Blondel, le caissier de la recette générale des finances, Bervelt, le Procureur général des Comptes, de Montholon, le comte et la comtesse de Murinais, le maître des Comptes Boyer de Bonchamps, le marquis de Tinteniac, le médecin du Roi, Millard, la Présidente Brisson et son fils, Conseiller honoraire des Requêtes, enfin l'intendant de Franche-Comté de Saint-Ange. François Hannibal d'Estrées, comte de Tourpe, Chevalier des Ordres du Roi, lieutenant de l'Isle de France, gouverneur de Laon, Maréchal de France, y demeurait, lorsqu'il épousa le 16 Avril 1634 dame Aline Habert, veuve du marquis de Thémine.

Madame de Sévigné a aussi demeuré dans cette rue au moment du mariage de sa fille avec le marquis de Grignan (29 Janvier 1669) en même temps qu'un historiographe du roi, historien de Paris bien connu, Henri de Valois, qui, à 60 ans, y épousait Marguerite Chesneau âgée de 19 ans et qui y mourait en 1676.

Mentionnons, en outre, plusieurs peintres célèbres : Harel, peintre breveté du Roi, faiseur d'éventails, en 1668, vis-à-vis d'Henri de Valois, Largillière, peintre de Louis XIV, qui y habitait depuis plusieurs années, quand il épousa le 14 Septembre 1679 la fille du peintre du roi, Forest. Il y demeurait encore en 1712 lors du mariage de François Roettiers, premier dessinateur du roi d'Angleterre. Dans l'acte de mariage, Largillière est indiqué comme ami de la mariée, Jeanne Hocquet, veuve de François Heurte, Conseiller du Roi, receveur et contrôleur de la 2e Chambre des Enquêtes.

RUE BAILLEHÖE

Tous les auteurs ont confondu cette rue avec la rue Taillepain et il est probable que cette erreur se serait perpétuée si les recherches patientes d'un membre du clergé de l'Eglise Saint-Merry n'étaient venues jeter un jour sur la situation exacte qu'occupait cette voie publique. En compulsant les archives pour y découvrir les documents relatifs à la reconstruction de l'Eglise Saint-Merry, il a trouvé, en effet, la preuve que la rue Baillehöe formait sous ce nom, qu'elle avait toujours porté le prolongement de la rue Taillepain et venait aboutir à la rue de la Verrerie. Elle fut supprimée lors de l'agrandissement de l'Eglise sous François Iᵉʳ. L'existence et l'individualité de cette rue ne pouvaient d'ailleurs laisser aucun doute, lorsqu'on se référait aux ananciens titres qui en faisaient mention; il suffit de se reporter à l'ordonnance du Prévôt de Paris, en date du 18 Septembre 1367 qui assignait ce lieu comme résidence aux femmes de mauvaise vie, à l'ordonnance du roi Charles VI, qui, malgré les plaintes du clergé et des marguilliers de la paroisse, confirme cette désignation le 14 Septembre 1420, enfin à l'ordonnance du roi Henri VI, qui, pendant l'occupation anglaise prescrit « que les femmes à « vie dissolue et communes..... lesquelles y tenaient « clappier, ne se tiendraient plus en la rue Baillehöe « environ l'Eglise Saint-Merry plus près que le « lieu de la Cour Robert ».

RUE BARRE DU BEC

Cette rue appelée aussi par corruption *Bardubec*
ou *Bar du Bec* tirait son nom de l'hôtel que possédait en ce lieu l'abbaye du Bec Hellouin et de la
barre de justice placée au devant de l'hôtel. Elle
partait de la rue des Coquilles et aboutissait à celle
de Sainte-Avoie. L'étymologie que nous rapportons
n'est pas celle que donne tout d'abord Sauval. Il
dit, en effet, à l'occasion de cette rue, dans son
tome Ier de ses Antiquités « qu'elle a pris son nom ou
« d'une maison appelée en 1273 « *domus de Barra*
« ou d'une autre qui se nommait vers le milieu du
« siècle passé l'hôtel de la Barre du Bec appartenant
« alors au Président de Boulencourt et où il y a
« maintenant une fontaine publique qui ne va plus,
« ou bien enfin de l'hôtel de l'abbé du Bec ou de
« Notre-Dame du Bec Hellouin en Normandie ».
Cet auteur est plus affirmatif, lorsque, dans son
tome II, il s'exprime ainsi : « Les abbés du Bec ont
« eu longtemps deux maisons à Paris, la première
« et la plus ancienne était située à la rue Barre du
« Bec et lui a donné le nom qu'elle porte encore ».
L'hôtel du Bec s'élevait à l'encoignure des rues
Barre du Bec et de la Verrerie.

Le compte des confiscations de l'année 1423, faites
au profit du roi d'Angleterre, Henri V, mentionne
l'ancien hôtel des abbés du Bec, sis en la rue de la
Barre du Bec, tenant d'une part à une ruelle qui va
à Sainte-Croix (probablement la rue Dorée), lequel
advint au roi par confiscation de Tanneguy Ducha-

tel. Cet hôtel était chargé de 12 livres parisis de rente envers les Chartreux et de 28 livres envers le collège de Dormans. Le même compte nous apprend qu'un autre hôtel fut confisqué en 1423 dans la rue Barre du Bec sur le seigneur du Beuil. L'hôtel du Trésorier de France Baillet, situé rue de la Verrerie, s'était agrandi par la prise de possession du jardin de l'hôtel de la Barre du Bec et les héritiers de Baillet payaient une rente à cens de ce chef en 1474.

Jacques Hurault, chevalier, demeurait rue Barre du Bec dans le courant du XIV⁰ siècle, alors que le chapitre de Saint-Merry y percevait les droits censiers; la commanderie du Temple y exerçait les droits de haute, basse et moyenne justice. Le collège de Navarre, l'abbaye de Saint-Victor et les religieux de la Merci y possédaient des rentes foncières.

Le 12 Novembre 1729 naissait rue Barre du Bec chez son père, notaire à Paris, nommé échevin en 1744, Louis-Antoine de Bougainville, cinquième enfant de Marie-Françoise d'Arboulin et de Pierre-Yves de Bougainville. Son grand-père était commissaire-priseur au Châtelet et son arrière-grand-père procureur au Châtelet. On sait quels services éminents Bougainville rendit en qualité de chef d'escadre, puis comme membre du bureau des longitudes. Membre de l'Institut, il fut fait successivement sous le premier Empire sénateur, comte, et grand officier de la Légion d'Honneur.

Nous trouvons, en 1740, rue Barre du Bec, l'abbé Brillon du Perron, receveur des décimes et impositions du clergé, près de la rue de la Verrerie, le

Conseiller auditeur à la Cour des Comptes, Lemoisne, le Président honoraire au Parlement, Thiroux de Gerseuil et le Conseiller au Châtelet, Pillet; en 1753, Dufescq, l'un des députés des villes de France pour le commerce, dont le fils était avocat du roi au baillage de la Varenne des Tuileries, deux Conseillers auditeurs à la Cour des Comptes, l'Escuyer et Bouillette, le Conseiller à l'élection de Paris, Trumeau. Le frère aîné de Bougainville y vivait avec son père; il était déjà en 1753 secrétaire perpétuel de l'Académie des Inscriptions et Belles Lettres, mais il n'était pas encore membre de l'Académie Française; il mourut en 1763. Citons aussi, en 1781, Mayou d'Aunoy, Conseiller au grand Conseil, maître des requêtes et secrétaire en survivance des Commandements et de la Maison de Monsieur; en 1790, d'Aunoy qui demeurait toujours au n° 7 avait pour voisins Morel de Vindé, Conseiller du Parlement aux Enquêtes et Paignon d'Ionval, secrétaire du Roi, possesseur d'un cabinet curieux d'histoire naturelle. En face de lui habitaient Madame de la Martinière et Hébers de Hauteclerc, trésorier de France, au n° 2, le chevalier du Perche, au n° 6.

RUE BEAUBOURG

On a écrit successivement *Biau Bourc* (Tailles de 1292 et de 1313), *Beaubourt* (Plan de la Tapisserie, 1540) et *Beaubourg* orthographe qui a prévalu.

L'étymologie du nom de cette rue a donné naissance à deux versions. La première, rapportée par Sauval, la fait dériver de Jean Beaubourg, natif de Beaubourg, village ou bourg et paroisse de Brie, près de l'abbaye de Chelles, duquel descendait le Président de Beaubourg, que le roi Louis XIII a si souvent employé en toutes sortes de négociations. Jean Beaubourg serait venu se fixer en ce lieu, où l'on commençait à élever quelques maisons. L'autre version, plus sérieuse et plus accréditée, donne pour origine à cette dénomination l'ensemble des quelques maisons bâties sur la fin du XIe siècle dans l'espace compris entre les rues Maubuée, Grenier Saint-Lazare, Saint-Martin et du Temple et connues sous cette dénomination générale. Nous avons vu qu'autour de Paris des XIe et XIIe siècles étaient venues se grouper des petites bourgades et nous avons cité parmi elles le Bourg l'Abbé, le Beau Bourg, le Bourg Tibourg et autres.

La rue Beaubourg commence rue Simon le Franc et aboutit à la rue Réaumur. Elle a été par conséquent divisée en deux par l'enceinte de Philippe Auguste. Nous ne parlerons pas d'une façon spéciale de la partie de cette voie publique située au-delà de la rue de Rambuteau en dehors du quartier Saint-Merry et du quatrième arrondissement.

Les cultivateurs de l'ancienne bourgade ont fait place aux commerçants ou bourgeois, qui ont dû abandonner plusieurs rues aux femmes de mauvaise vie, après avoir longtemps souffert de ce singulier voisinage. Les ordonnances royales étaient cependant nombreuses et sévères à ce sujet. Ainsi, non seulement Charlemagne punissait du fouet par son édit de l'an 800, les femmes de mauvaise vie, à l'imitation des lois romaines, il ordonnait, en outre, que le maître de la maison dans laquelle une de ces femmes était trouvée serait tenu de la porter sur son cou jusqu'en la place du marché public et s'il refusait d'obéir, on l'y conduisait de force et le même traitement lui était infligé. Saint-Louis dans son ordonnance de 1254 s'exprime ainsi : « *Expel-* « *lantur autem publicæ meretrices, tam de cam-* « *pis quam de villis et factis monitionibus et pro-* « *hibitionibus, earum bona per locorum judices* « *capiantur, vel eorum auctoritate quolibet occu-* « *pentur, usque ad tunicam. Qui vero domum pu-* « *blicæ meretrici scienter locaverit, volumus* « *quod ipsa domus incidat in commissum* ». Le pieux roi reconnut bientôt lui-même l'impuissance de son autorité à expulser définitivement les femmes débauchées ; aussi préféra-t-il considérer leur présence comme un mal nécessaire et préservateur de désastres plus dangereux encore. Une ordonnance postérieure à celle citée plus haut, mais qui porte la même date, réglementait les vêtements, les habitations et les heures du honteux trafic de ces femmes. Il ne leur était pas permis de porter sur leurs robes, ni chaperons, jais ou broderies, ni boutonnières d'argent ou dorées, ni perles, ni fourrures de petit gris, sous peine de confiscation (ordonnance du Prévôt de Paris de 1360). On leur assigna les rues Mâcon, de la Boucherie, Froidmanteau, près le Clos Bruneau, Glatigny, Baillehöe, Tyron et la Cour Robert de Paris (ordonnance de

Saint-Louis de 1254; ordonnance du Prévôt de Paris de 1367. Enfin, deux fois par an, on renouvelait la fixation des heures de retraite et il leur était interdit de se trouver dans leurs clapiers à peine de prison et d'amende arbitraire après le couvre-feu sonné, six heures en hiver et sept heures en été. Il est à remarquer, en effet, que ces femmes avaient une habitation distincte de l'endroit où elles exerçaient leur triste métier. (Ordonnances du Prévôt de Paris du 17 Mars 1374 et du 30 Juin 1395).

Malgré toutes ces ordonnances les infractions étaient fréquentes et les empiétements trouvaient un auxiliaire dans la rapacité de certains propriétaires. Les locataires et propriétaires honnêtes se plaignaient d'un tel état de choses. Leurs plaintes répétées arrivaient souvent jusqu'au roi, qui prescrivait l'exécution rigoureuse des édits; c'est ainsi que Charles VI, par ses lettres patentes du 3 Août 1381, mandait au Prévôt « de faire défenses aux propriétaires des « maisons des rues Beaubourg, Geoffroy Langevin, « des Jongleurs (Ménestriers), Simon Lefranc et de « la Fontaine Maubuée, de louer leurs maisons à « des femmes de vie dissolue sous les peines por- « tées par l'ordonnance de 1254 ».

Les ordonnances de police prises par le Prévôt de Paris furent autorisées par un arrêt du Parlement du 24 Janvier 1386; mais elles ne furent jamais rigoureusement exécutées. Des ordonnances nouvelles ont été rendues en 1619 et en 1644 pour rajeunir les anciennes; mais elles n'ont pas produit des résultats plus sérieux : il fallait, pour nécessiter l'intervention de l'autorité que le voisinage fût devenu intolérable.

La débauche au moyen-âge dans la ville de Paris ne connaissait aucunes bornes et si quelques noms de rues en conservent encore les traces défigurées, il faut avouer que ces dénominations n'effarouchaient guère la pudeur des bourgeoises et de leurs filles et n'écorchaient pas plus leurs oreilles, qu'il n'en coutait au poëte Guillot de s'écrier :

Alai droitement en Biau Bourc
Ne chassoie chièvre ne bouc.

Cette digression nous a entraîné loin de notre sujet ; nous nous empressons d'y revenir. La partie de la rue Beaubourg qui fait partie du quartier Saint-Merry dépendait de la paroisse de ce nom. En 1753 y habitaient : près de la rue Michel-le-Comte, Brunod de Lisle, avocat aux Conseils, chargé des intérêts du clergé, Pezey, hérault roi d'armes de l'Ordre de Notre-Dame du Mont-Carmel et de Saint-Lazare-de-Jérusalem, Duport, conseiller au Grand Conseil et conseiller à la 4e Chambre des Enquêtes du Parlement, Chassepot de Beaumont, conseiller de la 2e Chambre de la Cour des Aydes et de Pernay, Conseiller à la même Chambre. Nous trouvons, en 1765, un avocat, Mollot, deux banquiers, de Rougemont et Rouland, le voyer du bailliage des chasses de la Varenne des Tuileries, Perrot, deux huissiers au Grand Conseil et aux Requêtes du Palais, Levasseur et Huet, un garde des Orfèvres, Daroux. En 1781, nous y mentionnons deux magistrats : l'un Périnet d'Orval, Grand Rapporteur au Grand Conseil, demeurait n° 8 à l'hôtel de Fer ; l'autre, Gaultier de Chailly, Conseiller à la Grande Chambre du Parlement et substitut honoraire. En 1790, l'hôtel de Fer était occupé par un banquier, Féline et un avocat, Robin. La maison de Perrot, près de la rue Maubuée, abritait les bureaux des commissaires généraux de la voirie. Ces commissaires, au nombre de quatre, aidés de plusieurs inspecteurs avaient pour mission d'examiner s'il ne s'élevait aucun bâtiment et si l'on ne faisait pas des changements à l'extérieur des maisons. Ils percevaient un impôt pour chaque innovation, telle que jalousie, volet, ouverture de boutique, appui de fenêtre, etc... Perrot avait écrit un ouvrage estimé sur cette matière. Près de la rue Simon le Franc, était située l'étude de Me de Conchy, procureur au Châtelet, voisine de trois autres du même genre et de trois cabinets d'avocats. En remontant la rue, on trouvait la maison d'un ancien échevin, Sarazin, celle du Chevalier de Vigny, père d'Alfred de Vigny et au n° 12 l'hôtel de la marquise de Chambouin.

A une époque un peu plus ancienne, a habité rue Beaubourg, Louis de Sacy, écuyer, avocat au Conseil, l'un des quarante de l'Académie qui y demeurait, en 1713, lorsque, le 6 Septembre, il signait à titre de témoin l'acte de décès de Régnier Desmarets, abbé de Saint-Laon, secrétaire perpétuel de l'Académie et en 1727, quand il figurait dans un acte notarié qui porte la date du 14 Août. Plusieurs peintres y avaient élu domicile : Louis Géry, académicien, décédé en 1667 à l'âge de 70 ans, Louis de Nameur, également académicien, décédé le 4 Octobre 1693, Eisen, qui épousait Anne Aubert, fille d'un pharmacien, le 27 Mai 1707, Falot, qui contractait un second mariage avec Guillemette Mercelin, fille d'un marchand de vins de la rue Beaubourg. Les artistes et les commerçants y vivaient côte-à-côte avec des grands seigneurs, tels qu'Henri-Louis d'Aloiquin, marquis de Rochefort (1634) et le marquis de Gordes (1627).

Le Chapitre de Saint-Merry, le couvent des Chartreux, le couvent de Sainte-Avoie et l'Hospice Sainte-Catherine possédaient des immeubles dans cette même rue et l'abbaye de Saint-Martin-des-Champs percevait des rentes sur une de ses maisons.

RUE DES BILLETTES

Elle a porté successivement les noms de rue des *Jardins (vicus jardinorum ou de jardinis)* de rue *où Dieu fut bouilli*, du *Dieu Bouli*; et enfin celui des *Billettes*. La première dénomination s'explique d'elle-même et désigne le genre de culture de cet emplacement à une époque contemporaine de l'enceinte de Philippe Auguste. La seconde, rue du Dieu Bouliz, se rattache à une légende célèbre, qui mérite d'être rappelée. En 1290, une femme avait engagé à un juif usurier, nommé Jonathas, pour 30 sols, ses plus beaux habits. Le 2 Avril, jour de la fête de Pâques, elle pria ce juif de lui prêter ses habits pour cette solennité, offrant de les restituer le lendemain. Le juif y consentit et lui promit de les lui laisser sans reprendre son argent, à la condition qu'elle lui apporterait une hostie. La femme reçut l'hostie en communiant à Saint-Merry, sa paroisse, la conserva entière et la remit à l'usurier. « Je verrai bien, dit celui-ci, en la recevant, si « c'est là le Corps de Jésus-Christ, comme les chré- « tiens le publient ». En même temps, il place l'hostie sur un coffre et la perce de plusieurs coups de canif. Le sang sort aussitôt en abondance ; le juif étonné appelle sa femme et ses enfants, puis, revenu de sa première surprise, il enfonce un clou dans l'hostie qui continue à verser du sang. La femme effrayée veut arrêter son mari ; mais celui-ci, devenu furieux, jette dans le feu l'hostie ; elle en sort endommagée et voltige dans la chambre. Enfin le juif la précipite dans de l'eau bouillante qui devient rouge. La femme s'éloigne et en même temps des voisins sont avertis par l'un des enfants de ce qu'avait fait leur père ; une femme entre dans la maison, voit l'hostie, la recueille dans les plis de sa robe, puis dans un vase et la remet au curé de Saint-Jean-en-Grève, auquel elle raconte les faits. L'évêque fut informé et, n'ayant pu réussir à convertir le mécréant, il le livra au bras séculier. Il fut condamné à périr dans les flammes ; sa femme et ses enfants se convertirent au christianisme. L'hostie miraculeusement préservée fut conservée comme une sainte relique à Saint-Jean-en-Grève ; on l'y

voyait encore avant la Révolution. La maison du
Juif fut rasée et quelque temps après une partie du
terrain fut concédée aux Religieux de la Charité
Notre-Dame, surnommés Billettes. Ce surnom nous
conduit à parler de la troisième dénomination donnée à la rue et qui lui est restée.

Deux étymologies sont en présence : la première,
soutenue par Sauval, donne pour origine au nom de
Billettes le petit billot de bois suspendu à la porte
de la maison, où se payait un impôt sur certaines
marchandises à leur entrée dans Paris. L'auteur, se
lançant alors dans la voie des hypothèses, suppose
que la rue de la Verrerie étant jadis un chemin
royal, la maison à l'encoignure des rues de la
Verrerie et des Jardins était celle du péage et que
cette dernière, à cette occasion, aurait pris le nom
de Billettes ; mais outre que la rue de la Verrerie
n'est devenue chemin royal qu'après la construction du palais des Tournelles, ce que nous établi-
rons par la suite, la maison du péage de ce côté de
la ville s'appelait *Maison du Fléau* et non des
Billettes. Il est plus exact de dire que ce nom vient
de ce que les Religieux de la Charité Notre-Dame
portaient de petits scapulaires en forme de billettes ;
on nommait ainsi d'étroits morceaux d'étoffe, d'or
ou d'argent, de forme rectangulaire, plus longs
que larges, cousus sur les vêtements comme ornements (1).

Nous ne parlerons pas ici du couvent de ces

(1) Une autre étymologie donnée par le Père Dubreuil, *bilis atra*, à
cause de la fureur du Juif, ne paraît pas soutenable.

Religieux et des transformations qu'il a subies, les numéros impairs de la rue des Billettes faisant seuls partie du quartier Saint-Merry ; mais nous mentionnerons, parmi les acquisitions par eux faites, celle d'une maison sise en face de leur église. Charles V les avait autorisés à construire sur la rue une arcade faisant communiquer leurs deux immeubles, mais ses lettres patentes, en date du 6 Juillet 1375, ne reçurent pas leur exécution, car Charles VI, cédant à des instances nouvelles, leur permit, par des lettres du 29 Juin 1382, de percer une voûte sous le sol de la rue. Cette maison tombait en ruines au commencement du XVI⁰ siècle ; on la démolit alors et son emplacement formait l'impasse, qui aboutissait à l'une des portes du couvent de Sainte-Croix-de-la-Bretonnerie. Dans la maison voisine, au n° 4, habitaient, en 1765, un professeur de la Faculté de Médecine, Lezurier, et un huissier de la Chambre des Comptes, Sollet ; près de là était l'hôtel de l'ancien Consul, Guichon, administrateur de l'hôpital des Petites Maisons.

Longtemps avant la Révolution, on avait établi, au n° 8, dans une maison appartenant aux Chanoines de Sainte-Croix, le bureau du dépôt des anciennes minutes du Conseil d'État privé du Roi, ouvert au public les Lundis, Mercredis et Samedis, depuis, neuf heures du matin jusqu'à midi. La maison portant le n° 6 était occupée, en 1790, par deux avocats jurisconsultes, Trumeau de Boissy et Bidault, un auditeur des Comptes, Aligée de Saint-Cyran et un procureur au Parlement du nom de Finot. Un autre avocat, Fabre, avait installé son cabinet au n° 18, près de la rue de la Verrerie. M. Jal, dans son Dictionnaire d'Histoire et de Critique, a mentionné une découverte intéressante au sujet de Simon Vouet, que la plupart des historiens ont fait naître en 1583. Il résulte de l'acte de naissance de cet artiste célèbre, qu'il a compulsé dans les registres de Saint-Jean-en-Grève, aujourdhui détruits, que Simon Vouet est né le 9 Janvier 1590 et qu'il y est dénommé « fils d'honeste homme Laurent Vouet, « maître peintre, et de Marie Bouqueton, demeurant « rue des Billettes »

RUE DES BLANCS MANTEAUX

Lorsqu'à travers les terrains et jardins, qui de ce côté de la ville avaient été compris dans l'enceinte de Philippe Auguste, on commença à percer des voies publiques, au droit desquelles s'élevèrent peu à peu des constructions, la rue des Blancs Manteaux s'appelait de la *Parcheminerie* et de la *Petite Parcheminerie*, à cause des fabriques de parchemin qui s'y étaient installées. Elle a toujours conservé les mêmes dimensions en longueur depuis son origine, s'étendant de la rue Vieille du Temple à la rue du Temple (330 mètres). Sa largeur a varié depuis la Révolution ; primitivement fixée à 8 mètres par une ordonnance ministérielle du 22 Prairial an V, elle a été portée à 10 mètres par l'ordonnance royale du 30 Juillet 1845.

Le cadre de cette étude ne comprend que la partie de la rue, qui s'étend de la rue de l'Homme Armé à la rue du Temple.

Les Religieux, dits Serfs de Sainte-Marie, qui étaient vêtus de manteaux blancs, s'établirent en 1263 dans l'autre partie de la rue. Le peuple les appela les Blancs Manteaux, puis il désigna sous ce nom leur couvent et bientôt après la rue elle-même où il était situé. Cette dénomination ne tarda pas à l'emporter sur celle de la Parcheminerie, car dès 1289, elle était généralement admise; toutefois quelques actes postérieurs, pour rappeler le premier nom, portaient encore rue de la Vieille Parcheminerie.

Le carrefour formé par les rues du Chaume, de l'Homme Armé et des Blancs Manteaux est désigné dans le Rôle de la Taille de 1292 *Champ aux Bretons*, parce qu'une famille bretonne était venue, environ un siècle auparavant, cultiver sur cet emplacement une parcelle de terrain.

En 1753, habitaient rue des Blancs Manteaux le Chevalier Le Peletier de Beaupré, Conseiller d'Etat, Président du Grand Conseil, Doublet de Bandeville, Président de la 3e Chambre des Enquêtes au Parlement, près du Cul de sac Pecquay, Morel de Vindé, Conseiller à la même Chambre, Chrestionnot, qui avait été échevin en 1747, de Laverdy, Conseiller au Parlement (1). En 1765, nous y trouvons,

(1) De Laverdy, depuis sa nomination aux fonctions de Contrôleur Général, a quitté la rue des Blancs Manteaux qu'il habitait avant 1753 pour aller prendre possession de l'ancien hôtel Pontchartrain, rue Neuve des Petits Champs.

près de la rue de l'Homme Armé, Doré de Manneville, avocat au Parlement, Conseiller du Roi, expéditionnaire de Cour de Rome, un Maître des Requêtes, Thirioux de Crosne, dont un descendant
habitait en 1825 la même maison, au n° 48, un syndic des Secrétaires du Roi, Le Sénéchal, près de
l'impasse Pecquay, un Président à la 3ᵉ Chambre
des Enquêtes Angran, au coin de la rue du Chaume,
un Conseiller auditeur à la Chambre des Comptes,
Jans, au coin de la rue Sainte-Avoie (du Temple),
le greffier en chef de la Connétablie et Maréchaussée
de France, Prestre, près de la rue du Chaume, un
professeur de la Faculté de Médecine, Bertrand,
enfin un membre de l'Académie d'Architecture,
Perronet.

En 1781, l'hôtel de l'évêque de Langres, M. de la
Luzerne, duc et pair, était situé rue des Blancs
Manteaux. Habitait également dans cette rue le
Président de la Chambre des Comptes, conseiller
honoraire au Parlement, Fraguier.

Lorsque le numérotage des rues fut introduit à
Paris, peu de temps avant 1789, les numéros commençaient du côté de la rue du Temple. Nous notons,
près de la rue de l'Homme Armé, au n° 14, un auditeur des Comptes, Bellet, au n° 20, l'avocat Desmoulins, au n° 22, chez Rémy-Claye, épicier, un
bureau de poste et une boîte aux lettres ; du côté
de la rue du Chaume, au n° 17, le bureau du Secrétaire du Roi, commissaire aux saisies réelles, Cou-
lon, propriétaire d'une maison située près des
Blancs Manteaux ; au n° 19, les bureaux de l'architecte de l'Intendance, Guillaumot ; au n° 12, habi-

tait Fourcroy en 1787. Enfin au n° 27 se rattache un sombre souvenir. C'est là qu'habitait, en 1789, le délateur du marquis de Favras, Turcatti. Singulier rapprochement! Quelques années après la mort de sa victime pendue à la fameuse lanterne de la place de Grève, Turcatti fut trouvé, après une nuit d'orgies et de débauches, pendu aux rideaux de son lit, dans la chambre même où il avait, de concert avec Morel et Marquié, résolu la perte du marquis et de la marquise de Favras.

Plus anciennement, nous relevons, en 1627, les noms de Nicolas Béjart, huissier sergent au Châtelet, oncle de la femme de Molière, en 1644, de Rolland Toyny, bourgeois de Paris, cousin-germain et témoin d'Eustache Lesueur, lors de son mariage avec Geneviève Goussé, célébré le 31 Janvier 1644.

On admirait, dans cette même rue, plusieurs hôtels de magistrats : celui d'Etienne Le Tonnelier de Breteuil, Conseiller du Roi en son Grand Conseil, et de dame Marie Briconnet, sa femme, celui de Messire Charles Etienne Le Peletier de Beaupré, Chevalier, Conseiller d'Etat, Président du Grand Conseil (1753), et celui de Thiroux d'Arcouville, Président de la 1re Chambre des Enquêtes au Parlement. Ce dernier hôtel était situé dans l'impasse des Blancs Manteaux.

La rue des Blancs Manteaux était dans la censive du Grand Prieur du Temple ; elle faisait partie de la paroisse Saint-Jean-en-Grève, qui y possédait une maison, à l'encoignure de la rue du Chaume. On conserve aux Archives (4e Cartons 3678) des pièces curieuses relatives à l'élargissement de cette voie publique.

IMPASSE DU BŒUF

La longueur de cette impasse est de 44 mètres, sa largeur est de 2 mètres 50. Les actes les plus anciens désignaient ce cul de sac sous le nom de *Becoye*. L'accord de Philippe le Hardi avec le Chapitre de Saint-Merry (1273) le nomme *Buef et Oë*; quelques titres postérieurs l'ont appelé *Bœuf et Oïte*, puis rue *Neuve Saint-Merry*. L'abbé Lebeuf pense qu'il a porté le nom de *rue à Bouvetins*. Il est probable que c'est à cette impasse que fait allusion cet auteur, quand il dit : « J'ai lu dans un Mé-« morial de la Chambre des Comptes que le Roi « avait accordé à Raoul de Presles la permission de « faire une saillie pour aller d'une sienne maison « en l'autre, en la rue Neuve Saint-Merry, une « ruelle entre deux ». Ce qui semble confirmer notre opinion est l'inscription relevée à la fin d'un des ouvrages de Raoul de Presles, dans laquelle il est mentionné que la maison de ce savant était dans la rue Neuve Saint-Merry, près du coin, vers le carrefour du Temple. Comme dernier argument, nous ajouterons que l'impasse du Bœuf est la seule qui ait existé dans cette rue.

En 1765, l'huissier de la juridiction de la Maçonnerie, Bouchard, occupait la maison au coin de l'impasse du Bœuf.

RUE SAINT-BON

L'orthographe seule a varié : on écrivait *Saint-Bond, Saint-Bont* ou *Saint Bon ;* quant au nom, c'était celui de la chapelle qui s'élevait jadis dans cette rue.

Quelques auteurs ont pensé qu'elle s'appelait autrefois *Judearia Sancti Bonili ;* c'est une erreur. Il faut appliquer cette désignation à une rue qui en était voisine, celle de la Tâcherie. Cela résulte des lettres de l'Official de Paris de 1261 et de 1263, de l'accord de Philippe le Hardi avec le Chapitre de Saint-Merry de 1273, déjà cité, enfin du Cartulaire de Saint-Maur de 1284.

La chapelle Saint-Bon était fort ancienne ; l'époque précise de sa construction est restée inconnue, bien que certains historiens aient mis en avant des dates qu'aucun document ne justifie. Il faut donc se borner à constater son antique origine, qu'aurait d'ailleurs affirmée le grossier assemblage de ses constructions. Pour pénétrer dans l'église, on était obligé de descendre un grand nombre de degrés ; cette différence de niveau était la marque de l'élévation progressive du sol. Ce n'est pas le seul exemple que l'on rencontre dans l'histoire de Paris, quoique de nos jours seulement les terrains aient été bouleversés par la main de l'homme, de façon à produire en certains endroits de semblables effets. Derrière le sanctuaire, au chevet de la chapelle, s'élevait une tour, qui, dit Lebeuf, paraissait avoir

6 à 700 ans. La chapelle, placée sous l'invocation de Saint-Bon ou Bonet de Clermont, ancienne dépendance de Saint-Eloy, était la propriété des Chanoines de Saint-Maur-les-Fossés ; ils en cédaient l'usage aux paroissiens de Saint-Merry. On y conservait précieusement le cubitus droit de Saint Babolen, premier abbé de Saint-Maur ; cette relique avait été donnée à Saint-Merry par l'archevêque de Paris, Beaumont du Repair, en 1750. On y lisait également une épitaphe, non datée, de deux époux d'humeur querelleuse. Elle mérite d'être notée ; c'est la femme qui parle :

> Heus, viator, miraculum !
> Hic vir et uxor non litigant ;
> Qui simus non dico, at ipsam dicam
> Hic bebrius ebrius me bebriam ebriam nominat :
> Litigas ? Vale.

Sur l'emplacement de la chapelle Saint-Bon, qui servait en 1790 de chapelle du catéchisme pour les enfants de la paroisse Saint-Merry et qui fut détruite en 1792, s'éleva un corps de garde, démoli lui-même peu de temps après ; il fit place à une maison particulière qui portait le n° 8 de la rue. Cette maison a été abattue en 1853, on en a reconstruit une autre (n° 4) sur un nouvel alignement. Dans son extrémité, la rue a conservé la largeur et l'aspect qu'elle avait dans son parcours en 1790.

En 1753, le doyen des substituts du Procureur du Roi au Châtelet, Gueulette, habitait rue Saint-Bon, près de la chapelle. Il y était encore, en 1765, le voisin du greffier l'Huillier, chargé de communiquer les registres du Parlement. Les Religieux Célestins y possédaient une maison et l'Eglise Saint-Jacques-la-Boucherie était propriétaire de deux immeubles, qui lui rapportaient 1272 livres.

RUE BRISEMICHE

La rue *Brisemiche*, qui s'étend de la rue du Cloître Saint-Merry à la rue Neuve Saint-Merry, doit se diviser en deux parties bien distinctes ; celle qui avoisine la rue Neuve Saint-Merry formait la continuation en forme d'équerre de la rue *Taillepain* ou *Baillehöe*, dont elle portait le nom ; l'autre, qui était une impasse, ne fut prolongée jusqu'à la rue du Cloître qu'au commencement du XVe siècle et ce prolongement fut appelé Baillehöe. Ce n'est que dans les premières années du XVIIe siècle que la dénomination de *Brisemiche* fut donnée à la rue dans toute son étendue en ligne droite. Elle vient de ce que, dans une des maisons de cette rue, l'on faisait aux chanoines de la collégiale la division et la distribution du pain du Chapitre. Quelques maisons, vers le centre, ont été reconstruites à l'alignement fixé par l'ordonnance royale du 22 Mai 1837 à 10 mètres ; mais à l'entrée, on peut, en étendant les deux bras, toucher les murs élevés qui la bordent ; cet étroit espace laissé à la circulation de l'air est encore rétréci à partir de la hauteur du deuxième étage par des constructions qui font saillie.

De tout temps cette rue a été affectée aux femmes de mauvaise vie. Un tel voisinage n'a pas empêché le sieur Mosmans d'y établir une maison de banque au milieu du XVIII⁰ siècle, dans un de ces immeubles qui tous appartenaient au Chapitre Saint-Merry.

IMPASSE DU CHAT BLANC.

Elle était située en face de l'extrémité Nord-Est de la rue Saint-Jacques-la-Boucherie. On la nommait, vers 1300, rue *Jehan Chat Blanc*, puis *Charblanc*, *Gilles Chat Blanc* en 1498, *Guichard Le Blanc* et *petite rue des Rats*. Il est à présumer que, sauf altération, elle avait pris le nom de *Gilles Chatblanc*, l'un des bouchers de la grande Boucherie de Paris en 1315.

Aucune autre particularité d'ailleurs à noter.

RUE DU CHAUME

Les maisons portant les numéros impairs 1 à 11 inclus de la rue *du Chaume* appartiennent seules au quartier Saint-Merry. C'est vraisemblablement sur l'emplacement du n° 7 que s'élevaient les murailles de Philippe Auguste, qui allaient rejoindre la porte Barbette. Cette opinion s'appuie sur l'existence par nous constatée, dans l'immeuble sis au coin des rues du Chaume (n^{os} pairs) et des Blancs Manteaux, d'une ancienne tour que les titres du propriétaire de cette maison indiquent de temps immémorial, comme ayant fait partie de l'enceinte de Philippe Auguste. Notre avis est corroboré par le document suivant qu'a trouvé M. Cocheris (1) dans les Censiers du Temple : « L'an 1369, le Lundi 28e jour d'Octobre « vint par devers nous Josset Lescot, comme pro- « cureur de Jean de la Treille pour soy dessaisir en « nostre main comme en main de justice d'une mai- « son si comme elle se comporte avecques toutes « les appartenances, appelée la maison de la porte « du Chaume, séant à Paris près la porte du Chau- « me, faisant le coin de la rue de Paradis, d'une « part, et d'autre tenant aux murs de la Ville de « Paris ».

La rue du Chaume, dont l'origine remonte à la formation du quartier, était une impasse limitée par les murs d'enceinte jusqu'en 1290, époque à laquelle Philippe le Bel permit d'y ouvrir une porte, qui prit le nom de Porte du Chaume. Les travaux d'ouverture étant terminés, la rue prolongée jusqu'au Temple fut nommée dans toute son étendue rue du *Chantier du Temple*, puis rue *de la Porte Neuve*, *Neuve Poterne* et *Outre la Porte Neuve*. Elle reprit ensuite son nom *du Chaume* pour le reperdre une seconde fois et l'échanger contre celui du *Vieil*

(1) Sur Leboeuf.

Braque, de la *Grande Rue de Braque*, de la *Chapelle de Braque*, de la *Merci*. On lui restitua la dénomination primitive jusqu'à la rue des Vieilles Haudriettes, lorsqu'au XVIIIe siècle on commença à placer des inscriptions aux extrémités des rues pour les désigner.

Philippe d'Orléans, père de Philippe de Valois, habita rue du Chaume un hôtel, dont les dépendances s'étendaient de la rue des Blancs Manteaux à la rue de Braque. Les murailles de l'enceinte divisaient les jardins en deux parties. Il quitta cette demeure pour aller habiter rue Saint-André des Arts, près de la porte Bucy. Dès lors, l'hôtel de la rue du Chaume fut morcelé et vendu à divers particuliers. Dans le courant du XVIe siècle, Anne de Montmorency, Connétable de France, propriétaire d'un hôtel rue de Sainte-Avoie, restitua à ce domaine, par des acquisitions successives et des confiscations sur les Protestants prononcées à son profit, son ancienne étendue ; mais la maison d'habitation était située sur la rue Sainte-Avoie, au lieu de l'être sur la rue du Chaume. Le Connétable, qui mourut dans cet hôtel des suites des blessures qu'il avait reçues à la bataille de Saint-Denis, avait quelque temps auparavant, d'accord avec sa femme, fait don de ce magnifique immeuble à son fils aîné François, depuis maréchal de France, qui en aliéna une grande partie. Toutefois il n'était pas encore morcelé en 1587, lorsqu'aux noces du duc d'Epernon, qui épousa la comtesse de Candale dans cet hôtel, Henri III, en présence de toute la Cour, témoigna tant de joie, qu'on le vit danser au bal, son gros chapelet de têtes de mort à la ceinture.

Dans la partie de la rue qui nous intéresse, habitaient en 1753, Lambert, Conseiller à la 2ᵉ Chambre de la Cour des Aydes ; en 1765, de la Roche, premier commis des Ponts-et-Chaussées, en 1781, un Maître des Requêtes, de Bertrand Molleville, un Conseiller au Grand Conseil, Martin de Mentque, un substitut du Procureur Général au même Conseil, Martin de Bussy ; en 1790, un Conseiller au Grand Conseil, Combaut de Canthère, au nᵒ 22 (les nᵒˢ commençaient alors à la rue des Quatre Fils), un secrétaire du Roi, dans la même maison, Combaut de Dampont, enfin un payeur de rentes, Defrance de Croisset, qui possédait un remarquable cabinet d'histoire naturelle. Sous la Restauration une étude d'avoué de 1ʳᵉ instance bien connue, celle de Mᵉ Glandaz, successeur de son père dans le même local, est restée de longues années au nᵒ 3, près de l'étude du frère de ce dernier, avoué à la Cour (rue des Blancs Manteaux).

Nous devons une mention particulière à la maison nᵒ 5. Son architecture, les sculptures qui ornent la porte d'entrée et les fenêtres des divers étages permettent d'en faire remonter la construction au règne de Louis XIV. Elle fut bâtie pour Ollivier II Lefèvre, seigneur d'Ormesson, Conseiller au Grand Conseil, commissaire de la Chambre ardente, l'un des deux rapporteurs du procès Fouquet. Cette dernière fonction lui conquit une telle réputation d'intégrité et d'impartialité que, s'adressant à son petit fils, qui lui était présenté, Louis XIV lui dit : « Je

« vous exhorte à être aussi honnête homme que le
« rapporteur de M. Fouquet; » noble éloge dans la
bouche d'un homme qui avait épousé contre l'ancien surintendant des Finances toutes les rancunes
de Colbert. Madame de Sévigné qui connaissait
beaucoup Lefèvre d'Ormesson et qui ne se faisait
pas faute de solliciter ardemment pour son « pauvre
ami », comme elle l'appelle, abusait de son voisinage
avec le rapporteur, pour lui rendre des visites presque journalières. Elle raconte elle-même la façon
dont le magistrat dut lui interdire l'accès de son
hôtel, afin de rester sourd à toutes les influences.

Son fils, André Lefèvre d'Ormesson, élève du
savant abbé Fleury, qui avait composé à son intention une histoire du droit français, eut plusieurs
enfants. Une de ses filles épousa le célèbre Chancelier d'Aguesseau, une autre épousa François Feydeau, seigneur du Plessis, Maitre des Requêtes, qui
transmit à son fils, le Président au Parlement,
Conseiller d'Etat, Feydeau, l'hôtel de la rue du
Chaume, qu'il n'habita jamais. La marquise Du-
quesnoy, née Feydeau, l'occupa pendant quelques
années, puis le céda à messire Nicolas Vernier,
Conseiller et Président au Grand Conseil depuis
1780. Il y demeurait avec son fils Vernier d'Andrecy,
Conseiller au Grand Conseil.

En Mars 1589, mourait en son hôtel près l'hôtel
de Guise (aujourdh'ui les Archives) dame Justine
Hurault, femme de François Robertet, conseiller
de François Ier et mère de Françoise Robertet,
épouse en 1544 de Tristan, marquis de Rostaing.
Quinault demeurait, en 1656, à l'hôtel de Guise,

devant lequel s'élevait celui de Sourdis ; ces deux hôtels étaient en dehors des limites de notre quartier.

Le 8 Octobre 1670, Maximilien de Laffémas, écuyer, sieur de Sérocourt, conseiller et maître d'hôtel ordinaire du Roi, demeurant rue du Chaume, sur la paroisse Saint-Jean-en-Grève, agissant tant en son nom qu'au nom de ses cohéritiers, faisait bail, par devant notaire, du Jeu de Paume de la Bouteille, qui s'étendait de la rue de Seine (aujourd'hui n° 42) à la rue Mazarine (n° 43 actuel) pour y installer la salle de l'Opéra, que devait y construire Henri Guichard, intendant des jardins et bâtiments du duc d'Orléans.

<h2 style="text-align:center">RUE DES JUGES CONSULS
ET CLOITRE SAINT-MERRY</h2>

Ces deux voies publiques n'en formaient autrefois qu'une seule sous la dénomination de *Cloître Saint-Merry*. Ce cloître entourait l'Eglise au Nord et à l'Est. Les deux issues en étaient fermées par des grilles en fer. Du côté de la rue Saint-Martin était la Barre de Saint-Merry. Ce nom de La Barre venait de ce que les seigneurs qui avaient la haute ou la basse justice à Paris, et ils étaient fort nombreux avant l'édit de réunion au Châtelet, avaient, dans l'origine, fait établir au devant de leurs hôtels ou palais une barrière derrière laquelle ils se plaçaient à certains jours pour rendre la justice à leurs vassaux. Plus tard, les seigneurs ont délégué cette part de leur autorité à des lieutenants ou baillis. Spécialement, en ce qui touche l'Eglise Saint-Merry, par un acte du 7 Octobre 1357, conservé aux Archives, nous voyons qu'il y avait dans le cloître Saint-Merry une maison où se trouvaient réunis *les prisons, le plédouer et siège où l'on plède et la chambre du geôlier.* Cette maison, qui faisait l'encoignure de la rue Saint-Martin, s'appelait la *Mairie.* Le maire, qui exerçait la juridiction, avait 60 sous parisis d'émolûments annuels. On y a tenu également jusqu'en 1790 les assemblées capitulaires.

Derrière le chevet de l'Eglise Saint-Merry était établie la juridiction consulaire. Elle dut son institution à Paris (car il en existait déjà à Toulouse) à cette circonstance que Charles IX entendit juger au Parlement un procès entre deux négociants qui plaidaient depuis dix ans l'un contre l'autre, sans que la cause eût reçu une solution définitive. Le roi comprit que les affaires commerciales devaient être solutionnées promptement et sans frais ; aussi quelques mois après avoir été déclaré majeur, rendit-il un édit en 20 articles qui créait et réglementait cette juridiction. Cet édit, qui porte la date du 30 Novembre 1563, ne fut enregistré par le Parlement que le 18 Janvier de l'année suivante, par ordre exprès de Charles IX. Il fallut un tel acte d'autorité pour vaincre sa résistance, car c'était lui enlever la connaissance d'un grand nombre de litiges. La première élection eut lieu le 27 Janvier 1564. Le Prévôt des Marchands, en exécution de l'édit avait fait assembler cent principaux marchands des six Corps, qui élirent, pour une année, juge, Jean Aubry, et consuls, Nicolas Bourgeois, Henri l'Advocat, Pierre de la Cour et Claude Hervy. Le 1ᵉʳ Février suivant, ils prêtaient serment entre les mains du Premier Président Christophe de Thou et six jours après, ils tenaient leur première audience rue Saint-Denis dans l'hôtel abbatial de Saint-Magloire. Le 15 Novembre 1570, les Corps des Marchands acquéraient du Président Baillet les maisons qui lui appartenaient dans le cloître Saint-Merry, (l'une d'elle avait été la propriété des Pauvres Veuves de Sainte-Avoie en 1423, puis vendue par elles au chapitre de Saint-Merry, qui l'aliéna à son tour), faisaient démolir les divers bâtiments et construisaient à leurs frais un hôtel destiné à servir de siège à la juridiction consulaire et qui y resta affecté pendant plus de deux siècles, jusqu'au 6 Novembre 1826.

Au-dessus de l'entrée principale fut placée une statue en marbre de Louis XIII due au ciseau de Guillain, paroissien de Saint-Merry. On voyait dans la salle d'audience un tableau de Porbus représentant Charles IX remettant aux Juges Consuls leur édit de création, ainsi que le portrait de Louis XV. La Chambre du Conseil était ornée d'un tableau de Lagrénée jeune où était peint le buste de Louis XVI soutenu par la justice.

Les Juges Consuls devaient connaître entre marchands de toutes contestations pour faits de commerce et les juger sans appel au Parlement jusqu'à concurrence de 500 livres. Le premier élu était appelé Juge, les quatre autres prenaient le titre de Consuls ou de Sires. Cette dernière dénomination servait à désigner jadis les seigneurs, mais elle était tombée en désuétude et n'était plus employée dès le XVIᵉ siècle que pour les Rois et les Consuls.

En 1837, un traité passé entre la Ville de Paris et un propriétaire, le sieur Gueule, facilita l'opération du prolongement de la rue du Cloître Saint-Merry jusqu'à la rue du Renard et tandis que la partie ancienne de la rue, reprenant le nom de Juges Consuls qu'on lui donnait parfois depuis 1570, conservait une largeur de 7 mètres fixée par décision ministérielle du 13 Vendémiaire an X, la partie nouvelle, en vertu de l'ordonnance royale du 13 Juin 1839, était élargie jusqu'à 12 mètres. Les travaux de prolongement commencés en 1837 firent disparaître l'ancien hôtel consulaire.

La générosité des paroissiens de Saint-Merry avait permis au chefcier de cette Église de fonder un hôpital dans une maison du cloître qui porte aujourd'hui le nº 10 et sur laquelle se lit encore l'inscription suivante : « *Fecit mihi magna, qui potens est, 1783* ». Le chefcier était alors Jean Denis de Vienne ; son successeur, Louis Esprit Viennet, oncle de l'académicien Viennet, déclarait, le 20 Janvier 1791, que le revenu fixe de cet hospice se montait à 17.660 livres et les charges à 3.274 livres ; quant au casuel, il atteignait en revenu 22.212 livres et en dépenses 37.524 livres.

Parmi les personnages notables qui ont habité la rue des Juges Consuls, il y a lieu de citer, en 1753, Delays, Conseiller à la 1ʳᵉ Chambre de la Cour des Aydes, Forestier, greffier en chef de la juridiction de la Maçonnerie, Chauvin et Tribard, anciens échevins, le frère du Conseiller aux Aydes, Desfays, qui était payeur des rentes de l'Hôtel de Ville ; en 1781, Camusat de Toëny, Conseiller à la 2ᵉ Chambre de la Cour des Aydes. Avant la transformation du cloître, Dauzat, peintre d'histoire, y avait établi son atelier. En 1825, était au n° 3 la Chambre des gardes du Commerce.

RUE DU COQ (SAINT-JEAN)

La rue *du Coq* reliait les rues de la Tixeranderie et de la Verrerie. Elle portait primitivement le nom d'*André Mallet* (d'après un acte passé entre le Chapitre Notre-Dame et les Chanoines de Saint-Thomas-du-Louvre) *André Malet* (au dire de Sauval), ou encore *Andrin Malet* (selon le registre de la Commanderie de 1247). Un acte de 1273 l'appelle *Lambert de Râle*, nom d'un bourgeois de Paris. Elle devait à une enseigne la dénomination qui lui est restée.

Le percement de la rue de Rivoli, dans la section comprise entre l'Hôtel de Ville et le marché Saint-Jean, a fait disparaître les premières maisons de la rue du Coq. Le sol de cette partie de la voie publique a été aliéné et sur son emplacement s'élève aujourd'hui la maison portant sur la rue de Rivoli le n° 56. L'autre portion forme une impasse. On remarquait autrefois, au coin de la rue de la Tixeranderie, une tourelle d'une élégante architecture gothique dépendant de la maison située rue du Coq n° 2.

Le grand logis donné par le roi Jean au Connétable Jacques de Bourbon, comte de la Marche et de Ponthieu, avait son entrée sur la rue de la Tixeranderie, mais longeait la rue du Coq. Du même côté de la rue étaient établies, en 1449, les Religieuses de Jarsy. On y voyait aussi un jardin, puis l'hôtel de Simon de Compans. En 1484, le jardin avait fait place à une maison, qui devint à la mort de Jehan Lhuillier, Conseiller à la Cour des Aydes, la propriété de ses frères. Cette maison tenait, d'une part, à l'abbaye de Jarsy et, de l'autre, à l'hôtel de Guillaume de la Haye, Président de la Chambre des Requêtes. Au fond, elle était bordée par la ruelle Violette, qui la séparait des dépendances de l'ancien hôtel de la Reine Blanche.

Placée dans la censive de Saint-Merry, la rue du Coq dépendait de la paroisse Saint-Jean-en-Grève. La Commanderie du Temple y exerçait les droits de haute, moyenne et basse justice.

Rolland Millot, maître peintre admis à l'Académie en 1651, demeurait rue du Coq. Il eut dix enfants de son mariage avec Marie de Levry. L'un d'eux fut tenu sur les fonts baptismaux par Toussaint Quesnel, le 12 Juin 1634; le dernier eut pour marraine la femme d'Eustache Lesueur, Geneviève Gousset. Un siècle plus tard, le membre de l'Académie des Sciences, Clairaut, y habitait. Le Conseiller aux Aydes, Forcadel, occupait la maison sise à l'encoignure de la rue de la Verrerie. Une légende rapportée sans preuves par l'auteur des *Anciennes Maisons de Paris*, veut que le Cardinal de Mazarin ait demeuré au n° 3. Le même auteur mentionne au nombre des propriétaires la famille Dujardin Sala, le Procureur au Parlement Contet et son fils, acquéreur d'une autre maison appartenant au docteur Denyau.

RUE DES COQUILLES

Cette rue comprise aujourd'hui sous la même dénomination que la rue du Temple partait de la rue de la Tixeranderie et aboutissait à la rue Barre du Bec. Elle a porté tour à tour les noms de *vicus Gentianus, vicus Radulphi de S. Laurentio, Pierre Gentien, Jean Gentien, Jacques Gentien*. A l'encoignure des rues de la Tixeranderie et des Coquilles, vers la fin du XVe siècle, fut construite une maison, dont la porte et les fenêtres étaient ornées de coquilles et qui prit le nom d'hôtel des Coquilles. Elle appartenait, en 1519, au Président au Parlement, Louvet. Depuis, cette maison a été réédifiée à l'angle de la rue de Rivoli et le propriétaire, fidèle à la tradition, a conservé à la façade la même ornementation.

La rue des Coquilles avait pour paroisse Saint-Jean-en-Grève.

RUE SAINTE-CROIX DE LA BRETONNERIE

Cette rue n'est comprise dans le quartier Saint-Merry que pour la partie, qui s'étend entre la rue du Temple et les rues des Billettes et de l'Homme Armé. Elle était connue autrefois sous le nom de *Champ aux Bretons* ou *Bretonnerie* et se subdivisait en *Grande Bretonnerie* et *Petite Bretonnerie* (représentée aujourd'hui par la rue des Blancs Manteaux). Une famille de cultivateurs bretons, qui était venue se fixer en cet endroit, dans les censives du Temple et de l'Évéché, a vu peu à peu ses plantations et ses jardins se transformer en demeures particulières.

Jaillot a pensé que la partie voisine de la rue du Temple portait le nom de rue *Agnès la Buschère* ou *Buchière* (Bouchère); mais un auteur moderne, M. Géraud *(Paris, sous Philippe le Bel)* combat cette opinion et fait de la rue Agnès la Buschère une ruelle donnant, d'un côté, dans la rue Barre du Bec (partie de la rue du Temple actuelle comprise entre les rues Sainte-Croix de la Bretonnerie et de la Verrerie) et, de l'autre, dans la rue des Billettes. M. Géraud appuie sa version sur le titre de la seconde quête de la paroisse Saint-Merry dans le livre de la Taille de Paris de 1292, qui ne comprendrait pas, dit-il, un écart aussi considérable que la partie orientale de notre rue. Il se fonde également sur ce fait que l'impasse Sainte-Croix était marquée sur les anciens Plans de Paris et suppose que le

monastère des Religieux de Sainte-Croix, limité au
midi dans l'origine par la rue Agnès la Buschière,
en aurait, par des agrandissements successifs, fait
disparaître la partie occidentale. Nous regrettons de
ne pouvoir nous ranger à l'avis d'un auteur savant
et consciencieux pour les raisons suivantes. Les
Religieux auraient pu, à la rigueur, supprimer une
ruelle, qui traversait les terrains dépendant de leur
monastère ; mais il ne leur était pas loisible de disposer du sol de la ruelle, qui restait en-dehors de
leur enclos ; or, il est certain que jamais, au temps
de la plus grande extension de leur couvent, ils n'ont
possédé un ou plusieurs immeubles en façade sur
la rue Barre du Bec ; leurs jardins s'étendaient à
moitié environ de la distance, qui sépare cette dernière voie publique de la rue des Billettes. Les
constructions par eux élevées auraient donc eu pour
résultat de faire de la rue Agnès la Buschère deux
impasses, l'une au midi oriental, l'autre au midi occi-
dental du Couvent et les anciens plans de Paris
auraient mentionné ces deux impasses, tandis qu'ils
n'en mentionnent qu'une seule. Admettons toutefois, pour les besoins de la discussion, qu'un concours de circonstances (l'entente des divers propriétaires au droit de cette rue et l'autorisation royale),
aient fait disparaître la moitié de la rue Agnès la
Buschère pour n'en laisser subsister que le tronçon
connu de nos jours encore sous le nom d'impasse
Sainte-Croix (*Plans de la Tapisserie de Saint-Victor
1540*), comment expliquer alors que cette voie
publique existait sous ce nom d'Agnès la Buschère
du temps de Sauval ? Nous trouvons, en effet, dans

la liste étymologique des rues de Paris existantes de son temps ce passage : « La rue Dame Agnès la « Buschère se nommait, en 1368, la rue Dame « Agnès la Bussière, en 1415, la ruelle Dame Agnès « l'Asnière, en 1421, la rue Dame Agnès la Bou- « chère et la rue Dame Agnès la Vachère ». Il en constate ainsi l'existence aux XIVe, XVe et XVIIe siè-cles. Dans une autre partie de son ouvrage, non seulement il en confirme l'existence, en 1427 et en 1434, en rapportant les Comptes et Ordinaires de la Prévôté de Paris, mais il désigne exactement, quand il cite le texte des Comptes de 1399, 1413 et 1421, son emplacement « rue Dame Agnès la Bus-chère près du carrefour du Temple ». Ce carre-four était donc formé par le point de rencontre des quatre rues Agnès la Buschère (Sainte-Croix la Bretonnerie), Sainte-Avoie, Neuve Saint-Merry et Barre du Bec. Ajoutons que le motif tiré de ce que l'écart de la quête de la paroisse Saint-Merry serait trop grand et beaucoup en-dehors de la rubrique générale placée en tête du tracé de cette quête n'est pas sérieusement soutenable. En effet, la paroisse Saint-Merry s'étendait, d'un côté, jusqu'au monastère de Sainte-Croix et, de l'autre, jusqu'à la maison faisant face à l'entrée de ce couvent. C'est de cette partie seulement qu'il peut être question dans la quête, puisque le reste de la rue Sainte-Croix dépendait des paroisses Saint-Jean-en-Grève et Saint-Paul. N'est-il pas possible d'admettre, alors qu'aujourd'hui encore cet espace comprend une vingtaine de maisons, que jadis, en supposant des immeubles moitié moins étendus, les premières maisons près du carrefour formaient une rue appelée Agnès la Buschère et que les autres maisons de la paroisse Saint-Merry étaient comprises sous la dénomination générale de Sainte-Croix de la Bretonnerie ?

Au nom originaire de *la Bretonnerie* vint s'adjoindre celui de *Sainte-Croix*, quelques années après l'établissement des Chanoines Augustins réguliers, fondé par Saint-Louis dans notre rue en 1258. Cet ordre institué, en 1211, par Théodore de Celles, chanoine de Liège, approuvé par Honoré III, a été confirmé, en 1245, par Innocent IV au Concile général de Lyon. Ces Religieux s'établirent en France à cette époque; on les appela *Frères de Sainte-Croix, Croisiers, Porte Croix, Cruciferi, Crucigeri, Cruce Signati* :

> A une petite abbaie
> Que l'on apele Sainte-Crois
> Dont les frères mètent les crois
> Partie blanc et à vermeil.

dit l'auteur des *Églises et Monastères de Paris*, en 1325.

Saint-Louis leur donna deux maisons, qu'il avait acquises à titre d'échange du fondateur de la Sorbonne, Robert Sorbon, par lettres patentes datées à Paris de Février 1258. Ces maisons étaient construites, disent quelques auteurs, sur l'emplacement de l'ancien hôtel de la Monnaie royale.

Les frères de la Croix, mendiants à l'origine, ne

tardèrent pas à quitter la besace; mais ils ne furent jamais bien riches, car, si l'on en croit Félibien, dans une requête présentée au roi, en 1568, entre autres considérations, ils faisaient valoir leur extrême pauvreté, pour obtenir d'être dispensés d'entretenir un religieux lay ou oblat, ce qui leur fut concédé. Un tel état de gêne amenait des dissentiments parmi les Religieux, au point que deux d'entre eux de la Maison Mère (Huy) présentaient dès 1518 requête au Parlement à l'effet de permettre aux délégués du général de l'Ordre, le Curé de Saint-Jean-en-Grève, sur la paroisse duquel était le couvent, et celui de Saint-Nicolas-des-Champs, de visiter le couvent, de le réformer et d'y ramener la concorde. Les décisions des délégués, les arrêts du Parlement, l'introduction temporaire dans la Maison par le Cardinal La Rochefoucauld des Chanoines réguliers de Sainte-Geneviève, tout fut impuissant; ce fut en 1641 seulement que les Religieux résolurent de se réformer eux-mêmes, de porter l'habit religieux et de vivre en communauté, conformément aux règles de Saint-Augustin.

La chapelle, bien orientée, construite par Eudes de Montreuil dans le style gothique, mais sombre et humide, longeait la rue Sainte-Croix de la Bretonnerie; le chevet était séparé de l'encoignure de la rue des Billettes par l'entrée du cloître. Les bâtiments en avaient été reconstruits, en 1542, grâce aux libéralités de Louis Picot, premier Président de la Cour des Aydes, inhumé le 6 Décembre 1545 au bas des degrés du maître-autel. L'épitaphe de ce magistrat, celles des sieur et dame de Montaigu et de Léonard, archevêque d'Auch, nous ont été conservées.

Au nombre des personnages, qui avaient aussi leurs tombeaux dans l'Eglise, nous citerons le Président au Parlement, Barnabé Brisson, plusieurs Conseillers au Parlement et quelques membres des familles Molé et de Popincourt.

L'abbaye de Saint-Denis avait fait présent au monastère de diverses reliques de Saint-Louis, en reconnaissance de ce que le trésor de l'abbaye y avait été gardé, à plusieurs reprises, pendant les guerres et durant les troubles de la Fronde.

A l'époque de la Révolution, le prieuré de Sainte-Croix était dans une situation presque florissante. Il possédait des propriétés à Paris rue des Billettes, de Bussy, des Nonains d'Hyères, de Chartron, Saint-Sauveur, des Bouchers du Temple, de la Tixeranderie, des Mauvais Garçons, du Cimetière Saint-Jean, Sainte-Croix de la Bretonnerie, de la Tannerie, de la Tabletterie, Aumaire, Langevin et de la Verrerie. Il en avait également aux environs de Paris. Ces immeubles et diverses rentes produisaient un revenu de 37.700 livres, tandis que les charges n'étaient que de 15.400 livres.

Après la suppression du couvent, les bâtiments furent vendus en Avril 1793, puis démolis. Sur leur emplacement s'élevèrent des maisons particulières et en même temps on assura une issue à l'impasse Sainte-Croix.

Le plus ancien des maréchaux de France, dont Sauval a découvert les diverses habitations à Paris, Mathias de Trie, demeurait rue Sainte-Croix en

1274. Nous y trouvons à une époque beaucoup plus rapprochée de nous, en 1753, Challaye, syndic des Avocats aux Conseils du Roi, en face de l'Eglise Sainte-Croix, dans la même maison, un autre avocat aux Conseils, Bouvet, et un Conseiller à la Chambre des Comptes, Lelong ; dans la partie du cloître louée à des particuliers, Roualle de Boisgelon, Conseiller au Grand Conseil, près du bureau des Huissiers à verge ; en 1765, Binet de Boisgiroult, secrétaire du Roi, qui habitait le cloître, ainsi que Bonault de Monbrun, Conseiller au Grand Conseil. Dans les maisons qui faisaient face au cloître et à l'Eglise, demeuraient Doublet de Bandeville, Conseiller honoraire à la Grande Chambre du Parlement, Négrier de la Guérinière, Conseiller à la Cour des Monnaies, de Vins, substitut du Procureur Général, Bernier, greffier en chef de la Cour des Aydes, Couvreur, Conseiller au Châtelet, Goblet, Avocat du Roi près de la juridiction du Grenier à sel, Liévrel, avocat aux Conseils du Roi, de Soubzlemoutier, greffier au Parlement, Gallet, secrétaire ordinaire du Roi à la chancellerie du Palais. Entre la rue Barre du Bec et l'Eglise était l'hôtel de Nicolas Daniel Phelippes de Marnière, écuyer, échevin de la ville, ancien bâtonnier de l'Ordre des Avocats ; en face de cet hôtel était située l'étude de Dupuis, syndic des procureurs de la Chambre des Comptes.

Dans un des immeubles voisins de la rue Barre du Bec était établi le bureau des Jurés Crieurs, qui remplissaient assez exactement l'office de l'administration actuelle des Pompes funèbres.

RUE DU CRUCIFIX SAINT-JACQUES

Sauval l'a confondue avec la rue *Saint-Jacques la Boucherie*, en lui attribuant les noms de *Vannerie* et *Porche Saint-Jacques*. On la nommait, en 1270, *vicus strictus ab opposito frontis Ecclesiæ sancti Jacobi*. On lui a donné le nom de Crucifix, parce que les maisons bâties sur le même côté que l'Eglise faisaient partie du fief du *Crucifix*, qui appartenait à Saint-Jacques la Boucherie, ainsi que les fiefs des Trois Pucelles, Bourdon et Notre-Dame de Liesse, sur l'emplacement desquels la Basilique avait été construite.

C'était au coin des rues du Crucifix et des Ecrivains que se trouvait l'église *Saint-Jacques la Boucherie*; l'entrée principale était située rue du Crucifix, qui à cet endroit formait une petite place, au milieu de laquelle on voyait une grande croix élevée sur un piédestal exhaussé de quelques marches en pierre. L'architecture du monument, quoique fort simple, rappelait le style gothique et portait la marque des diverses époques auxquelles d'importantes réparations avaient été exécutées.

Les causes et la date de la fondation de cet édifice sont restées inconnues; on peut cependant affirmer aujourd'hui, grâce aux travaux de nivellement de la rue de Rivoli, que c'était primitivement une chapelle fondée dans des temps peu éloignés de ceux de la domination romaine. L'abbé Villain, auteur d'un *Essai sur l'histoire de Saint-Jacques*, avait avancé ce fait comme une conjecture sans preuves à l'appui ; il ne nous paraît pas qu'il puisse être contredit, maintenant que l'on a mis à jour des fragments d'une construction, qui précédait celle du XII⁰ siècle et qui paraissait se rapporter à ces fragments découverts à Saint-Jacques la Boucherie et indiqués par M. Albert Lenoir dans la *statistique monumentale* comme contemporains de l'époque gallo-romaine. On a retrouvé, dans ces mêmes fouilles, des portions de colonnes, encore en place, de l'édifice du XII⁰ siècle, d'une hauteur d'un mètre environ, et, enfin les fondations de la troisième église bâtie au XIV⁰ siècle ; ces divers matériaux ont été déposés au musée de Cluny.

Il faut donc rejeter l'opinion de Sauval qui place la construction de la première chapelle en 954 ; de Lebeuf, qui en attribue l'honneur à Henri I⁰ʳ et à sa femme Anne de Russie, et des autres historiens, qui la font remonter seulement au XIII⁰ siècle.

Quant à la tour elle-même, restée debout malgré la Révolution (Mercier prétend qu'on lui doit la conservation de ce monument) et l'aliénation qui en avait été faite en 1797, son origine est comparativement toute récente. Commencée en 1508, cette construction, tout à fait indépendante du reste de l'édifice, ne fut terminée qu'en 1522. Elle coûta 1.350 livres ; la pierre de liais qui fut employée coûtait 20 sous le chariot et le moellon 20 deniers. La main-d'œuvre était payée à raison de 24 sous parisis la toise ; le sculpteur Rault, auquel on doit la statue de Saint-Jacques-le-Majeur, placée au sommet de la tour avec les figures symboliques d'un aigle, d'un lion et d'un bœuf, reçut 20 livres tournois. L'image du saint fut précipitée du haut de la tour en 1793; les animaux respectés, mais remplacés en 1856 et la statue refaite, planent de nouveau à chacun des coins de la tour.

Lebeuf a prétendu que l'église Saint-Jacques avait pris la dénomination de la Boucherie pour la distinguer des deux autres paroisses de ce nom. Cette assertion est erronée; on retrouve, en effet, dans deux actes de 1259 la qualification d'*Ecclesiæ sancti Jacobi de Carnificeria*, et, à cette époque, elle portait seule à Paris le nom de Saint-Jacques, les deux autres n'existaient pas encore. Il eût été plus exact, selon nous, d'appeler dans l'origine, cette église *Saint-Jacques-lès-Boucherie*, car son nom semblerait indiquer qu'elle était la chapelle de la Grande Boucherie; or, nous trouvons que les bouchers avaient fait bâtir, pour leur usage personnel, une chapelle dans l'intérieur de leur boucherie et que des lettres patentes, en date du 30 Septembre 1406, les autorisaient à y établir une confrérie en l'honneur de la Nativité de Notre Seigneur, à y enrôler toutes sortes de personnes et à célébrer la fête de cette confrérie le Dimanche d'après la Noël. L'expression Saint-Jacques la Boucherie ne devint donc l'expression juste que depuis 1419, après la reconstruction de la Grande Boucherie.

L'église était riche en tombeaux et en monuments de sculpture. Lorsqu'elle fut aliénée par l'administration du domaine national, en 1797, l'acquéreur démolit complétement l'édifice et des constructions particulières ne tardèrent pas à s'élever; transfor-

mées en un marché ou halle au linge, appelé la
Cour du Commerce, elles disparurent à la suite des
expropriations, qui ont changé la face de ce quartier. Une fabrique de plomb de chasse s'était installée, et, avant 1836, on pouvait voir lancer du plomb
fondu du haut de la tour dans des tamis. « On supposait, dit Prudhomme, dans son *Miroir de Paris*,
« que l'Anglais, qui avait installé là une fonderie,
« était un sectateur de Nicolas Flamel, parce qu'il
« ne permettait à personne d'entrer chez lui ».
Rachetée par l'administration municipale moyennant 250.000 francs, cette construction originale et
élégante peut être admirée de près aujourd'hui.
Quelle différence avec cette description qu'en fait
un historien de Paris ! « Quelques maisons se sont
« élevées sur les côtés de la tour, dont le pied se
« trouve masqué de trois côtés ; ce n'est que du
« côté de l'ouest qu'on l'aperçoit depuis sa base
« jusqu'à son sommet. Tout cela au reste est d'un
« effet bien mince. La tour ne s'aperçoit que de
« loin et par dessus les toits ; à mesure qu'on s'en
« approche, elle se montre moins ; on ne la trouve
« plus au milieu des maisons qui la pressent ».

L'église appelée depuis la suppression, en 1786,
des Saints-Innocents, paroisse de Saint-Jacques et
des Saints-Innocents, était fort pauvre à l'époque
de la Révolution ; cela résulte des déclaration faites
par le dernier curé, Nicolas Morel, le 24 Février
1790 ; les revenus étaient de 43.062 livres, 9 sous, 2
deniers et les charges montaient à 47.513 livres. Il
fallait y ajouter les dettes de la fabrique évaluées
à 60.534 livres,

Il n'y avait pas moins de quinze confréries à Saint-Jacques la Boucherie : les plus remarquables étaient celle des clercs, connue sous le titre de Saint-Nicolas, établie en 1492, et celle de Saint-Charles Borromée, qui a compté parmi ses membres Le Camus, évêque de Bellay, et Saint-François-de-Sales.

A l'extrémité de la rue du Crucifix ou Petit Crucifix Saint-Jacques, était située la principale maison de l'ancien fief du Crucifix; elle avait pour enseigne, de temps immémorial, un Crucifix ; le dernier qu'on y voyait était en cuivre; il avait été placé là en 1575.

RUE DES DEUX-PORTES

Construite parrallèlement à la rue du Coq, la rue des *Deux-Portes* était primitivement fermée à chaque extrémité par une porte. Plusieurs rues de Paris se trouvaient ainsi encastrées; quatre d'entre elles portaient le nom qui leur venait de cette situation. Quelques auteurs ont prétendu à tort que cette dénomination de Deux-Portes avait été donnée à la rue des Deux-Portes Saint-Jean, à cause du voisinage de l'enceinte de Louis le Gros. Il n'y avait pas, en effet, d'autre porte dans les proches environs que la porte Baudets, et d'ailleurs, en 1280, la rue s'appelait *Entre Deux-Portes*. Il aurait fallu, pour que l'étymologie donnée par ces auteurs fût exacte, en tenant compte de cette dénomination, qui est un fait constant, que deux portes de l'enceinte de Louis le Gros fûssent situées, vers la fin du siècle qui a suivi le règne de ce roi, à chacune des extrémités de cette voie publique. Or, il suffit de consulter les anciens plans de Paris pour se convaincre que les murs d'enceinte étaient placés de ce côté de la ville au-delà des limites de la rue des Deux-Portes.

Outre les hôtels de Bourbon, de Laforest, de Bretagne, des rois de Navarre, de Jean duc de Berry et des comtes de Ponthieu, dont nous aurons occasion de parler, nous citerons la demeure du chancelier Arnauld de Corbie, située rue des Deux-Portes, vaste logis qui s'étendait à gauche jusqu'à l'hôtel Saint-Faron ; cet hôtel est devenu plus tard la propriété de Juvénal des Ursins.

Le Prévôt de Paris, Tanneguy du Chatel, habitait rue des Deux-Portes, dans un immeuble construit sur des terrains qui dépendaient des hôtels de Berry et de la Reine Blanche. Du même côté, au n° 2, habita longtemps une famille de robe du nom de Geoffroy. Parmi les membres de cette famille qui y logèrent, nous trouvons, en 1782, Geoffroy de Montjay, Conseiller à la 1re Chambre des Enquêtes; en 1790 Geoffroy de Charnois, Conseiller à la 3e Chambre du Parlement; Geoffroy, grand maître des Eaux et Forêts et Geoffroy de Montjay, administrateur des domaines.

S'il faut en croire la tradition, Sully aurait habité dans cette rue avant l'achèvement du magnifique hôtel de la rue Saint-Antoine qui porte encore son

nom. Bastonneau, fermier général, avait fait construire, au coin de la rue de la Tixeranderie, deux
hôtels contigus qu'il occupait à la fin du XVIIe siècle.

La paroisse Saint-Jean, dont la rue faisait partie,
était propriétaire d'une maison qui lui avait été
léguée par François Picoté de Belaitre ; le curé y
établit une école de charité de filles et, grâce à la
générosité de ses paroissiens, il mettait chaque
année en apprentissage six enfants dont il dotait la
plus méritante de 600 livres au moment de son
mariage. Les Religieux Célestins y possédaient
aussi une maison. Comme les voies publiques voisines, la rue des Deux-Portes dépendait de la haute,
moyenne et basse justice de la Commanderie du
Temple.

Ont demeuré en cette rue, en 1740, le Conseiller
à la 3e Chambre des Enquêtes, Doublet de Bandeville, ainsi que son parent, Doublet de Bauche,
Conseiller à la 4e Chambre des Enquêtes.

De tous les somptueux hôtels qui ornaient la rue
des Deux-Portes, il ne reste plus aujourdhui que le
souvenir. La rue, élargie et transformée depuis 1852,
a conservé néanmoins d'un côté quatre ou cinq
immeubles de vieille date, peu en harmonie avec
les élégantes constructions qui leur font face.

RUE DES ECRIVAINS

Elle était appelée au XIIIe siècle *Vicus Communis*
et au XIVe *Pierre-O-Lail*, à cause du fief de la

Pierre au Lait, autrement dit le *Petit Boigny*, qui appartenait à l'Ordre Saint-Lazare, sur lequel la rue avait été percée. Le nom des Écrivains, qu'elle a porté depuis le xve siècle, lui vient de ce que les professeurs d'écriture avaient établi des échoppes le long de l'église Saint-Jacques la Boucherie, s'y étaient installés et y donnaient leurs leçons. L'église était propriétaire de ces échoppes, qui, selon la déclaration faite en 1790 par le curé Morel rapportaient annuellement 1281 livres.

L'abbaye de Saint-Victor possédait une rente à cens sur un des immeubles de la rue des Écrivains, qui, dans son entier, dépendait de la haute, moyenne et basse justice de la Commanderie du Temple.

L'oncle du sculpteur Pigalle était établi maître corroyeur dans cette rue ; quant au père de cet artiste célèbre, on sait qu'il était maître menuisier, rue Neuve Saint-Martin.

M. Jal, à l'occasion de Quinault, donne un détail assez curieux sur les maîtres boulangers de Paris. Furetière reprochait à ce dernier d'être fils d'un boulanger de petit pain, comme si cela était la qualification du dernier échelon des maîtres de cette profession. Ce reproche était d'autant moins fondé que les maîtres boulangers de petits pains (mollets) formaient pour ainsi dire une caste à part, une sorte d'aristocratie du métier, et ils avaient soin de se faire désigner sous ce titre, comme le faisait Simon Le Large, maître boulanger de petit pain, rue des Écrivains.

RUE DES VIEILLES ÉTUVES

Cette rue qui va de la rue Saint-Martin à la rue Beaubourg était déjà connue sous ce nom du temps du poète Guillot. On l'a, dans le cours du XIII° siècle, appelée *Gauffridi de Balneoli sive Stupharum*. Cette dénomination lui venait d'un établissement de bains, qui y resta installé pendant plusieurs siècles. Les étuvistes, au moyen-âge, annonçaient matin et soir aux habitants de la ville que les bains étaient chauds ; leurs crieurs le faisaient en ces termes :

> C'est à l'image Saint James
> Où vont ces femmes se baigner,
> Baigneux, aux étuves allez !
> Vous y serez bien servis
> De valets et de chambrières
> De la dame Bonne Chère !
> Allez tous ! Les bains sont prêts.

C'étaient alors des bains de vapeur que l'on prenait à Paris. Les médecins se déclarèrent les adversaires de cet usage et furent d'avis que les bains de vapeur propageaient les maladies de peau et d'autres, aussi ne retrouve-t-on plus d'étuvistes vers la fin du XVII° siècle.

On s'installait dans ces établissements durant

plusieurs heures ; on y prenait des repas, on y dormait, on s'y donnait même des rendez-vous galants, malgré les ordonnances royales, qui interdisaient de recevoir dans les mêmes maisons des personnes de sexe différent.

Les bains de la rue des Vieilles Étuves (Saint-Martin) étaient situés au coin de la rue Beaubourg ; ils étaient dirigés par Richart, qui eut pour successeur Gauffridus dont nous avons cité le nom plus haut ; sa maison était placée sous l'enseigne du Lion d'argent.

Il y avait dans la capitale plusieurs autres rues dont le nom avait la même origine.

Nous trouvons, au nombre des propriétaires ou habitants, le frère de l'académicien Conrart, qui passa en Angleterre lors de la Révocation de l'Edit de Nantes, laissant à sa femme une procuration générale pour administrer ses biens ; en 1740, le Conseiller auditeur de la Chambre des Comptes, Le Royer de la Rochemondière, le prieur de Saint-Martin-des-Champs ; en 1765, le sous-garde pompe Rayer ; le peintre de paysage, François dit Francisque Millet (ou Millé, d'après son acte de décès), qui mourut rue des Vieilles Étuves à 36 ans, le 3 juin 1679.

Cette rue était placée dans la censive de la haute, moyenne et basse justice de la Commanderie du Temple.

RUE DES VIEILLES GARNISONS

Deux voies publiques venaient aboutir sur le côté droit de la rue de la Tixeranderie ; c'étaient, en la remontant, les rues *des Vieilles Garnisons* et du *Pet au Diable*.

La première s'étendait, dans l'origine, de la rue de la Tixeranderie à celle du Martroi ; elle formait une ruelle entre l'Hôtel de Ville et l'Église Saint-Jean ; un passage étroit, appelé *Saint-Esprit*, à cause du voisinage de l'hôpital, la reliait à la place de Grève ; elle a porté les noms du *Marteret, Martrai* et *Martroi Saint-Jean* au XIIIe siècle, de *Jehan Savari*, de *Simon-Bade* vers 1482, du *Saint-Esprit* vers 1525 et de *ruelle Saint-Jean* en 1292 ; ce dernier nom lui était encore donné en 1540. Voici comment Guillot la désigne :

> En une ruelle Tournai,
> Qui de Jehan voie la porte,
> Encontre la rue des Deux-Portes.

Le poëte commet ici, vraisemblablement pour faciliter la rime, une légère erreur, car la rue des Vieilles Garnisons donnait exactement en face de la rue du Coq. Lorsqu'on ferma la partie, qui longeait l'Hôtel de Ville et l'église Saint-Jean, elle s'étendit en équerre au nord de l'église, au lieu de se prolonger en ligne droite vers l'occident et vint aboutir à la rue du Pet-au-Diable. Les nouveaux bâtiments de l'Hôtel de Ville et les travaux d'isolement de ses abords ont depuis longtemps fait disparaître en entier la rue des Vieilles Garnisons.

L'église Saint-Jean y possédait une maison dite des Braillons.

RUE GEOFFROY L'ANGEVIN

Sa dénomination n'a pas sensiblement varié depuis la fin du XIIIe siècle. On a écrit tour à tour *Vicus Gaufredi Andegavensis, Giefroi l'Engevin, Gieffroi l'Angevin, Geoffroi Langevin, Genfroy Langevin, Giefroy Langevin, Grieffon Langevin, Geyfroy Langnier, Geoffroy Langevin.*

Jaillot a le premier reproché à Sauval d'avoir confondu la ruelle *Sine capite quæ vocatur Culdepet* avec la rue *Geoffroy l'Angevin;* presque tous les auteurs, y compris les modernes, qui ont depuis traité cette matière, ont reproduit cette critique. Il ne nous paraît pas que Sauval ait commis une erreur et le passage dans lequel il dit : « La rue Geof-« froy Langevin avait nom, en 1273, *vicus sine ca-« pite qui vocatur Cul de pet*; en 1389, une ruelle « sans bout nommée Cul de pet et en 1445 la rue « du Cul de Sacq ; à présent elle a un bout dans la « rue Beaubourg et l'autre à la rue Sainte-Avoie », peut se concilier parfaitement avec l'accord de Philippe le Hardi et du Chapitre Saint-Merry, dans lequel on lit : « *Item totum vicum Gaufridi Lan-*

« *gevini sicut se comportat ab utrâque parte*
« *cum quâdam ruellâ sine capite quæ vocatur*
« *Cul de pet* ». On sait que, jusqu'à une époque
rapprochée, beaucoup de rues ont à la fois porté
plusieurs noms. Le passage de Sauval s'explique
donc naturellement, si on admet que tout en portant
le nom de Geoffroy l'Angevin, la rue était en même
temps désignée sous les diverses appellations qu'il
a citées. Jaillot et ses copistes n'auraient pas commis cette erreur s'ils avaient de plus près étudié
l'historique du quartier qui nous occupe. En effet,
lors de la clôture de Philippe Auguste, assez bien
figurée par la rue Michel le Comte de ce côté de la
ville, la rue Geoffroy l'Angevin faisait coude à la
ruelle Cul de Pet et allait rejoindre une autre impasse, celle des Anglais, mal à propos dénommée
Bertaut. Cette dernière avait son issue dans la rue
Beaubourg ; elle faisait également coude à peu de
distance de cette issue et se dirigeait en ligne droite
jusqu'aux murs de la ville, en servant de prolongement à la rue Geoffroy l'Angevin. Plus tard celle-
ci fut fermée avant son point de rencontre avec
l'impasse des Anglais. Ce tronçon de voie publique
en équerre, réduit de moitié, prit le nom de Cul de
Pet. On trouva à la rue Geoffroy l'Angevin un
autre débouché et elle s'étendit en droite ligne entre
les rues Sainte-Avoie et Beaubourg. Un autre tronçon de la rue s'incorpora à l'impasse des Anglais,
qui forma dès lors une croix à branches fort inéga-
les. Les auteurs qui ont accepté la version de
Jaillot, et parmi eux le savant M. Franklin, ne sont
donc pas conséquents avec eux-mêmes, lorsqu'ils

conviennent que Sauval était dans le vrai en estimant que la ruelle du Cul de pet communiquait primitivement avec le cul de sac des Anglais et que leur réunion formait deux voies publiques se faisant suite. Admettre cette opinion c'est admettre par là même le premier point, à savoir que, dans l'origine, la rue Geoffroy l'Angevin n'avait pas encore de débouché rue Beaubourg et venait aboutir à l'impasse des Anglais, connue à cette époque sous le nom de rue *aux Truyes*, car il n'est discuté par personne que cette dernière commençait rue Beaubourg et se prolongeait après un retour en équerre jusqu'aux murs de Philippe Auguste. Pour compléter cette discussion, il ne faut pas oublier que, dans l'espace qui séparait l'enceinte terminée en 1211 de celle édifiée sous Louis le Jeune, les maisons avaient été construites sans aucun plan d'ensemble, suivant le caprice des propriétaires et en les isolant le plus souvent à dessein ; il en résultait une confusion inévitable et une grande multiplicité de ruelles, impasses et culs de sac. A ce propos, nous approuvons fort, quoiqu'on en ait dit, le bon goût de Voltaire qui condamnait l'emploi de certaines locutions grossières ; aussi pouvons nous constater avec satisfaction que toutes les dénominations de rues, qui jadis souillaient la bouche des dames et des jeunes filles, ont aujourd'hui disparu ; le style de notre siècle s'accommoderait mal du langage imagé et du sans-gêne fortement épicé de l'inimitable Rabelais.

Dans le courant du xive siècle, les Chapitres de Saint-Germain-l'Auxerrois et de Saint-Merry possédaient des maisons rue Geoffroy l'Angevin. De 1627 à 1719, les Filles de Sainte-Avoie y firent l'acquisition de six immeubles pour agrandir leur couvent ; mais ce n'est que postérieurement qu'elles se rendirent propriétaires de l'immeuble faisant l'encoignure de la rue Sainte-Avoie (aujourd'hui du Temple). La maison, située en face de ce dernier, appartenait au commencement du XVIIIe siècle, à l'inspecteur général des magasins d'armes, Titon de Villegenoux, seigneur de Jansac ; elle a été démolie pour faire place à celle qu'on y voit de nos jours. Vers le même temps, neuf années après la naissance de son dernier enfant, Nicolas de Largillière, le célèbre peintre, chancelier de l'Académie des Beaux-Arts, vint se fixer rue Geoffroy l'Angevin dans un hôtel qu'il avait acheté du Conseiller honoraire au Parlement, Charles Benoit. Ce fils, qui figure habillé en fille dans le tableau que possède le Musée de Versailles, devint en 1729 Conseiller au Chatelet, à l'âge de 25 ans. Il occupait l'hôtel avec son père, qui y mourut, en 1746, âgé de 90 ans. Sa mère y décéda également dix années plus tard. Lemaistre de Saint-Peravy, Conseiller à la 3e Chambre des Enquêtes du Parlement, occupait un hôtel voisin avec son fils, qui siégea à la 4e Chambre des Enquêtes après la retraite de son père. La Cour des Monnaies y était représentée par le Conseiller Le Pocquet de Kerio et l'Académie des Inscriptions et Belles Lettres par l'abbé La Bleterie, professeur d'éloquence au collège royal, qui abandonna la rue l'Angevin pour s'installer rue de Fourcy où il mourut.

En 1765, le Conseiller auditeur à la Chambre des Comptes, Prozelle de Beaumont, y côtoyait l'avocat au Parlement, Bayle, mitoyen avec le couvent de Sainte-Avoie et le Procureur au Parlement, Cousin, membre du Conseil judiciaire de la ferme générale des gabelles. D'origine roturière lui-même, ce dernier n'aimait pas à frayer avec la roture, depuis qu'au nom de son père, il avait ajouté le nom d'une terre, ce qui se pratiquait alors sur une grande échelle et sans danger.

PLACE DE GRÈVE

La place de Grève, aujourd'hui de l'Hôtel-de-Ville, à laquelle venaient aboutir autrefois les rues du Coq, des Coquelles, Jean-de-l'Epine, de la Vannerie et de la Tannerie, doit son premier nom à sa situation près des bords de la Seine. Sa configuration est toujours restée la même jusqu'en 1852, sauf quelques légères modifications, et si, aux maisons gothiques qui l'entouraient dans l'origine, a succédé une architecture plus moderne, la description que Victor Hugo en a faite dans *Notre-Dame-de-Paris*, n'en était pas moins d'une exactitude parfaite, au quinzième comme au dix-neuvième siècle ; cet écrivain a donc pu dire : « C'était, comme au « jourd'hui, un trapèze irrégulier, bordé d'un côté « par le quai et des trois autres par une série de « maisons hautes, étroites et sombres. »

Le nombre et l'importance des événements, dont

la place de Grève a été le théâtre, aux diverses époques de notre histoire, exigeraient des développements considérables ; nous nous bornerons à consigner ici, ce qui se rattache plus particulièrement à l'étude de sa topographie et des différentes destinations auxquelles cet emplacement a été successivement affecté.

Tous les auteurs sont d'accord pour reconnaître que ce lieu était primitivement destiné à l'usage d'un marché ; Louis le Jeune, qui en était le seigneur direct, le céda aux bourgeois de la Grève et du Monceau-Saint-Gervais, par une charte de l'an 1141. Ils obtinrent même du roi qu'il ne s'y tiendrait plus de marché à l'avenir et qu'on n'y élèverait plus aucune construction ; Louis le Jeune reçut en échange de cette cession une somme de 70 livres une fois payée. En exécution de cette charte, le marché des Innocents fut établi, mais il ne serait pas exact de dire que la place de Grève resta libre depuis ce temps jusqu'à Charles VI ; le recueil de Blondeau, mentionne en effet, une ordonnance des trésoriers généraux de France « pour le fait de la boîte au vin étant en grève » pour la délivrance du roi Jean ; elle porte la date du 16 Décembre 1357. Il faut conclure de là que l'on y déposait des pièces de vin avant cette époque, quoique l'étape aux vins fût à la Halle.

Les accroissements de Paris et les arrivages de vivres de toute nature qui y affluaient, eurent pour résultat de rendre les Halles insuffisantes à contenir les denrées nécessaires à son alimentation ; aussi, malgré les promesses de Louis le Jeune, des lettres

patentes de Charles VI, en date du 13 Octobre 1413,
ordonnèrent la translation de l'Étape, des Halles
dans la place de Grève. Ces lettres patentes sont
curieuses; nous en citerons plus spécialement ce
qui a trait à notre sujet :

« Charles, par la grâce de Dieu, Roy de France.
« Savoir faisons à tous présens et advenir, que
« comme depuis certain temps en deçà en la place
« des Halles de notre bonne ville de Paris, soit et
« ait estée ordonnée et establie l'estappe des vins
« que l'on ameine pour vendre à charroy en icelle
« nostre ville de Paris, laquelle place soit moulte
« estroite et tellement que souventes fois il y en a
« et a si grant multitude et habondance de charios
« et charettes chargez de vins et aussi de gens, tant
« passans comme autres qui y vont pour acheter
« iceulx vins et autres marchandises qui chacun jour
« y viennent et affluent, que ils occupent de plu-
« sieurs rues qui sont à l'environ de ladite estappe
« et place des Halles des susdites et mêmes jusques
« en la grant rue Saint-Denis par lesquelles l'en ne
« peut bien souvent passer, en espécial à jour de
« marché que ladite estappe se tient, mais convient
« que l'en aille courir et prendre chemin par rues
« lointaines dont plusieurs plaintes nous sont ve-
« nues et viennent chacun jour et avecques ce pour
« ce que les officiers ordonnez sur le fait de ladite
« marchandise ne peuvent bonnement avoir accès
« en ladite place pour visiter iceulx vins, ne enten-
« dre, ne vacquer au fait d'icelle marchandise, si
« convenablement comme il appartiendrait, se y
« sont commises et commettent plusieurs grans

« fraudes et abus ou grand préjudice du bien com-
« mun et de la chose publique... Avons ordonné et
« ordonnons par ces présentes de nostre auctorité
« royal et plaine puissance par manière de ordon-
« nance perpétuelle et stable à tousjours que ladite
« estappe de vins soit muée, assise et tenue dores-
« navant en ladite place de Grève devant l'ostel
« commun de ladite Ville et la Croix d'iquelluy lieu
« en laquelle place à comprendre depuis le ruisseau
« descendant de la Vennerie et de la rue Jehan-de-
« l'Epine devant le bout de la Mortellerie, tant
« comme la place de Grève se comporte jusques
« devant ledit hostel où pend pour enseigne de la
« nef d'argent devant la porte de l'ostel d'Anjou,
« l'avons establie et establissons par cesdites lettres
« et voulons qu'elle soit ostée et levée du tout des-
« dites halles... donné à Paris, au mois d'Octobre
« l'an de grâce mil quatre cens et treize et de nostre
« règne le trente-quatrième. Ainsi signé. Par le
« roy en son conseil auquel le roi de Sicile, Mes-
« sieurs les ducs de Berry et de Bar, les contes
« d'Eu et de Vendôme, Messire Jacques de Bour-
« bon, vous le comte de Tanquarville, les arche-
« vesques de Rouen et de Bourges, les évesques de
« Laon et de Noyon, l'admiral, les sires de Torcy,
« d'Ivry et de Boissay, Le Borgne de la Heuse, mes-
« sire Colart de Taleville, le sire de Douville et plu-
« sieurs autres estaient, P. Mantron. Et au dos des-
« dites lettres estait escript ce qui sensuit. Lecta et
« publicata ad fenestram aulæ Palatii Regii Parisiis
« de præcepto dominorum præsidentium die 13
« Oct, anno domini 1413, signé Lespoisse ».

Le port de la Grève, où venaient aborder les vins, était divisé en deux parties : l'une recevait les vins de Bourgogne, l'autre ceux nommés alors vins français ; un troisième port, situé en face de la rue des Barrés-Saint-Paul, recevait les vins de la Loire. On avait établi ces distinctions à cause des différences de jauge.

Les motifs, qui avaient fait transporter l'étape de la halle à la place de Grève, firent choisir, en 1656, un vaste emplacement près de la porte Saint-Bernard pour y réunir tout le commerce des vins. Il s'y joignait, en outre, l'impossibilité d'exécuter ponctuellement les anciennes ordonnances qui prescrivaient aux marchands de vendre leurs vins dans les bateaux, ce qui amenait des embarras et des pertes considérables, en été à cause des chaleurs, en hiver à cause des glaces. Aussi le prévôt des marchands donnait-il parfois la permission d'emmagasiner sous les *Soles* ou *Halles* de l'Hôtel-de-Ville les deux tiers des tonneaux de vins, mais cela n'avait lieu que dans les cas de nécessité absolue, et ce secours demeurait bien insuffisant.

Louis XIV rendit, au mois de Mai 1658, un édit autorisant la construction d'une nouvelle halle pour remédier à tous ces inconvénients. Cet édit fut enregistré au Parlement de Paris le 21 Août 1662.

Louis XIII avait posé sur la place de Grève, en 1624, la première pierre d'une fontaine sur laquelle on lisait l'inscription suivante, qui était à la fois une allusion à l'étape au vin et un enseignement aux buveurs :

Grandia quæ cernis statuit sibi regna Lyceus
Ne violenta gerat suppeditemus aquas.

Cette fontaine consistait en un vaste bassin destiné à recevoir l'eau, dominé par une nymphe qui tenait quatre cornes d'abondance servant de tuyaux; elle fut abattue en 1638 et remplacée par une autre plus commode, plus simple, sans bassin, transportée en 1674 sur la place Maubert, où elle fut détruite en 1806.

Outre l'Étape au vin, il y avait également sur la place de Grève, dès 1642 et avant cette époque, un marché à charbon; plusieurs endroits étaient jadis affectés dans Paris au débit de cette marchandise; le marché qui nous occupe a seul été conservé sous Louis XIV; ce charbon était débité sur le pavé entre l'Étape et la Seine; plus tard, avant 1789, on en rétablit un autre à l'île Louvier. Tous les charbons étaient exempts d'impôts; on fait remonter cette exemption à François 1er, et elle aurait pour origine l'anecdote que voici :

Un soir d'hiver François 1er, s'étant égaré à la chasse, chercha un refuge dans la cabane d'un charbonnier et trouva la femme; le mari n'était pas rentré. Il demanda un gîte et à souper; il s'assit près du feu, sur la seule chaise qu'il y eût dans la maison, en attendant le retour du charbonnier. Celui-ci revint sur les dix heures du soir, harassé, affamé, les vêtements trempés. Après avoir ratifié les promesses de sa femme de donner au roi, qui avait gardé l'incognito, à souper, le mari réclama la chaise qu'occupait François 1er, en lui disant :

Monsieur, je prends votre place parce que c'est celle où je me mets toujours, et cette chaise, parce qu'elle est à moi; or, et par droit et par raison, chacun est maître en sa maison; de là est venu le dicton: *Le charbonnier est maître chez lui.* — On commença à souper, le roi écouta les plaintes du paysan au sujet des impôts et de la sévérité pour la chasse, et partagea, en promettant le secret, un morceau de sanglier, produit du braconnage, puis se coucha sur des feuilles et dormit d'un bon somme. Le lendemain, il se fit connaître et paya généreusement son hôte, lui permit la chasse, et exempta d'impôt le charbon, tant par terre que par eau.

Le port de la Grève recevait également du bois neuf, du blé et du foin.

Tout l'espace compris entre la rue de la Tixeranderie et la Seine se divisait en deux parties; le terrain descendait en pente jusqu'à la rivière. En face des rues de la Tannerie et de la Vannerie, on voyait, avant 1673, une petite place séparée, d'abord par des palissades, ensuite par un mur formant parapet, du reste de la Grève; on la nommait *place aux Canons;* c'était là que se rangeait l'artillerie de la ville dans les solennités publiques, à peu de distance de l'arsenal. Au Moyen-Age, l'arsenal de la ville était installé dans une maison contiguë au *Parloir aux Bourgeois,* et plus d'une fois dans les temps d'émeutes et de guerres civiles, les prévôts des marchands et les échevins eurent lieu de s'applaudir de cet utile voisinage.

Le feu de la Saint-Jean, qui s'allumait sur la place

de Grève, et dont l'origine se perd dans la nuit des temps, était la fête préférée des Parisiens : elle est profondément gravée encore dans les souvenirs populaires, grâce aux proverbes ou aux dictons anciens, qui ont survécu à cette bizarre cérémonie. Voici en quoi elle consistait : tous les ans, la veille de la Saint-Jean, le 23 juin, on entassait sur la place de Grève des fagots, on plantait au milieu un arbre de 30 mètres de haut, orné de bouquets, de couronnes et de guirlandes de roses, on attachait ensuite à cet arbre un panier, qui contenait 12 chats et un renard. Avant qu'on ne mit le feu à ce singulier bûcher, le premier échevin, accompagné du procureur, procédait à la visite des espèces de tribunes en charpente construites sur la place et vérifiait si elles étaient solidement établies. Cette visite faite, les magistrats de la ville revêtaient leurs costumes et se paraient de fleurs. Tous nos rois, depuis Louis XI jusqu'à Louis XIV, vinrent au moins une fois allumer le feu de la Saint-Jean ; lorsque le monarque se rendait à cet effet sur la place de l'Hôtel-de-Ville, son arrivée était annoncée par les trompettes et l'artillerie ; le prévôt des marchands et les échevins s'avançaient au devant du roi, lui présentaient une torche de cire blanche garnie de deux poignées de velours rouge, et le monarque allumait le feu au son des fanfares et des tambours ; on brûlait pour l'alimenter un nombre considérable de bûches, cotrets, etc. ; et les chats étaient brûlés vifs au milieu des acclamations de la foule.

Le roi montait ensuite à l'Hôtel-de-Ville, où l'attendait une collation magnifique ; les valets et les

servantes, maîtres de la place après le départ du
roi, commençaient à se livrer à des danses non
moins licencieuses que les chansons qui leur servaient d'accompagnement, ce qui n'empêchait pas
les échevins et les principaux bourgeois d'assister à
ce spectacle avec leurs familles des fenêtres de la
maison commune qui leur étaient réservées. Après
le souper, aux magnificences duquel on faisait par-
ticiper le peuple en lui distribuant du pain et des
épices de chambre arrosés du vin que laissaient
couler des fontaines élevées en face du Parloir aux
Bourgeois, les invités passaient une partie de la
nuit à danser au son des violons.

Lorsque le roi ne venait pas allumer le feu, il en
chargeait le gouverneur de Paris ou le prévôt des
marchands. Louis XIV lui-même, ne dédaigna pas
de présider une fois cette étrange solennité, suivant
en cela l'exemple de ses prédécesseurs.

Félibien nous a conservé la description complète (1) d'une visite de ce prince à l'Hôtel-de-Ville,
le 30 janvier 1684 ; nous y voyons qu'en vertu d'un
arrêt du Parlement les boutiques furent fermées et
des feux allumés le soir dans toute la ville. « Outre
« les tables préparées pour le roi, les princes et les
« officiers, il se fist en mesme temps, tant au
« dedans de l'Hostel-de-Ville qu'au bureau préparé
« au dehors auprès du Saint-Esprit, des distribu-
« tions de pastez de langues et de viandes froides,
« de pain et de près de sept mille bouteilles de vin,
« outre celui qui coula tout le jour à quatre fontai-

____

(1) Félibien, tome II, p. 413.

« nes dans la place de Grève. Mademoiselle d'Or-
« léans demeura à l'Hostel-de-Ville pour voir tirer
« le feu d'artifice, qui fut suivi d'un bal qui dura
« jusqu'au lendemain matin ».

Louis XIV s'était retiré avant l'ouverture du bal ;
depuis longtemps déjà il avait cessé

De se donner lui-même en spectacle aux Romains,

et la représentation de *Britannicus* avait porté ses
fruits.

On lit dans un compte de dépenses de la ville,
dressé en 1573 et rapporté par Sauval (1), l'article
suivant qui mérite d'être noté : « A Lucas Pomme-
« reu, l'un des commissaires des quais de la ville,
« cents sols parisis pour avoir pourvu durant trois
« années, tous les chats qu'il fallait au feu de
« la Saint-Jean, comme de coutume ; même pour
« avoir fourni, il y a un an, où le roi assistait, un
« renard pour donner plaisir à Sa Majesté, et pour
« avoir fourni un grand sac de toile où étaient
« lesdits chats ».

Les événements politiques accomplis sur cette
place sont trop nombreux et pour la plupart trop
récents pour qu'il soit utile de les rappeler ici ;
mais il est une autre série de drames qui se sont
déroulés place de Grève et que nous ne saurions
passer sous silence. C'est, en effet, là que de temps
immémorial on brûlait les hérétiques et on faisait
les exécutions de justice. Que de criminels se sont

(1) Sauval, tome III, preuves.

succédé au gibet de la place de Grève, depuis Marguerite Porette, qui y fut brûlée en 1310, jusqu'en 1834, époque à laquelle on cessa d'affliger les regards des Parisiens de ces hideux spectacles.

La liste en serait bien longue, et si, tout en détestant les horreurs et les tortures qu'on faisait endurer à ces malheureux avant de leur arracher la vie, on ne se prend pas à regretter que leurs forfaits ne soient pas demeurés impunis, quelle émotion pénible éprouve-t-on en se rappelant la fameuse lanterne de la rue du Mouton et les nombreuses victimes des tourmentes révolutionnaires ou des erreurs judiciaires qui les ont précédées, d'autant plus exécrables que les supplices étaient plus cruels !

On reproche à la populace son engouement pour les exécutions capitales et l'on ne réfléchit pas assez que les courtisans de Louis XIV et de Louis XV en sont les premiers coupables. Les femmes de la cour, dont la sensibilité était excitée par la vue d'une araignée, assistaient aux derniers moments de la Brinvilliers, et si beaucoup d'entre elles, Madame de Sévigné, par exemple, qui était sur le pont Notre-Dame, n'ont pu distinguer qu'une cornette, il ne faut pas leur savoir gré de n'avoir pas approché davantage de l'échafaud. « Jamais il ne s'était vu tant de monde, jamais Paris n'avait été si ému et si attentif. » L'exécution de Damiens revêtit un autre caractère, c'était pure curiosité ; aussi en attendant le patient, l'huile bouillante, le plomb fondu, les tenailles rougies au feu et les quatre chevaux qui devaient écarteler l'assassin, on jouait de l'argent sur la place de Grève, une dame de la cour

payait 12 louis la location d'une croisée voisine pour repaître sa vue d'un supplice exhumé des temps de barbarie. Ajoutons à la louange du roi que, lorsqu'il l'apprit, il plaça les deux mains sur ses yeux et s'écria : « Fi, la vilaine ». A l'occasion de l'exécution du Comte de Saint Pol, l'ordinaire de Paris porte un article de dépense ainsi conçu : « Pour avoir
« quis de l'ordonnance des gens du Roi au Chas-
« telet certaine quantité de boullayes de cuir blanc
« neuves, lesquelles ont été baillées à plusieurs
« sergents à verge audict Chastelet pour servir à faire
« faire la voye et chemin et à servir la grant multi-
« tude de peuple qui était parmi les rues de Paris,
« au Palais et en la place de Grève le jour que le
« comte de Saint Pol fut décapité par justice ».

L'auteur de *Paris ridicule* avait peut-être le pressentiment du triste sort qui l'attendait en place de Grève, lorsqu'il s'écriait : (1).

« Malheureux espace de terre
« Au gibet public consacré,
« Terrain où l'on a massacré,
« Cent fois plus d'hommes qu'à la guerre,
« Certes grève après maint délit
« Vous êtes pour mourir un lit
« Bien commode pour les infâmes.
« Puisqu'ils n'ont qu'à prendre un bateau
« Et d'un coup d'aviron leurs âmes
« S'en vont en paradis par eau.

(1) Édition du Bibliophile Jacob, Paris. Ridicule et Burlesque, 1850.

La place de Grève était de beaucoup trop petite pour les exécutions capitales ; aussi était-elle élargie dès 1770, en vertu de lettres patentes en date du 22 Avril 1769 ; elle l'était également quelques années avant la Révolution, par la démolition de plusieurs maisons en face de l'Hôtel-de-Ville.

Au pied de l'échafaud, non loin du quai Pelletier, en regard de l'arcade Saint-Jean, s'élevait une croix, sur les marches de laquelle venaient s'agenouiller les condamnés avant d'être livrés au bourreau.

Les derniers vestiges de l'ancienne et pittoresque place de Grève étaient la maison et la tour Rolland, disparues en 1840, et qui conservèrent longtemps les empreintes de la journée des Maillotins ; elles sont déjà mentionnées en ces termes dans un compte de vente de cens du domaine de Paris daté de 1478 : « Maison sise en la place de Grève appelée ancien-« nement la tour Raolland faisant le coin de la « rivière de Seine devers le Pont Notre-Dame ».

Sur la place de la Grève s'élevait l'Hôpital du Saint-Esprit, qui occupait l'emplacement des bâtiments du Nord de l'Hôtel-de-Ville. Cet hôpital avait été fondé, selon Lebeuf, en 1228 et, selon les autres historiens de Paris, en 1362, pour les enfants légitimes orphelins des deux sexes nés à Paris. La fondation en fut approuvée le 7 Février 1362 par l'évêque de Paris, Jean de Meulan, et plus tard par les papes Urbain V, Grégoire XI et Clément VII. La chapelle, commencée en 1406, n'a été terminée qu'en 1503, époque de la dédicace ; elle a été restaurée en 1611. Charles VIII a rendu à l'occasion de cet hôpital une curieuse ordonnance, aux termes de laquelle il lui accorda, à cause du grand nombre de procès qu'il avait à soutenir devant le Prévot de Paris, par semaine, deux audiences, chaque jour plaidoyable, pour l'expédition de ses procès. Cet établissement fut réuni à l'hôpital général en 1685. Les bâtiments vendus en 1798 ont été démolis pour faire place, en 1810, à l'hôtel du Préfet de la Seine détruit en 1841.

On y voyait aussi l'ancien Hôtel-de-Ville (1).

Avant la Révolution, un certain nombre de bureaux de corporations avaient fixé, depuis la moitié du XVIIIᵉ siècle, leur siège place de Grève : c'étaient les boursiers, les teinturiers, les chandeliers, les charrons, les coffretiers, les cordonniers (qui depuis s'étaient établis rue des Barrés) les corroyeurs et les peaussiers, non loin de la Société royale d'Agriculture.

Saint-Jean-en-Grève était l'église paroissiale de la place de Grève. Le Chapitre Saint-Honoré y possédait une maison et la chapelle de Braque y tenait une rente à cens.

Ont habité place de Grève, Jacques Ragueneau, peintre ordinaire de la Reine et concierge du bureau des pauvres ; il y mourut le 18 septembre 1658 ; le substitut de la juridiction de l'Hôtel-de-Ville, Girard, en 1740 ; l'abbé Lefebvre, Procureur Général de la Congrégation de France et le Secrétaire de l'Académie des Sciences, Broussouet, en 1780.

(1) Les souvenirs qui se rattachent à cet édifice trouveront place dans la 2ᵉ partie de cet ouvrage qui aura trait aux monuments incendiés pendant la Commune de 1871.

Le savant bibliothécaire, M. Cousin, a communiqué aux membres de la Société de l'Histoire de Paris des lettres patentes curieuses, qui datent du mois d'Août 1319, retrouvées par M. le duc de la Trémoïlle dans les archives de sa famille et qui constatent la donation par Philippe le Long à Henri, sire de Sully, bouteiller de France, de la maison aux Piliers, confisquée pour forfaiture sur Jean de Flamant.

RUE SAINT-JACQUES-LA-BOUCHERIE

Elle reliait la Porte de Paris à la rue Planche Mibrai et longeait dans ce trajet, d'un côté, l'église qui lui a donné son nom, et, de l'autre, les boucheries. Guillot la désignait ainsi :

> Par le carrefour de Mibrai,
> En la rue Saint-Jacques et ou porce,
> M'en viug, n'avais sac ni poce,
> Puis alai en la Boucherie.

Vers 1269, c'est-à-dire trente ans avant Guillot, on la nommait *Vaneria ;* Sa dernière dénomination était due, ainsi que celle de *Porce* ou *Porche Saint-Jacques,* au voisinage de l'église Saint-Jacques-la-Boucherie qu'elle bordait.

Dans un compte de confiscations opérées par les

Anglais en 1421, figure un immeuble confisqué sur Garnier de Saint-Yon et qui avait appartenu à Jean Tarenne. Il aboutissait par derrière à l'hôtel du Porche Saint-Jacques et il lui fut restitué, parce que ledit seigneur de Saint-Yon établit que cette maison lui avait été donnée par le Roi.

Deux orfèvres connus ont habité rue Saint-Jacques-la-Boucherie : l'un, Martin Fréminet, de 1556 à 1570; (pendant ce temps il fit baptiser à la paroisse dont il était voisin, plusieurs enfants et il y fut parrain de son neveu Martin Fréminet, premier peintre du Roi en 1609); l'autre du nom de Blaru y mourut le 14 janvier 1632.

L'abbaye de Saint-Antoine-des-Champs possédait une rente assise sur une maison de cette rue; le Chapitre Saint-Honoré y était propriétaire d'un immeuble et l'église Saint-Jacques en avait trois, qui rapportaient en 1790 un revenu de 3.859 livres. Le bureau des bourreliers et des maîtres cloutiers y était établi en 1757.

RUE DE LA HEAUMERIE

Elle était appelée *de la Hiaumerie*, en 1300, et désignée souvent dans les registres de Saint-Jacques-la-Boucherie sous la dénomination des *Armuriers*. Ces noms provenaient de ce que, dans cette rue, s'étaient plus spécialement établis les ouvriers qui fabriquaient le heaume. On trouvait à droite dans la rue de la Heaumerie deux impasses; Guillot appelait la première la *Lormerie*, elle a pris ensuite le nom de la rue dans laquelle elle était située; il était naturel que les lormiers, qui fournissaient aux armuriers les treillis, les chaînes et les anneaux en fer ou en cuivre, vinssent se placer auprès d'eux; la seconde est celle du *For-aux-Dames*; le siège de la juridiction des Religieuses de Montmartre y était situé, ainsi que la prison qui en dépendait. Une tradition populaire s'obstinait à montrer, vers le milieu du XVIIe siècle, une grosse chaîne en fer qui aurait servi à Saint-Denis. Lorsque l'édit de Février 1674 eût aboli les justices territoriales, les Religieuses aliénèrent la propriété, qu'elles y possédaient, au profit d'un bourgeois qui ferma le cul-de-sac par des constructions; de là vient que plusieurs historiens de Paris ont confondu ces deux impasses.

La rue de la Heaumerie aboutissait à un carrefour formé par la rencontre de cette voie publique avec les rues de la Vieille-Monnaie, des Écrivains, de la Savonnerie et d'Avignon, et que l'on nommait carrefour de la Pierre-au-Lait.

La Commanderie du Temple y exerçait les droits de haute, moyenne et basse justice.

A habité rue de la Heaumerie Jean Lucas, taillandier, qui eut à soutenir en 1589 un procès contre Jehan Beaucousin, marchand orfèvre et graveur particulier de la Monnaie de Paris, à raison des fers qu'il lui livrait pour la fabrication des poinçons et carrés. La Cour des Monnaies, par arrêt du 2 Juin 1589, ordonna à Lucas de fournir à l'avenir de bons fers à Beaucousin. Ce dernier était un plaideur acharné : nous le voyons, en 1557, s'opposer devant la Cour des Monnaies à la réception d'Antoine Brucher, comme successeur de son frère dans la charge de « tailleur particulier de la monnaie des étuves » et la Cour passer outre par arrêt du 9 Mars 1557; Enfin, en 1590, il obtenait de la même Cour, le 24 Septembre, un arrêt qui l'autorisait à faire saisir partout où il en trouverait du charbon pour forger ses piles et trousseaux. Le savant orientaliste, François Pétis de la Croix, mourut en 1695 rue de la Heaumerie. Son fils, orientaliste comme lui et de plus professeur au Collège de France, demeurait dans la même maison. L'acte de décès du premier était ainsi libellé : « Samedi 5e No-« vembre 1695 fut enterré dans l'église (Saint-Jac-« ques-la-Boucherie) François Pétis, sieur de la « Croix, secrétaire interprète en langue arabesque « et turquesque, décédé le jour précédent âgé de « 73 ans et quatre jours ». Nous y trouvons également, en 1605, un peintre inconnu de nos jours, André Pagualon, dont le fils fut tenu à Saint-Jacques-la-Boucherie sur les fonts baptismaux, le 12 Juillet de la même année, par Gilles Testelin fils, peintre distingué.

RUE DE L'HOMME ARMÉ

On pense généralement que ce nom est dû à une enseigne. Tous les auteurs qui ont parlé de cette rue ont commis des erreurs et nos recherches nous ont permis de nous en convaincre d'une façon absolue. Nous devons exposer tout d'abord les diverses opinions qui se sont produites, soit au sujet de l'emplacement, soit même au sujet de l'existence de la rue de l'Homme Armé.

Dans l'énumération des Rues de Paris de Guillot, il n'est pas question de la rue de l'Homme Armé; il se borne à dire :

> Puis truis la rue Perrenelle
> De Saint-Paul, la rue du Plâtre, etc...

Toutefois, il est constant que de son temps la rue de l'Homme Armé existait déjà et il est certain que ce n'était pas la même rue, sous une autre dénomination, que la rue Perrenelle. En effet, la liste des rues du xve siècle distingue ces deux rues et Sauval (1) rapporte un compte de confiscations, qui mentionne « une grange et un petit hôtel sis à Paris, « rue Pernelle, près de la rue de l'Homme Armé ». De là, bien des contradictions. Sauval (2) déclare que ces deux noms désignent la même voie publique; l'abbé Lebeuf (3) ne voit que la rue de l'Homme Armé ou le cul de sac Pecquai, qui puissent représenter la rue Perrenelle Saint-Pol; Jaillot (4) pense qu'elle pourrait être représentée par le cul de sac Pecquai ou par une ruelle inconnue de lui et que Corrozet indique seulement sous le nom de ruelle du côté des Blancs Manteaux. M. Géraud (5) com-

(1) Tome III, p. 572.
(2) Tome III, p. 303.
(3) Tome I, p. 591.
(4) Tome III, p. 34.
(5) Paris, sous Philippe le Bel, p. 283.

bat cette opinion et affirme que ni l'une ni l'autre de ces ruelles ne peut recevoir le nom de Pernelle Saint-Pol, puisque, d'après lui, dans la rubrique de la quête de 1292 faite dans cette rue, elle aboutissait rue du Plâtre. Cet auteur, après avoir conjecturé sans preuves, affirme-t-il, que sa situation pourrait être, ou bien entre les rues du Plâtre et des Blancs Manteaux, ou bien entre les rues du Plâtre et Sainte-Croix-de-la-Bretonnerie, reconnaît dans la rue Pernelle Saint-Pol la rue actuelle de l'Homme Armé, et, pour expliquer la contradiction apparente des titres, il suppose que, postérieurement au XIIIe siècle, on a considéré cette rue, comme formant deux parties distinctes séparées par la rue du Plâtre, que l'une de ces parties a continué à porter l'ancien nom de Pernelle et que l'autre a reçu celui de l'Homme Armé. Cette opinion doit être rejetée comme les autres.

Et d'abord il n'est pas exact de dire que la rubrique de la quête de 1292 ne permet pas d'admettre la conjecture de Jaillot, à savoir que la rue Pernelle Saint-Pol pourrait être représentée par une ruelle inconnue, qui ne subsistait plus et indiquée par Corrozet sous le nom de ruelle du côté des Blancs Manteaux. En effet, la rubrique de la quête est conçue en ces termes : « C'est la rue Perrenelle de « Saint-Pol d'une part et d'autre fendant en la rue « du Plâtre, d'une part et d'autre ». Il suffit de la lire attentivement pour se rendre compte que cela signifie, non pas que la rue Pernelle aboutit à la rue du Plâtre, mais bien qu'elle la traverse (fendant en la rue de Plâtre, d'une part et d'autre).

La solution de la difficulté, qui nous occupe, est fournie par Sauval, lorsqu'il cite d'autres comptes de confiscations, et on ne s'explique pas qu'il ait confondu les deux rues dans la même dénomination, après avoir écrit (page 302), « Maison rue de la « Bretonnerie faisant le coin de la rue Pernelle « Saint-Pol », et quelques lignes plus bas : « Maison « rue des Blancs Manteaux au coin de la rue Per- « nelle Saint-Pol ». Les comptes de confiscations des années 1423 à 1427 sont d'accord avec ceux des années 1428 à 1434, qui distinguent les deux rues. Ils fixent, d'une manière certaine, la position de la rue Pernelle Saint-Pol, près de la rue de l'Homme Armé, donnant d'une part rue des Blancs Manteaux et de l'autre rue Sainte-Croix-de-la-Bretonnerie.

La rue de l'Homme Armé dépendait de la paroisse Saint-Jean-en-Grève et s'étendait jadis jusqu'aux remparts, dont nous avons retrouvé les traces entre les rues des Blancs Manteaux et de Paradis ; plus tard elle a porté ce nom jusqu'à cette dernière rue.

Jacques Cœur avait fait édifier un hôtel rue de l'Homme Armé ; il l'habita, dit-on, quelques années, bien qu'il ne fut pas achevé entièrement. Sauval affirme avoir vu les armes du célèbre argentier gra- vées sur des vitres qui dataient de Charles VII. On les voyait encore en d'autres parties de l'hôtel. Celui-ci était élevé en pierres de taille jusqu'au 1ᵉʳ étage ; les étages supérieurs étaient de briques éclatantes et plombées. Le vulgaire, qui ignorait que cet effet s'obtenait au moyen d'une couche de plomb et de cuivre étendue sur les briques, s'imagina qu'il y avait là quelque sorcellerie et la magnificence de

sa demeure fut un des crimes imputés à Jacques
Cœur. Le Cardinal La Balue termina la construction, lorsqu'il devint propriétaire de l'hôtel, lequel
passa, un siècle et demi après, en la possession du
Président au Parlement Barillon. Cette succession
de propriétaires tombés de si haut inspire à Sauval
la réflexion suivante : « Quand je viens à considérer
« que celui qui a commencé cette maison est un des
« plus tristes exemples qui se voient dans l'histoire
« de la vicissitude des choses de ce monde, que
« celui qui l'a achevée a été toute sa vie comme le
« jouet de la fortune et qu'enfin le Président Baril-
« lon, que nous avons vu y demeurer, a été confiné
« et est mort misérablement à Pignerol, la dernière
« ville de guerre et frontière du royaume, je ne
« sais si je ne dois point dire qu'il se trouve de la
« fatalité partout, aussi bien dans les choses inani-
« mées que dans les personnes et les familles ».

Le percement de la rue de Rambuteau a fait disparaître les derniers vestiges de cet hôtel. Pour n'en
pas laisser perdre le souvenir, le Préfet de la Seine
avait fait placer le buste de Jacques Cœur sur la
façade d'une maison voisine avec une inscription
commémorative. Le buste et l'inscription n'existent
plus depuis longtemps.

Charles Nodier, dans son *Paris Historique*, rapporte un fait, qui se serait passé rue de l'Homme
Armé et qui pourrait bien n'être pas étranger à la
dénomination de Champ aux Bretons qu'a portée le
quartier : Renaud de Bréhan, vicomte de Podoure,
allié de la famille régnante d'Angleterre, était resté,
malgré cette alliance, fidèle à Saint-Louis pendant

les troubles de 1228. Il habitait rue de l'Homme Armé. Cinq anglais pénétrèrent une nuit dans son verger; il n'avait avec lui que son chapelain et un domestique. Grâce à son courage et à celui de ses compagnons, il repoussa les agresseurs, dont trois restèrent sur la place à côté du chapelain qui fut tué. Renaud de Bréhan, par reconnaissance, fit don à son valet Galleran, de la maison et du verger, qui avaient été le théâtre de son courageux exploit.

Parmi les habitants de la rue de l'Homme Armé, nous trouvons : en 1740, le Conseiller Maître à la Cour des Comptes, André, qui avait été auditeur de 1708 à 1712; en 1765, l'avocat au Parlement expéditionnaire de la Cour de Rome, Beschefer, et le secrétaire du Roi, Rigal Caulet.

RUE JEAN DE L'ÉPINE

La rue *Jean de l'Epine*, qui continuait l'arc de cercle décrit par la rue Jean Pain Mollet, tirait son nom d'un particulier qui y possédait une maison en 1284. Il n'est pas exact de dire avec Sauval que ce nom lui vient de Jean de l'Epine, greffier criminel du Parlement de Paris, en 1416; le cartulaire de Saint-Maur de 1284 constatait l'existence de la maison de Jean de l'Epine, qui « s'ouvrait dans la rue « de la Vieille Oreille et avait sa sortie dans la « place de Grève par la maison où était un travail « (métier de tisserand) et qui était contigue au « Mouton ». Elle a porté temporairement le nom de *Philippe de l'Épine* au xve siècle, mais le premier nom a prévalu et lui est resté jusqu'à sa démolition.

Elle dépendait de la paroisse Saint-Jean-en-Grève et la Commanderie du Temple y exerçait la haute, moyenne et basse justice; le Chapitre du Saint-Sépulcre avait une rente à cens sur une des maisons de la rue. Le bureau des huissiers à cheval y était établi en 1757. On sait qu'il y avait des huissiers auprès de toutes les juridictions; mais les huissiers à verge et ceux à cheval jouissaient seuls du droit de communauté; les derniers étaient attachés spécialement au Châtelet. Leur bureau fut plus tard transporté rue de la Tixeranderie, où il resta jusqu'à la Révolution.

RUE JEAN PAIN MOLLET

A l'extrémité de la rue des Écrivains, après avoir traversé la rue des Arcis, on entrait dans la rue *Jean Pain Mollet*, qui formait à peu près un demi cercle. Elle donnait issue, du côté droit, à la rue de la Tâcherie. Sauval dit qu'elle a été appelée du *Croc*, nom qu'elle quitta pour prendre, vers 1263, celui de *Jean Pain Mollet*, d'un bourgeois de Paris qui y avait possédé une maison. Un titre du trésor des Chartes, en date de 1313, cité par le même auteur, la désigne ainsi : *Vicus Joannis Pain-Mollet.*

Nous relevons dans le compte de l'ordinaire de Paris deux ventes de cens; la première, en 1474, à

Mᵉ Pierre de Saint-Amant, clerc du Trésor du Roi, pour une maison sise Rues Jean Pain Mollet et Saint-Bon, aboutissant par derrière au lieu « où est « de présent la Cour Pavée, où il y avait ordinaire- « ment un préau »; la seconde, en 1476, « à Mᵉ Guy « Avrillot, notaire secrétaire du Roi, et Paquette « Jubert, sa femme, pour un grand hôtel où de pré- « sent a plusieurs corps d'hôtel, chambres, salles, « cours, puits, jardins, préau, galleries, chapelles, « édifices, lieux et appartenances sis en la rue Jean « Pain Mollet et de Saint-Bon tenait d'une part en « partie du côté de la rue des Assis à un tonnelier « et en autre partie à la rue Saint-Bon, tenant d'au- « tre part du côté du carrefour Guillory en partie à « un hôtel à Mᵐᵉ Boudraque et en autre partie à un « hôtel assis à la rue de la Poterie appartenant à « Marguerite de Saint-Amand, veuve de Mᵉ Henri « de Dauves, clerc du Roi en sa Chambre des « Comptes ; et encore en l'autre partie à l'hôtel des « hoirs de feu Mᵉ Jehan Jouvelin et à la dite Eglise « de Saint-Bon, lequel hotel le dit Avrillot et sa « femme acquirent le septième juillet 1475 de « Mᵉ Jehan Nyelle, clerc du Roi en son Trésor et « Jehanne de Dauves, sa femme, le prix de 3.000 « livres tournois ».

Le Chapitre Saint-Merry était déjà propriétaire d'une maison rue Jean Pain Mollet au xivᵉ siècle; longtemps après, les Filles de l'Assomption tou- chaient les loyers d'un autre immeuble. La Com- manderie du Temple y exerçait les droits de justice et l'église Saint-Merry en était la paroisse.

Ont habité dans cette rue, en 1740, le Conseiller

de la Cour des Monnaies, Divery, en 1686, Gilbert
Thonier, gentilhomme servant du Roi, qui fut parrain de Marguerite-Catherine Arouet, sœur aînée
de Voltaire; en 1817 Watelet, le célèbre paysagiste,
premier maître de Paul Delaroche.

QUAI LE PELLETIER

Ce quai commençait au Pont Notre-Dame et
aboutissait à la Place de Grève.

Le voisinage de la rivière est indispensable pour
certains métiers, et il est à remarquer que, pour la
plupart, ils attirent à leur suite de grands inconvénients, si même la salubrité publique n'est pas com-
promise. Aussi les anciens règlements exigeaient-
ils que ces sortes d'établissements se placeraient
sur les fleuves et rivières au-dessous des villes ou
sur les cours d'eau voisins : tels sont les règlements
arrêtés en grand conseil du roi, les 15 février 1567 et
21 novembre 1577.

Mais il arrive souvent que pour des causes différentes les règlements les plus utiles cessent d'être
exécutés, et les inconvénients auxquels on a voulu
porter remède, se représentent plus graves que dans
l'origine; c'est ainsi que nous voyons, pendant une
longue suite d'années, les tanneurs et les teinturiers
établis le long de la Seine, entre la place de Grève
et le pont Notre-Dame, les bouchers autour du
Grand Châtelet et les mégissiers, entre le Pont-au-
Change et le Pont-Neuf.

On fut donc obligé de prendre des mesures pour que les quartiers voisins ne fussent pas infestés; on contraignit les tanneurs, les mégissiers, les teinturiers et les bouchers à tenir *de jour le sang, peaux trempées et vuidanges dans des tines et autres vaisseaux couverts et les vuider de nuit seulement depuis sept heures du soir jusqu'à deux heures après minuit par canaux dedans la rivière.*

Tout contrevenant était condamné à la confiscation de ses biens, à l'expulsion de la ville et à payer de fortes amendes, dont le quart était acquis au dénonciateur. Mais cela ne suffit bientôt plus et deux arrêts du Conseil, en Février et Octobre 1673, ordonnèrent la translation, au faubourg Saint-Marcel et à Chaillot, des tanneurs et teinturiers; les privilèges de leurs corporations furent maintenus à cette condition : on leur donna une année pour procéder à leur installation nouvelle. Dans l'intervalle de ces deux arrêts, une décision du 17 mars ordonna la continuation du quai de Gèvres jusqu'à la place de Grève. Les travaux d'exécution, commencés aussitôt, permirent de livrer, dès l'année 1675, à la circulation le nouveau quai dont le parrainage, répudié modestement par le prévôt de Paris, Le Pelletier, fut imposé par la reconnaissance des Parisiens. Le bureau de la communauté des Bourreliers s'y établit aussitôt; nous l'y retrouvons de 1757 à 1770 : Madame Denis, armoriste des cours souveraines de l'Europe, y habitait en 1790. Les joailliers-bijoutiers en prirent possession au commencement du XIXe siècle, ils y restèrent jusqu'aux travaux d'expropriation qui les dispersèrent dans le voisinage.

Le quai Le Pelletier dépendait de la paroisse Saint-Gervais ; aussi lisait-on dans le registre des décès de cette église pour l'année 1690, à la date du 20 Décembre : « le mercredi..... est décédée sur le « quai Pelletier à sept heures du soir Catherine « Aumont, femme de Joseph Vivien, peintre, et le « vendredi 22 a été inhumée par charité au cime- « tière de cette église. » Catherine Aumont était la première femme de Vivien, depuis riche et célèbre, et qui ne possédait pas alors de quoi la faire enterrer.

RUE SAINT-LEUFROI

Lorsque l'on quittait la Cité par le pont au Change, on rencontrait en face de soi la rue *Saint-Leufroi*, désignée en 1313 sous le nom de rue *Devant le Chastel* et, plus tard, du *Châtelet*. Gilles Corrozet en a marqué la situation exacte dans le passage suivant :

« Le pont aux Changeurs était d'ancienneté tout « droit depuis le devant du Palais jusques sous la « porte du Chastelet, dont les piliers se peuvent « encores voir en temps sec. La porte Saint-Leufroi « était à l'alignement dudict pont et le lieu de quel- « ques maisons qui sont à l'entour de la dicte cha- « pelle y servait de cimetière ».

L'église Saint-Leufroi, qui a donné son nom à la

rue, était le premier édifice qu'on y rencontrait du côté droit. Selon l'abbé Lebeuf, la construction de cette basilique serait due à quelque seigneur ou riche bourgeois qui, ayant obtenu des moines de Saint-Germain-des-Prés, dans l'abbaye desquels elles auraient été apportées lors des dernières invasions normandes, quelques reliques de Saint-Leufroi, décédé en 738 dans le diocèse d'Evreux, fit bâtir une chapelle destinée à les recevoir.

Jaillot donne une version plus vraisemblable : selon lui, les Religieux de la Croix-Saint-Ouen, possesseurs des reliques de Saint-Leufroi, étaient venus demander asile au roi ou au prévôt de la ville pendant les dernières guerres des Normands. On leur aurait cédé l'ancien Parloir-aux-Bourgeois et la chapelle qui en dépendait; ils y auraient déposé leurs reliques; plus tard en 918, lors de l'union de ces Religieux avec les moines de Saint-Germain-des-Prés, ces reliques auraient été transférées à l'abbaye; mais comme la dévotion avait attiré des fidèles dans la chapelle Saint-Leufroi, un chapelain chargé d'y faire l'office y fut nommé sous le patronage de l'église Saint-Germain-l'Auxerrois, sur la la paroisse de laquelle elle était située; c'est ce qui résulte des lettres de l'évêque de Paris, Galon, en 1113, confirmées en 1191 par Maurice de Sully et en 1253 par Renauld de Corbeil, avec cette distinction que les lettres de Maurice de Sully désignent le chapelain sous le nom de curé et la chapelle sous le titre d'*Ecclesia*.

Renauld de Corbeil, informé que les revenus des chanoines de Saint-Germain-l'Auxerrois étaient

trop modiques, prescrivit qu'après le curé en exercice, il n'y aurait plus à Saint-Leufroi qu'un chapelain chargé de faire l'office, que les revenus de
la cure seraient affectés à Saint-Germain-l'Auxerrois et que le chapelain serait tenu, sur les offrandes, de payer au Chapitre de cette église 200 livres
chaque année. Ces décisions de l'évêque de Paris
furent ponctuellement exécutées jusqu'à l'époque de
la démolition de Saint-Leufroi, arrivée en 1684, et
qui avait pour cause l'agrandissement des bâtiments
et prisons du Grand Châtelet. On en transféra alors
le service et les revenus à Saint-Germain-l'Auxerrois et à Saint-Jacques-la-Boucherie.

On lit dans le *Gallia Christiana* et dans Lebeuf,
que l'on conservait à Saint-Leufroi une pierre taillée
en forme de mitre, qui était le modèle des mesures
et des poids de Paris; de là s'était formé l'usage de
renvoyer à la mitre de la chapelle de Saint-Leufroi,
quand il survenait des contestations sur les poids
et les mesures.

Lebeuf ajoute : « cette pierre, qui par sa forme
« devait être antique, avait été apparemment ap-
« portée du premier Parloir-aux-Bourgeois, qui
« était contigu à cette église. » D'après la version
de Jaillot que nous avons adoptée, il y aurait là
deux légères inexactitudes, en ce sens que l'église
ayant été installée dans l'ancien Parloir-aux-Bourgeois, il n'a pas dû être nécessaire de transporter
cette pierre, et que d'ailleurs elle ne servait plus
dans les derniers temps à l'usage d'étalon.

Saint-Leufroi comptait beaucoup de confréries :
celles des changeurs, le 24 février; du Saint-Sacre-

ment, des raquetiers, le 11 Juin; des compagnons orangers, le 25 Juillet; des tondeurs de drap, le 15 Août; des faiseurs d'aiguilles, des pêcheurs à verges, le 25 août; des teinturiers du petit teint, des maîtres tondeurs de drap, les 9 Mai et 5 Décembre; des pêcheurs d'engins, des ferronniers vendeurs de vieilles ferrailles.

L'église était longue de 12 toises et large de 5. Elle était bordée d'un côté par une cour qui portait le nom de cette basilique. La rue Saint-Leufroi se prolongeait sous la vaste arcade du Grand-Châtelet, dont l'entrée principale était située en face de la rue Saint-Denis. La date exacte de la fondation de ce monument est restée inconnue. Malingre, Germain Brice, Piganiol de la Force, Delamarre en font honneur à César ou à l'un de ses successeurs; Corrozet, à Julien. Jaillot combat ces opinions et se borne à constater qu'il n'en a pas retrouvé de traces avant le XIIᵉ siècle. Saint-Victor se range à son avis et l'appuie d'une longue dissertation sur la juridiction du Châtelet. Nous avons cependant tout lieu de croire que la première de ces opinions est la plus vraisemblable; voici les raisons qui la confirment: Il y avait avant la Révolution une des chambres du Châtelet qui, de temps immémorial, portait le nom de *Chambre de César*, et on lisait sous la grande arcade cette inscription gravée sur une table de marbre, au-dessus de l'entrée d'un bureau: « *Tribulum Cæsaris.* » En vain dit-on que les mots, *Chambre de César*, avaient pour but unique de désigner le lieu où se percevait le tribut dû au prince sur les marchandises qui venaient par eau, en appliquant ce précepte de l'Evangile : Rendez à César ce qui est à César (1). L'objection tirée de ce que l'ancien Parloir-aux-Bourgeois était attenant aux bâtiments du Châtelet et suffisait à expliquer la dénomination de *Chambre de César* et l'inscription *Tributum Cæsaris* n'a pas plus de valeur à nos yeux.

A aucune époque de notre histoire on n'a donné le nom de César aux divers chefs de l'Etat en France, et c'eût été faire un emprunt maladroit et inexact à l'Ecriture Sainte. L'inscription d'ailleurs eût été placée dans le Parloir-aux-Bourgeois lui-même, et non sous l'arcade, puisque cette juridiction était, prétend-on, chargée de la perception des impôts, et que les bâtiments, dans lesquels siégeaient les magistrats qui la composaient, existaient déjà à cette époque et sont restés debout, sauf modifications intérieures, nous l'avons vu plus haut, jusqu'en 1684 ; on eût retrouvé cette inscription sur une des portes de ces constructions, comme on y a retrouvé l'étalon des poids et mesures.

Il est plus naturel de penser, selon nous, que César, ou l'un de ses successeurs, avait fait construire, à la tête du pont qui donnait accès dans l'île, une sorte de citadelle pour tenir en respect la capitale des Parisii. Il faut joindre aux motifs, que les Romains avaient de surveiller un peuple belliqueux et toujours disposé à secouer le joug, la nécessité de contrôler, pour la perception des impôts dûs au

<hr>

(1) Jaillot, t. 1er, p. 14 et suiv; Saint-Victor, t. 1er, 2e partie, p. 510 et suiv.; de Gaulle, t. 1er, p. 436.

César régnant, les opérations du commerce floris-
sant des Parisii, qui se faisait surtout par eau, ce
qui expliquerait également l'origine du Petit-Châtelet sur l'autre bras de la Seine.

Le Grand-Châtelet a été bien des fois reconstruit;
réparé et agrandi par Saint-Louis, sous la prévôté
d'Etienne Boylesve (et non Boileau), il tombait en
ruines en 1460. Les travaux de réfection, commencés sous Charles VII, ne furent terminés qu'en 1506,
époque à laquelle la juridiction transférée au Louvre
vint reprendre possession de son ancien siège, en
vertu d'une ordonnance du roi Louis XII. De nouvelles réparations obligèrent encore de transférer
cette juridiction aux Grands-Augustins, en 1657.
Louis XIV, qui préparait depuis plusieurs années
l'édit de Février 1674 et la réunion au Châtelet de
toutes les petites justices territoriales de Paris, annonçait déjà, en 1672, son intention de faire élever
des bâtiments plus vastes que les anciens et mieux
adaptés aux nécessités du service qu'exigeait l'extension projetée par cet édit. Mais les millions, que
coûtaient encore les travaux de Versailles, firent
retarder l'exécution de ce dessein, et ce fut seulement en 1684 que l'on fit l'acquisition de plusieurs
maisons à gauche du Pont au Change et qu'à droite
l'on détruisit l'église Saint-Leufroi pour élever, en
conservant quelques tours de l'ancien Châtelet, les
constructions nouvelles, abattues en 1802.

Les prisons du Châtelet étaient malsaines et mal
construites; elles comptaient, en 1425, quinze cachots; les moins horribles se nommaient: les
Chaînes, Beauvoir la Motte, la Salle, les *Bou-*

cheries, Beaumont, les *Grièches, Beauvais, Barbarie* et *Gloriette*; sous Louis XIV, le nombre de ces prisons distinctes était de huit; Sauval nous en a conservé les noms : le *Berceau*, le *Paradis*, la *Grièche*, la *Gourdaine*, le *Puits*, les *Chaînes*, la *Boucherie* et les *Oubliettes*. Les prisonniers qui les occupaient payaient au geôlier un droit d'entrée, de séjour et de sortie, qui différait selon le rang des prévenus; quant à ceux qui ne pouvaient acquitter ces droits, on les descendait dans la *Fosse* à l'aide d'une poulie en cuivre, au travers d'une ouverture pratiquée à la voûte du souterrain. Presque tous mouraient au bout de quinze jours de détention. Une ordonnance royale du 23 Août 1780 a supprimé tous les cachots souterrains. Nous renvoyons aux ouvrages spéciaux en ce qui touche la juridiction du Châtelet et son histoire.

La rue Saint-Leufroi, se continuant sous la grande arcade du Châtelet, aboutissait à une place sur laquelle, du côté gauche, se tenait, autour d'une fontaine surmontée d'une croix, le marché aux légumes et aux poissons; on trouvait, de l'autre côté, la grande Boucherie de Paris.

La corporation des bouchers était l'une des plus puissantes de la capitale, elle a été surtout pendant la guerre des Armagnacs et des Bourguignons la plus redoutable; elle se vantait de son antique origine, qu'elle affirmait par son organisation même. A Rome, les familles vouées à l'état de boucher y demeuraient affectées sans jamais pouvoir le quitter. Les empereurs romains, en instituant les corporations de bouchers dans les villes de la Gaule, les

soumirent aux mêmes prescriptions et leur attri-
buèrent les mêmes privilèges; c'est ainsi qu'à l'époque où l'on acquiert par les documents historiques
la preuve de l'existence de leur corporation, on
voit que leur qualité passait de père en fils, et qu'un
certain nombre de familles transmettaient leurs
étaux comme héritage à leurs descendants.

La grande Boucherie est la seconde que l'on a
établie à Paris. (La première était celle du parvis
Notre-Dame). On ne peut en fixer la date précise; ce
qui est constant, c'est qu'elle fut agrandie en 1096.
Philippe Auguste ayant autorisé, en 1182, l'érection
de la Boucherie du Temple, accorda aux bouchers
de la porte de Paris d'établir à côté de leurs vingt-
cinq étaux un marché pour le poisson; c'est à cette
époque que remonte la création du marché que
nous venons de signaler. Il serait superflu d'entrer
dans les détails que fournit Piganiol de la Force, à
l'occasion des acquisitions successives des bouchers
et des discussions qu'ils eurent avec les anciens
propriétaires (les Religieux de Montmartre), auxquels ils payaient des redevances; mais il importe
de bien fixer l'emplacement qu'elle a occupé.

Jaillot estime que la grande Boucherie a été, dans
un temps qu'il ne peut d'ailleurs indiquer, située
entre les rues de la Saunerie et Pierre-au-Poisson,
c'est-à-dire à l'ouest du Grand-Châtelet; il invoque
à l'appui de son opinion : 1° que l'emplacement de
la grande Boucherie, reconstruite en 1418, était
alors occupé par une maison, connue sous le nom
de *Four d'Enfer*; 2° que la boucherie tenait aux
murs du Châtelet et que, le roi ayant ordonné d'en

retrancher une partie pour y faire une rue, on permit aux bouchers pour les indemniser, d'y faire construire des étaux et des auvents, qu'ils louèrent aux marchands de poissons; la rue voisine en a retenu le nom de Pierre-aux-Poissons; 3° que cette position se trouve confirmée dans un plan manuscrit qui se conserve à la bibliothèque du roi.

Nous regrettons de ne pas nous trouver d'accord avec un auteur généralement exact; mais outre que le *Four d'Enfer* ou du *Métier* était le nom donné à la maison qui était attenante au Châtelet, au coin Nord-est et faisait de la rue de la Joaillerie une impasse, Jaillot fait une confusion entre le marché aux Poissons, que Philippe Auguste avait concédé aux bouchers, en 1182, et les Etaux, et le plan manuscrit qu'il a vu ne peut se référer évidemment qu'à la propriété de la corporation sur ce marché voisin de la rue dont il a pris le nom. Nous avons tenu, pour vérifier l'exactitude d'une semblable assertion, à recourir aux lettres patentes qui ont ordonné la reconstruction du marché; or, voici les passages que nous y lisons et qui réfutent complétement l'opinion de Jaillot:

« Charles, par la grâce de Dieu, roi de France
« Savoir faisons..... Nous avons receu l'humble
« supplication des maistres jurés et communaulté
« des bouchers de la grande Boucherie de nostre
« bonne ville de Paris, contenant que..... et afin
« qu'ils peussent mieulx vaquer et entendre au fait
« de la dite Boucherie eussent donné aux sup-
« pliants..... et qu'ils faissent et exerçassent le fait
« de la dite boucherie en la place qui est au devant

« de nostre Chastelet de Paris, où n'a guères était
« ladite boucherie, laquelle place lesdits suppliants
« ou leurs prédécesseurs acquirent de plusieurs
« personnes à qui elle était, etc., etc., avons déclaré
« et par la teneur de ces présentes..... voulons et
« ordonnons..... que les dicts supplians puissent de
« leur plain droict revenir et retourner à comme ils
« estaient au temps et paravant lesdictes démoli-
« tions, cassation et abolition, et aultres choses
« dessus dictes contre eulx, faites par lesdicts Ber-
« nard Darmagnac et Tanguy-du-Chastel et leurs
« complices, et nous-mêmes les y remettons par ces
« présentes en les restituant en tant que mestier est
« en leurs dictes boucheries, rentes, revenus, com-
« munaulté, justice, officiers et autres droits.....,
« que la dicte boucherie ils puissent faire reffaire
« construire et édifier à la place où elle soulait être
« et en icelle seure et exercer le fait de ladicte bou-
« cherie... Et afin que ce soit ferme chose et establo
« à tousjours, nous avons fait mettre notre scel à
« ces présentes, sauf en aultres choses, nostre
« droict, et l'autruy en toutes. Donné à Paris, au
« mois d'aoûst, l'an de grâce 1418, et de nostre
« règne le 38. Signé par le Roy, Bordes. »

Pour l'intelligence complète de ces lettres patentes, il convient d'ajouter qu'à la suite de la révolte
du peuple à la tête de laquelle s'étaient mis les bouchers de Paris en 1416, le roi Charles VI avait révo-
qué le privilège de leur corporation, ordonné la
destruction de la grande Boucherie, sous prétexte
d'agrandir la place du Châtelet au devant de la rue
Saint-Denis et du Grand-Châtelet ; il avait décidé

en outre, que quatre boucheries nouvelles seraient installées dans Paris, à la halle de Beauvais, devant Saint-Leufroi, près du Petit-Châtelet et le long des murs du cimetière Saint-Jean. Celle de Saint-Leufroi fut seule démolie après les lettres patentes de 1418.

Les bâtiments de la grande Boucherie s'élevèrent donc à la même place que les anciens et formèrent avec le Grand-Châtelet une ruelle qui, partant de l'Arcade, aboutissait à la rue de la Joaillerie ; cette voie publique était si étroite que Louis XI, informé des incommodités qui en résultaient pour la circulation, fit retrancher trois étaux pour élargir la rue, en vertu de lettres patentes du mois d'Octobre 1471.

Sous Louis XV, la grande Boucherie comprenait vingt-neuf étaux et appartenait à trois des anciennes familles qui la possédaient primitivement, le droit des autres familles étant éteint à défaut d'héritiers mâles.

Les maisons qui composaient cette boucherie existaient encore dans la première moitié du XIXe siècle ; elles étaient occupées par des marchands de toutes professions.

RUE DE LA LEVRETTE

Nous traiterons de cette rue lorsque nous parlerons de la rue Pernelle, dont elle a été séparée après avoir été comprise sous la même dénomination.

PLACE LOBAU

On a réuni sous ce nom les trois rues, Pernelle, de la Levrette et du Tourniquet-Saint-Jean. La rue *Lobau*, devenue place depuis la construction de la caserne, n'a pas d'histoire. Elle porte le nom du général Mouton, créé par Napoléon 1er comte Lobau, commandant en chef de la Garde Nationale de la Seine, après 1830, puis Maréchal de France, en 1831.

Cette modification s'est opérée le 14 Décembre 1838, en vertu d'une ordonnance royale, rendue près d'un mois après la mort du Maréchal.

La place Lobau longe la façade orientale de l'Hôtel-de-Ville et s'étend dans l'espace compris entre la Seine et la rue de Rivoli.

RUE DES LOMBARDS

La rue *des Lombards*, qui va de la rue Saint-Martin à la rue Saint-Denis, a pris son nom de certains Lombards usuriers, créanciers si impatients, dit Sauval, que, par ironie, on répétait alors à Paris : la patience d'un Lombard. Elle a porté aussi la dénomination de *Buféterie* et Jaillot estime que cette dernière est la plus récente ; il se fonde sur un arrêt du Parlement du 23 juillet 1322, qui fait mention du « *vicus Lombardorum qui vulgariter la*

Buffeterie nuncupatur». Il rappelle que les Lombards étaient venus se fixer à Paris avant le règne de Saint-Louis et qu'à plusieurs occasions, des arrêts de l'année 1269 parlent des Lombards, Lucquois et mercatores Transmarini établis à Paris. Cette opinion ne nous paraît pas exacte ; car les titres les plus anciens portent la *Buffeterie*. Guillot *« passe de la Buffeterie dans la Lamprie »* le rôle de la Taille de 1292 (M. Géraud, Paris, sous Philippe le Bel, page 87), s'exprime ainsi : *« la moitié de la Bufeterie par devers Saint-Merry ; »* le rôle de la Taille pour l'année 1313 mentionne également la *Buffeterie ;* enfin M. Alfred Franklin (Etude sur le plan de la Tapisserie Aubry, 1869) cite une charte dans laquelle on lit : *« via de vico Bufeterie, quæ « ducit apud sanctum Meredicum »*. C'est dans le cours du XV⁰ siècle qu'elle a porté le nom de rue des *Lombards*, simultanément avec celui de la *Pourpointerie*, qui lui venait des pourpoints qu'on y confectionnait, ainsi que l'écrivait Guillebert de Metz, en 1434, « rue où l'on fait pourpoins devant et les « marchands demeure derrière ; » elle a gardé cette dernière dénomination jusqu'en 1656 (1).

L'établissement le plus important de la rue des Lombards était l'hôpital Sainte-Catherine, appelé primitivement Hôpital des Pauvres de Sainte-Opportune à raison de la proximité de cette église et parce que, dans l'origine, il n'y avait pas de chapelle dans l'hôpital. Les rares historiens de Paris, qui ont cherché à démêler la date de la fondation

(1) Jaillot. Quartier Saint-Jacques-la-Boucherie, p. 64.

de cette maison, sans pouvoir la fixer d'une manière précise, ont pensé que sa fondation avait pour cause l'hospitalité donnée à la foule des pèlerins qu'attirait la célébrité des miracles de Sainte-Opportune. Dans la requête des Dames de Sainte-Catherine, présentée au Roi en 1688, pour obtenir des lettres patentes en remplacement de leurs titres perdus, ces Religieuses font remonter l'époque de la création de l'hôpital au XIᵉ siècle; Félibien la place en 1184; le Mercure de France, en 884, l'auteur des Tablettes Parisiennes, en l'an 1000. Quoiqu'il en soit, la plus ancienne charte concernant cette maison, rapportée par Dubreuil, (1) est une lettre de l'évêque de Paris, Maurice de Sully, aux termes de laquelle est amorti, en faveur de l'hôpital, le cens d'un immeuble donné à ce dernier par Theobaldus Miles.

L'administration en était confiée à un Maître et à des Frères de l'Ordre de Saint-Augustin. On y adjoignit dans la suite des Religieuses du même Ordre; ce changement ne s'opéra pas avant l'année 1289, puisque la bulle du pape Nicolas IV, qui prend l'hôpital sous sa protection, ne fait mention que des Religieux; mais il était déjà effectué en 1328; une sentence de l'Officialité de Paris en fait foi. Cette administration en commun se poursuivit pendant plusieurs siècles, jusqu'en 1521, sous l'épiscopat de François Poucher (2). Plusieurs auteurs ont confondu la date de ce changement avec celle des

(1) Livre III, p. 711.
(2) Félibien, Tome I, p. 207; Lefébure, p. 195.

statuts donnés aux Religieuses par Eustache du Bellai, en 1557 (1). D'après leur règle, le nombre de celles-ci était fixé à neuf; elles avaient pour mission de loger et nourrir, pendant trois jours consécutifs, les femmes ou les filles qui cherchaient à entrer en condition, de donner l'hospitalité aux personnes de province amenées à Paris par des affaires particulières, enfin de se charger d'ensevelir et faire enterrer les morts trouvés dans les rues de Paris ou dans les prisons. Le nombre des femmes auxquelles l'hospitalité était donnée était parfois si considérable « que aucunes des dites femmes et « filles sont contrainctes coucher entre les deux « portes de la maison où on les enferme de peur « qu'elles ne facent mal ou qu'il ne leur advienne « inconvénient de nuit » (2).

Les Religieuses payaient à l'église Saint-Jacques 40 sols par an pour la permission de recevoir en leur maison les Saints Sacrements. Leur costume était celui des Religieuses de l'Hôtel-Dieu; leur nombre, limité primitivement par les cellules dont elles pouvaient disposer, fut porté de neuf à trente. Grâce à leur sage administration, elles firent des acquisitions successives et élevèrent des constructions sur les terrains dont elles disposèrent par la suite. Elles obtinrent même l'autorisation de comprendre dans l'enceinte de l'hôpital une petite ruelle, qui partait de la rue Saint-Denis auprès de la porte de leur maison et débouchait dans la rue de la Vieille Mon-

(1) Le Père Du Breuil, Histoire ecclésiastique, p. 147; Lemaire, Tome III, p. 183.

(2) Le Père Du Breuil, op., cit., p. 710.

naie. Cette ruelle portait, en 1268, le nom de *Garnier Mausel*, celui de *ruelle aux Vifs* de 1399 à 1495, puis de *Vergnon* ou *Vichignon* de 1569 à 1640, enfin de *Sainte-Catherine* depuis 1640 jusqu'à sa disparition.

Vers le milieu du XVIIIe siècle, l'hôpital se chargeait du placement des servantes qui y étaient recueillies. Chaque soir ces malheureuses se réunissaient sous le porche et attendaient là le moment de pénétrer dans la salle commune qui leur était destinée. La maison jouissait, en 1713, d'un revenu de 38.082 livres et, en 1790, l'administrateur temporel et spirituel déclarait qu'il était de 89.000 livres environ.

La chapelle dédiée à Sainte-Catherine fut fermée à la Révolution, puis consacrée, en 1797, au culte théophilantropique, dont les adhérents y tinrent leur première réunion. Quant aux bâtiments de l'hôpital, une loi du 10 Thermidor an III, les affecta à l'institution des Jeunes Aveugles, qui en occupa une partie pendant cinq années. L'administration des Hospices vendit un premier lot en 1812, puis, après la translation des Jeunes Aveugles dans les dépendances du Collège des Bons-Enfants, elle aliéna le reste en 1818. Lors de la construction des nouveaux immeubles entre la rue Saint-Denis et le boulevard Sébastopol, au droit du dernier alignement, on découvrit, en 1855, sous les vestiges de l'hôpital, des caves romaines et d'autres remontant au XIIIe siècle.

La rue des Lombards a été occupée tour à tour par diverses spécialités de commerçants qui lui ont été infidèles après s'y être enrichis : ce furent, au XV° siècle les pourpointiers, qui avaient une confrérie à Sainte-Catherine ; ils avaient eux mêmes succédé aux Lombards ; aux XVI° et XVII° siècles les épiciers, à l'époque où l'on y voyait « la Maison du « Poids du Roi » ; au siècle suivant, les confiseurs, qui en prenaient presque exclusivement possession, d'où la locution proverbiale, « c'est sucré comme la « rue des Lombards » ; de nos jours ils ont à peu près tous cédé la place aux droguistes.

Jusqu'au temps de Louis VII (1), les rois ont été propriétaires de deux poids établis à Paris, l'un général appelé « le Poids le Roy », l'autre spécial à la cire. Le premier fut concédé, en 1169, à Henri, fils de Puelle, l'autre fut aliéné postérieurement ; mais après des cessions successives tous deux devinrent la propriété du Chapitre Notre-Dame, qui avait payé, pour leur acquisition, 2775 livres à Marguerite de la Roche Guyon, veuve de Jean de Vergy, sénéchal et gouverneur de Bourgogne. Les poids n'étaient alors que des masses de pierre ajustées et façonnées d'après les étalons établis en 1321 sur l'ordre du Parlement ; les épiciers apothicaires, depuis un temps immémorial, étaient investis du droit de visiter les poids et balances de tous les marchands et artisans, à l'exception des orfèvres, qui relevaient directement de la Monnaie, et des merciers qui le leur contestèrent toujours. Ils étaient obligés de faire deux ou trois visites par an et se faisaient accompagner, à cet effet, d'un juré balancier nommé sur leur présentation par le Prévôt de

(1) Félibien, tome I, p. 198.

Paris. Les bureaux du Poids du Roi, où étaient déposés les étalons des poids et mesures, étaient établis rue des Lombards dans l'immeuble actuellement occupé par une pharmacie qui a pour enseigne « Au Mortier d'or ».

Plusieurs églises ou établissements conventuels y possédaient des immeubles ou des rentes à cens : le Chapitre Saint-Merry, la cure de Saint-Jacques-la-Boucherie et l'abbaye de Sainte-Geneviève étaient chacun propriétaires d'une maison, l'église collégiale Saint-Honoré et le couvent de Saint-Lazare étaient rentiers censitaires.

Dans le nombre des habitants de la rue des Lombards, nous citerons le peintre Larcher, ami de Blanchin, peintre du Roi, qui tint Claude Larcher sur les fonts baptismaux en 1639, le fameux Charles Rolet, que Boileau a noté d'infamie dans ce vers devenu proverbial :

« J'appelle un chat un chat et Rolet un fripon. »

On sait que ce procureur au Parlement avait fait revivre une obligation de 500 livres, dont il avait reçu le paiement et qu'il fut sévèrement condamné pour ce fait en 1681. Il demeurait rue des Lombards en 1654, et sa femme, Jeanne Chameau, y donna le jour à un fils, prénommé comme son père et son grand-père, Charles. Nous y trouvons, en 1740, Jean Daniel Gillet, écuyer, ancien juge consul, échevin ; en 1753, un autre échevin, Poultier, en 1765, voisins de Gillet, resté fidèle à son domicile, deux anciens échevins, Dubuc et Sarrazin.

RUE MARIVAUX

En face d'une entrée de l'église Saint-Jacques-la-Boucherie, au droit de la rue des Écrivains, aboutissait la rue de *Marivaux*, aujourd'hui *Nicolas Flamel*, nom qui lui a été donné récemment pour perpétuer le souvenir de cet écrivain, juré de l'université de Paris, personnage depuis trop longtemps légendaire, pour chercher à le dépeindre ici. Nicolas Flamel habitait la maison qui faisait l'encoignure des rues Marivaux et des Écrivains. En 1756, un individu se présentait devant les marguilliers de Saint-Jacques et leur offrait de faire réparer quelques maisons qui appartenaient à l'église. Sur le consentement des membres de la fabrique, les réparations commencèrent; on prit d'abord la maison de l'alchimiste, et on y fit des fouilles profondes qui ne produisirent que quelques pierres gravées; quant aux trésors qu'on y supposait enfouis, on n'en trouva point, et l'homme qui dirigeait ces travaux disparut un jour sans même avoir payé les ouvriers. Des recherches de même nature furent faites à diverses reprises, elles ne produisirent pas plus de résultats que la première. Cette maison n'a été démolie qu'en 1852, mais elle avait depuis longtemps perdu, par suite des replâtrages et des réparations, tout caractère d'originalité; on y voyait dans la boutique d'un herboriste, qui l'avait employée à l'usage de son industrie, la pierre sur laquelle était gravée, au milieu de quelques figures, l'épitaphe suivante de Flamel :

De terre suis venu
Et de terre retourne.

ainsi que des animaux placés autrefois sur la plate-forme de la tour et que le temps n'avait pas épargnés.

Le musée de Cluny en est devenu possesseur.

Les Chapitres de Saint-Merry et de la Sainte-Chapelle étaient propriétaires chacun d'une maison rue Marivaux ; l'église Saint-Jacques en possédait deux et l'abbaye de Saint-Victor y jouissait d'une rente à cens. La Commanderie du Temple y exer-çait le droit de haute, moyenne et basse justice.

RUE SAINT-MARTIN

Il serait facile d'écrire des volumes entiers sur l'histoire de la rue Saint-Martin et des églises, monuments et maisons situés au droit de l'une des plus anciennes voies publiques du vieux Paris, Notre cadre en restreint l'étude à la partie comprise entre les rues des Lombards et de Rambuteau.

Après avoir porté pendant quelque temps le nom de l'*Archet Saint-Merry*, jusqu'à la rue Neuve Saint-Merry, elle a pris, parce qu'elle conduisait au Monastère, plus tard Prieuré de St-Martin-des-

Champs, la dénomination actuelle qu'elle a toujours conservée.

Lorsque Lutèce s'agrandissant déborda de chaque côté de l'île qui lui avait servi de berceau, une enceinte fut construite et comprit ces premiers accroissements ; elle coupait la rue Saint-Martin un peu au-delà du Cloître Saint-Merry, et l'abbé Suger, dans l'histoire de son administration, en a déterminé la place à cet endroit d'une façon précise. Le fondateur des Chroniques de Saint-Denis rapporte qu'étant obligé de venir souvent à Paris, il lui était fort incommode de ne savoir où s'arrêter et qu'il avait dû, pour obvier à cet inconvénient, acheter une maison qui touchait d'un côté à l'église et de l'autre à la porte de la ville. Un tel voisinage lui donna l'occasion de contrôler les entrées qu'on y percevait et, grâce à ses soins, les droits qui s'élevaient à peine à 12 livres par an, atteignirent le chiffre de 50 livres. Sous le règne de Philippe Auguste, cette porte, dont le jambage existait encore du temps de Raoul de Presle, ne fut plus d'aucune utilité et fut remplacée par une autre construite en même temps que la nouvelle enceinte à la hauteur de la rue Grenier Saint-Lazare ; en 1418, une troisième porte s'élevait en face de la rue Neuve Saint-Denis ; elle resta debout jusqu'à ce que Louis XIII prolongeât de ce côté la ville jusqu'aux grands boulevards.

Si la rue Saint-Denis avait le privilège d'attirer la foule, soit aux entrées solennelles des rois et des reines de France, soit aux funèbres cortèges des malheureux, innocents ou coupables, destinés aux fourches patibulaires de Montfaucon, soit aux représentations des mystères, la rue Saint-Martin ne le cédait en rien à sa voisine pour la population et le commerce. C'est, en effet, principalement rue Saint-Martin, qu'au Moyen-Age se faisaient entendre les crieurs de denrées et de marchandises de toutes sortes, qui formaient le concert le plus assourdissant, le plus discordant et le plus étrange, auquel prenaient part les sonneurs des trépassés, les quêteurs des confréries, des prisonniers et des ordres mendiants. Ce bruit ne cessait que lorsque le héraut d'armes proclamait le ban du Roi ; mais aussitôt que sa voix ne résonnait plus aux oreilles, la confusion recommençait avec une ardeur nouvelle.

Malgré les inconvénients nombreux qu'elle présentait, la rue Saint-Martin est restée jusqu'à nos jours l'une des plus habitées et des plus passantes de tout Paris. L'un de ces inconvénients est relevé en ces termes par Colletet, dans ses *Tracas de Paris* :

> « Mais afin que notre voyage
> « Nous satisfasse davantage
> « Prenons les sentiers détournez
> « De peur que nous n'ayons au nez
> « La poussière blanche du plastre
> « Dont peu de monde est idolâtre
> « Chose incommode en ce chemin
> « Du long quartier Saint-Martin.
> « Car on l'avale toute crue
> « D'un bout à l'autre de la rue
> « Ce n'est pas être lipesourt (fainéant)
> « De savoir prendre le plus court
> « Déjà tu vois de cette sorte
> « Que nous approchons de la Porte »

Le seul monument historique qui s'offre à la vue de la rue de la Verrerie à la rue de Rambuteau, en façade sur la rue Saint-Martin, est l'église Saint-Merry. Nous ne suivrons pas les historiens dans les discussions auxquelles ils se sont livrés sur les origines plus ou moins obscures de cette église. Il suffira d'indiquer, d'après les meilleures sources, le résumé des opinions que nous avons cru devoir accepter.

L'église Saint-Merry a été construite sur l'emplacement d'une ancienne chapelle dédiée à Saint-Pierre et mal à propos désignée Saint-Pierre-des-Bois. On ne sait ni l'époque de sa fondation, ni le nom de son fondateur; mais on en constate l'existence au VIe siècle. Un diplôme de Louis le Débonnaire, en date de l'année 820, nous apprend que cette chapelle devint très célèbre par les miracles de Saint-Merry, dont elle prit le nom. Un autre diplôme de Louis d'Outremer fixe à l'an 884 l'époque de la translation en ce lieu du corps de Saint-Merry; c'est vers le même temps qu'il faut placer l'adjonction au chapelain de quelques prêtres pour l'aider dans l'exercice de son ministère, mais on ne doit pas en conclure, comme le font quelques auteurs, qu'il y eût là un monastère. Le fondateur de l'église qui a succédé à la chapelle se nommait *Odo Falconarius*, un des guerriers qui se distinguèrent en défendant Paris lors de l'invasion des Normands sous le comte Eudes. On a retrouvé, lorsqu'on reconstruisit Saint-Merry sous François 1er, son tombeau sur lequel était gravée l'ins-

cription suivante ; « *Hic jacet vir bonæ memoriæ*
« *Odo Falconarius fundator hujus ecclesiæ* ».

Il faut remonter également à la translation des
reliques de Saint-Merry, pour fixer le temps de
l'érection en paroisse de l'église ; cette mesure était
commandée par l'éloignement des églises Saint-
Germain-l'Auxerrois et Saint-Gervais. Ce n'est que
plus d'un siècle après, en 1007, que se place l'époque à laquelle la paroisse est devenue collégiale,
l'une des quatre filles de Notre-Dame-de-Paris, sur
la demande qu'en fit le Chapitre de la Cathédrale à
l'évêque de Paris, Renard, et d'après les avis con-
formes de l'archidiacre Elisiard et du desservant
Herbert ; ce dernier en conserva la direction jusqu'à
sa mort. Après lui, le Chapitre métropolitain désigna sept chanoines, chargés d'administrer alterna-
tivement la collégiale, cet état de choses dura jusqu'en 1219. A cette époque, l'un des chanoines,
Etienne Du Pont, doyen de la Cathédrale, profitant
de la reconstruction récente de l'église (1200), obtint la prébende et prit le titre de chanoine-curé.
Un siècle plus tard, à la requête du titulaire, un
coadjuteur lui fut donné et dès lors tous deux furent appelés chefciers ; ils ne se distinguaient l'un
de l'autre que par quelques prérogatives purement
honorifiques. Un seul chanoine-curé avait été impuissant à maintenir l'ordre et l'autorité de son rang
et à faire respecter la réforme tentée, en 1283, par
l'évêque de Paris ; les deux chefciers ne furent pas
plus heureux ; les discussions entre les membres
du clergé étaient perpétuelles, elles dégénérèrent
en véritables disputes au moment de la consécra-

tion et l'on vit même, en 1610, le premier chefcier, lancer, malgré les efforts de l'officialité, un coup de poing à la figure du vicaire qui servait la messe.

Pour entretenir l'humeur querelleuse de ce clergé, les rixes intestines ne lui suffisaient pas; l'année 1525 en fournit un exemple mémorable et public. Le lieutenant civil du Prévôt de Paris, Louis Roze, venait de mourir; il devait être inhumé à Saint-Merry, en qualité de paroissien. Son ami, François de Poucher, évêque de Paris, désira rendre à ce magistrat les derniers devoirs et officier le jour de ses obsèques. Lorsque l'évêque, qui avait accompagné le corps depuis l'hôtel jusqu'à l'église, voulut pénétrer dans le sanctuaire, les deux chefciers s'opposèrent à ce qu'il officiât, en soutenant que la collégiale ne relevait que du Chapitre. L'évêque passa outre et l'énergie dont il fit preuve n'empêcha pas les chefciers de rédiger un procès-verbal des empiètements qu'ils étaient contraints de subir. Ils pouvaient bien tenir tête à leur évêque, car leurs prédécesseurs avaient déjà osé résister victorieusement à la reine Jeanne de Bourgogne et au pape Clément VI lui-même, à l'occasion de la nomination à la dignité de chanoine de Saint-Merry, de Richard Lhermitte, qui fut obligé de renoncer à faire partie du Chapitre. Les démêlés nombreux qui s'élevèrent entre les deux chefciers amenèrent enfin, en 1685, la réunion des deux cures, autorisée par une bulle du pape Innocent XI, en date du 25 Février 1683.

Le dernier chefcier a été Louis Esprit Viennet; une inscription commémorative a été placée en son honneur près de la chapelle de Notre-Dame-des-Suffrages. D'après la déclaration faite le 23 Février 1790, les revenus du chefcier n'étaient que de 6.042 livres 14 sous, dont il fallait déduire pour les charges, 1.886 livres 9 sous, tandis que le revenu du Chapitre s'élevait à 11.913 livres 14 sous 6 deniers et les dépenses seulement à 7.226 livres 18 sous.

Les historiens rapportent que, le 18 Juillet 1535, deux paroissiens avaient fait amende honorable devant la porte de l'église pour avoir mangé de la viande le vendredi; cinq années auparavant, à raison d'outrages commis sur une image de la Sainte Vierge, peinte sur le mur d'une maison proche de Saint-Merry, le Parlement, par arrêt du 25 Mai 1530, ordonna que le clergé de la Sainte-Chapelle se rendrait processionnellement devant cette image, qui serait repeinte et qu'on y chanterait les louanges de la Mère de Jésus-Christ.

Le corps du poète Chapelain, dont la famille avait sa sépulture à Saint-Merry, a été apporté de la paroisse Saint-Leu et inhumé dans l'église, le 26 Février 1674.

Sous le règne de Saint-Louis, Étienne de Lexinton, de nationalité anglaise, abbé de Clairvaux, acheta de Jean de Beaumont, rue Saint-Martin et cour du More, un immeuble s'étendant au-delà du cul de sac de Clairvaux; il le revendit, en 1253, à l'abbé de Reigny, 1.000 livres parisis et 20 muids de vin. Cet immeuble consistait en constructions, terrain et prés. On avait bâti sur le fonds voisin un jeu de paume. Les abbés de Reigny avaient loué l'immeuble à charge de relever les bâtiments qui tombaient en ruine et d'en élever d'autres sur le reste du terrain.

L'hôtel du Connétable de Châtillon tenait à l'ancienne porte Saint-Martin. Après sa mort, survenue en 1355, le Parlement de Paris nomma des experts avec mission de procéder au partage de l'immeuble entre ses héritiers.

En 1470, un prince écossais, chassé par le roi d'Écosse, vint implorer le secours de Louis XI, qui le fit recevoir par Gaucourt, gouverneur de Paris. On l'hébergea rue Saint-Martin, dans la maison dite de la Chasse.

Les comptes de confiscation de 1423 mentionnent plusieurs maisons données en usufruit par les abbés de Clairvaux, à Guillaume Baguenée, moyennant 43 livres parisis; elles retournèrent après son décès aux abbés de Clairvaux; ceux de 1427 relatent une maison avec jardins et fermages ayant appartenu aux comtes de Dammartin, tenant aux anciens murs de la Ville, d'une part, et, d'autre part, aux héritiers de sire Mathieu de Linières, Conseiller aux Comptes. Cette maison a été habitée par le Chevalier Roulland de Dunkerque, Conseiller et chambellan du duc de Bourgogne. Un autre Dammartin dota, en 1385, la chapelle Sainte-Catherine à Saint-Merry de 10 livres parisis de rente. Il n'était pas de la famille du comte; car il avait pour prénom celui de Jean et il s'intitulait bourgeois de Paris et mercier.

Ces mêmes comptes de 1427 parlent d'un hôtel

ayant appartenu à Philippe de Paris et à sa femme ; il était situé en face de la fontaine Maubué.

Un certain nombre d'églises et d'établissements religieux possédaient des maisons rue Saint-Martin ; c'étaient Saint-Eustache, Saint-Sauveur, Saint-Merry, Saint-Julien-des-Ménétriers (la maison était construite sur l'emplacement du n° 96 actuel), Saint-Jacques-la-Boucherie (qui en tirait 7.050 livres), Saint-Nicolas-des-Champs, la Sainte-Chapelle, Saint-Josse, les Chartreux, l'abbaye de Saint-Martin-des-Champs, l'abbaye de Sainte-Geneviève, les Religieuses de Saint-Lazare et l'abbaye de Saint-Antoine.

Nombreux sont les personnages qui ont habité la rue Saint-Martin aux diverses époques ; nous ne donnerons ici que les principaux : Henri d'Anglure de Bourlemont, abbé de Pierre-Mont, grand archidiacre de Bordeaux, auditeur de rote, nommé à l'évêché de Lavaur, chargé des affaires du Roi en cour de Rome ; Trochon, sieur de Beaubourg, bourgeois de Paris, qui y épousa le 14 Juin 1684 la fille de la comédienne La Beauval, déjà deux fois veuve du perruquier Bertrand et d'un officier du roi nommé Des Hayes ; la danseuse de l'Opéra, Chameroy, qui y était née le 5 Mai 1779 et dont les obsèques causèrent tant de scandale à Paris ; Jean Mérault, trésorier et receveur de la duchesse de Guise, veuve du Balafré, en 1529 ; Jean Conrart, sieur de Saint-Robert, frère de l'académicien Valentin Conrart ; il y épousa in extremis la servante de sa mère (1) ; Procope, médecin du vice-roi du Mexique, le frère du fameux limonadier, en 1717 ; Georges de Soulas, écuyer, sieur de Primefosse et Judith Donnay, père et mère de l'acteur Floridor et d'une fille qui eut pour parrain Charles de Lorraine, évêque de Verdun, en 1615 ; Auguste de Santeul, ancien échevin, frère du poëte (cent ans après, nous y trouvons encore un de Santeul, greffier des dépôts civils au Parlement) ; le sieur de Rosny et sa femme, Claude de Plaix, aïeux maternels de Scarron ; Sulpice Breton, célèbre ouvrier talonnier (on faisait alors les talons de chaussures en bois) ; Aloph de Godechard, seigneur de Bacheville, capitaine d'une compagnie de chevau-légers en 1667, dans la maison de l'enseigne Notre-Dame-de-la-Paix ; Charles Colbert, Président au Présidial de Reims, parent du ministre (il y mourut le 17 Octobre 1661) ; Sorin, député de Paris pour le commerce, près de la fontaine Maubué ; Guertin, Conseiller auditeur à la Cour des Comptes, en face de la rue des Étuves ; Le Vasseur, Conseiller électeur de Paris ; Foucault, ancien échevin ; Carpentier de la Fosse, auditeur aux Comptes, vis-à-vis de la rue Saint-Julien-des-Ménétriers, en face d'Auguste de Santeul ; Millon, quartenier, ancien échevin, près de la rue des Vieilles Étuves ; Andoulx, chirurgien ordinaire du Roi, Sauvage, Conseiller auditeur aux Comptes ;

(1) Conrart et ses sœurs attaquèrent le mariage et le testament de leur frère, fait au profit de sa femme. Une décision du Châtelet avait repoussé leur action, mais le Parlement, infirmant cette sentence, annula le mariage et le testament et restitua aux consorts Conrart l'héritage contesté.

Hurel, Conseiller criminel au Châtelet, près de la rue de Venise ; Carpentier, contrôleur général de la Grande Chancellerie de France, et son frère, Carpentier de Senneville, Conseiller au Châtelet ; Chauveau, juré expert des bâtiments du bâillage du Palais, vis-à-vis de la rue Oignard ; Chauchat, quartenier, près de Saint-Merry.

Les bureaux des maîtres à danser, des tabletiers, des tapissiers et des papetiers étaient établis rue Saint-Martin.

Avant de clore cette liste, nous devons une mention particulière aux artistes peintres, sculpteurs, architectes et autres, qui ont demeuré dans cette rue. Nous y rencontrons, en 1662 et en 1667, Gabriel Blanchard, peintre ordinaire du Roi, professeur à l'Académie de Peinture ; en 1698, les père et mère de Boucher, avant d'aller se fixer rue de la Verrerie, où ils devaient donner le jour à ce célèbre artiste de genre, Boniface Butay, peintre estimé, dont la petite-fille y épousait, en 1607, Lebrun ; Falot, vers la fin du XVe siècle ; les deux Fréminet, père et fils (le fils avait le titre de premier peintre d'Henri IV et de Louis XIII) ; Guillaume Froidemontagne, paysagiste de talent, académicien en 1676 ; dame Duchemin, peintre de fleurs, épouse du sculpteur Girardon, née sur la paroisse Saint-Jacques, en 1630 ; Grenoble, valet de chambre et sculpteur ordinaire du Roi ; Alexandre Grenoble, garde des Antiques, sur la paroisse Saint-Merry, dans la maison de l'enseigne « à Notre-Dame-de-Liesse » ; leur père, Jacques Mathieu Grenoble, y habitait déjà près de la rue des Ménétriers, lors du procès fait à Bullant, accusé de lui avoir vendu diverses pièces de marbre dépendant de l'inventaire des marbres du Roi en 1572 (1) ; Nicolas et Pierre Jacquet, sculpteurs, dont la sœur épousait, sans changer de rue, le peintre Simon Fournier ; Hardouin Michel Mansart, architecte du Roi comme son frère ; La Houve, marchand de tableaux, vers la fin du XVIe siècle (il avait boutique au Palais) ; Magnier, sculpteur, qui y naquit vers 1625 ; Parrocel, peintre de batailles, académicien ; Patel, paysagiste, qui y est décédé à 61 ans ; Nicole-Judith Pigalle, femme d'Antoine Ledreux, tante du sculpteur Pigalle, qui fut marraine d'une de ses sœurs avec Thévenot, sculpteur du Roi ; Charles Poerson, un des 12 anciens académiciens, l'un des quatre recteurs ; enfin Servandoni fils, architecte et peintre comme son père, qui y habitait lorsqu'il épousa, en 1779, la fille d'un cordonnier.

RUE MAUBUÉ

On ne connaît pas exactement l'étymologie de ce nom. La plupart des auteurs ont pensé qu'il signifiait mal propre, mal lavé ; nous nous permettrons d'exprimer un doute à cet égard. Il n'est pas supposable que la rue *Maubué* ait mérité cette qualification dès la fin du XIIIe siècle ; or, à ce moment,

(1) Mémoires de la Société de l'Histoire de Paris, Tome III, pages 258, 283, 284.

elle était bordée de maisons et elle était déjà connue sous cette dénomination. Il nous paraît plus exact de dire qu'elle a pris le nom d'une ancienne famille, propriétaire en ce lieu d'un fief ou d'une maison : nous avons, en effet, retrouvé un seigneur de Maubué, partisan de Charles, Roi de Navarre, lequel fut décapité à Rouen, de compagnie avec le comte d'Harcourt et les seigneurs de Graville et de Colinet-Doublet, par ordre du Roi Jean, pour la part qu'ils avaient prise à la révolte. Les biens et terres qui avaient été confisqués sur eux furent restitués à leurs héritiers par le Dauphin en 1358.

On a appelé aussi cette rue, *Baudroierie*, parce qu'elle faisait le retour d'équerre de la rue du *Poirier*, qui a porté ce nom, de 1398 à 1533, et *Simon le Franc*, parce qu'elle faisait suite à cette voie publique. Sa première dénomination a prévalu, toutefois on l'a désignée sous le nom de rue de la *Fontaine Maubué*, à cause de la fontaine construite à l'encoignure de la rue Saint-Martin. Sous Charles VI, l'eau y était devenue fort rare par le fait des seigneurs, qui avaient obtenu la permission de la détourner à leur profit. Il fallut une ordonnance royale pour faire cesser cet état de choses. Reconstruite en 1773, cette fontaine consiste en un piédestal oblong formant avant-corps; sur la base est un vase entouré de roseaux et de conques marines, le tout couronné d'une table destinée à recevoir une inscription. L'eau, qui venait autrefois de Belleville, puis de la pompe Notre-Dame, coule par une ouverture pratiquée dans les flancs du vase.

Dès l'origine, les chétives bicoques, qui s'étaient

groupées autour de la fontaine, formaient l'un des centres les plus anciens de la prostitution parisienne; il y avait là autant de repaires occupés par des ribaudes qu'il y avait de maisons inaccessibles au guet et aux sergents. Cela n'était point un obstacle à ce que l'église collégiale de Saint-Honoré, le collège de Beauvais et les Chartreux y possédassent des immeubles; le Chapitre Saint-Merry, Saint-Martin-des-Champs et Saint-Nicolas-des-Champs y percevaient des rentes censitaires; mais nous n'avons trouvé que les traces temporaires d'un habitant, digne d'attirer notre attention. C'était un membre de cette famille Grenoble, qui a fourni des sculpteurs distingués et qui a travaillé successivement pour les Rois Charles IX, Henri III, Henri IV, Louis XIII et Louis XIV, Nicolas Grenoble, qui y habitait lorsqu'il fit baptiser, le 9 Février 1606, son fils aîné Nicolas, à Saint-Nicolas-des-Champs, sa paroisse.

Cette rue était comprise dans la censive de la Commanderie du Temple, qui y avait haute, moyenne et basse justice.

RUE DES TROIS MAURES

Cette voie publique a été comprise dans les travaux d'expropriation du boulevard Sébastopol, en vertu d'un décret du 29 Septembre 1854; les maisons en façade sur ce boulevard, entre les rues des

Lombards et de la Reynie, ont été bâties en partie sur son emplacement.

La rue des *Trois Maures* était connue vers la fin du XIIIe siècle sous le nom de *Guillaume Josse*; on l'appelait communément aussi rue du *Vin le Roi*, parce que le propriétaire de l'auberge des Trois Maures, qui y était située, fournissait le vin du Roi. On prétend même que les Rois de France avaient là leurs caves. L'enseigne de l'auberge a fini par devenir la seule dénomination en usage.

Rien d'intéressant d'ailleurs à signaler au point de vue historique relativement à cette rue, longue seulement de 56 mètres. Nous y trouvons, en 1740, à demeure de Rivals, l'un des prévôts en charge des chirurgiens jurés de Paris; en 1753, celle de Piquenon, lieutenant de la Prévôté générale des Connétablie, Gendarmerie et Maréchaussées de France et des armées du Roi.

RUE DU CLOITRE SAINT-MERRY

La rue du *Cloître Saint-Merry* était fermée par une grille à son entrée du côté de la rue Saint-Martin et le cloître proprement dit comprenait en outre les rues Taillepain, Brisemiche, et des Juges Consuls. La Barre Saint-Merry était située à l'encoignure de la rue Saint-Martin; un immeuble voisin était affecté aux prisons du Chapitre et à l'Auditoire de la Juridiction ; on tenait aussi dans la même maison les assemblées capitulaires.

L'hospice Saint-Merry, fondé grâce à la générosité des paroissiens de l'église, est encore debout et formait la limite extrême de cette rue avant son prolongement en 1837. Il porte encore sur sa façade la date de sa fondation, 15 Décembre 1783. Cet établissement était administré par le curé de Saint-Merry ; le premier directeur en a été l'oncle de l'académicien Viennet. Il contenait 16 lits, dont quatre dans des chambres séparées, pour des cas extraordinaires, et les malades étaient soignés par des Sœurs de Charité. Le 20 Janvier 1791, le curé de Saint-Merry déclarait que le revenu fixe se montait à 17.660 livres environ et que les charges étaient de 3.275 livres ; le revenu casuel dépassait 22.000 livres, mais les dépenses atteignaient 37.500 livres. La maison porte encore la dénomination d'hospice Saint-Merry.

La rue du Cloître Saint-Merry avait d'autres habitants que les chanoines et le clergé de l'église. Nous y voyons, en 1740, Denyau, avocat au Parlement, administrateur de l'Hospice général ; de Maupeou d'Ablèges, l'un des doyens des Maîtres des Requêtes du Conseil privé, devenu en 1741 Conseiller au Grand Conseil du Roi ; le Procureur au Châtelet, Pottier, dont le fils était nommé, en 1751, substitut du Procureur Général au Parlement et qui se démettait de sa charge avant cette nomination ; enfin Lenoble, Procureur du Roi de la Prévôté générale des Monnaies et Maréchaussées de France. En 1753, nous trouvons, voisins de Maupeou et de

Pottier, Ricard, Trésorier de France honoraire, Andrieu, écuyer, avocat au Parlement, échevin, Maultrot, ancien échevin et Houllier, conseiller à l'élection de Paris.

RUE NEUVE SAINT-MERRY

La rue *Neuve Saint-Merry* ou *Merri* ou *Médéric*, a été ouverte vers 1215 et figure dans le dict de Guillot. Son nom n'a jamais changé. L'abbé Chapelain se refusait à écrire Neuve Saint-Médéric, au lieu de Neuve Saint-Merry; il regardait cet usage comme aussi bizarre que celui d'employer les locutions de Saint-Elige et Léodégaire pour désigner Saint-Eloi et Saint-Léger.

Il est fait mention de cette voie publique dans une bulle d'Honoré III, du 10 Septembre 1221, pour la confirmation des priviléges et possessions de l'abbaye de Livri, qui tenait de la libéralité de Mathieu Marly un four situé dans la rue Neuve Saint-Merry. On l'a appelée Neuve, parce qu'elle était nouvellement bâtie lors de la construction de l'enceinte de Philippe Auguste.

Ne passons pas sous silence deux traditions rapportées par Jaillot, qui, d'ailleurs, n'y ajoute pas foi. La première veut que la maison occupée par le bureau des Jurés crieurs, avant leur installation rue Sainte-Croix-de-la-Bretonnerie, ait été l'une des demeures, à Paris, de Catherine de Médicis; la seconde, que l'immeuble voisin ait été un hôtel de la Reine Blanche de Castille ; les fleurs de lys, les dorures, les peintures et sculptures que Jaillot a pu y voir ne sont pas des preuves suffisantes à l'appui de ces assertions.

L'Almanach d'Abraham du Pradel nous apprend que la haute finance et les fabricants de meubles de placage et de marqueterie avaient fait de la rue Neuve Saint-Merry le siège de leur industrie. Un riche banquier, Jaback, y avait même élevé un magnifique hôtel, qui porta son nom jusqu'à ces derniers temps. Jaback faisait des affaires importantes avec l'Allemagne, la Pologne, la Hongrie et la Turquie. Passionné pour les tableaux et dessins, il se rendit acquéreur d'un grand nombre de toiles provenant de la Galerie de Charles I, qui fut mise en vente à Londres. Sa collection, qui comprenait 100 tableaux et 5,500 dessins fut vendue 220,000 livres ; c'est de là que proviennent plusieurs des Van Dyck et des Holbein, que possède le Musée du Louvre. L'hôtel, dans le siècle suivant, déchut de son ancienne splendeur. Après avoir abrité, vers 1740, deux magistrats, Bonardy de Crécy, Conseiller de la 2ᵉ Chambre des Enquêtes au Parlement et Choart de Magny, Conseiller au Châtelet, il fut occupé par un dépôt de porcelaines de terre et par un magasin de toiles de Jouy. Plus tard, une salle de spectacle bourgeois y fut aménagée. Lekain y fit ses débuts ; puis on y installa une exposition de tableaux à vendre.

Vers le commencement du XVIIᵉ siècle, les gens de robe prenaient la place des fabricants de meubles et des banquiers. Nous y voyons la famille de Manneville, qui habitait entre l'impasse du Bœuf et la rue du Temple; l'un des frères de Manneville était Conseiller au Grand Conseil, l'autre, Manneville de Belledalle, après avoir été Conseiller au Châtelet, devenait en 1740 Conseiller à la 4ᵉ Chambre des Enquêtes au Parlement; Vernier, Conseiller au Grand Conseil; Auvray, Conseiller au Châtelet, en face de l'impasse du Bœuf, près de la rue du Renard; Tournay, Conseiller à la 1ʳᵉ Chambre de la Cour des Aydes, près de la rue du Poirier; Dupuis, Trésorier-payeur des gages du Châtelet; Brillon Duperron, receveur des décimes et autres impositions du clergé du diocèse de Paris, au coin de la rue du Renard; Guesnon, ancien échevin, conseiller de l'Hôtel-de-Ville. Ils avaient été précédés par Baudry, Conseiller à la 2ᵉ Chambre des Requêtes au Parlement, Angran, Conseiller à la Cour des Comptes et de Vaneuse de Fontenelles, qui demeurait près de la rue Saint-Martin. En 1765, viennent s'y fixer également quatre secrétaires du Roi, Roger de Godencourt, Conseiller Maître à la Chambre des Comptes, de Berly, substitut à l'élection de Paris et deux agents de change; en 1781, de Vin de Galande, Maître des Requêtes, et Roger d'Arquinvilliers, Conseiller Maître, à la Chambre des Comptes. En 1790, on y voit encore des magistrats : de Gouzangré, Conseiller au Parlement de la 1ʳᵉ Chambre des Enquêtes, Bozonat, Maître des Comptes, Girard, Conseiller à la Cour des Monnaies et Garnier, Conseiller au Châtelet; mais on y compte aussi 17 cabinets ou études d'avocats, de notaires, de procureurs au Châtelet et au Parlement et le bureau de l'abonnement des Criées s'y établit ; on y publiait chaque mois l'extrait des Criées, qui relatait les ventes effectuées dans le ressort du Châtelet des immeubles sur lesquels les acquéreurs obtenaient des lettres de ratification pour purger les hypothèques du chef des vendeurs ; l'abonnement était de 15 livres par an.

Gérard Van Opstal, l'un des douze membres de l'Académie de peinture et de sculpture lors de sa fondation, sculpteur du Roi, avait une sœur qui avait épousé « noble homme Simon Legris », secrétaire de la Reine, mère de Louis XIV. Depuis son veuvage, elle habitait rue Neuve Saint-Merry. L'un des premiers amiraux de France, Pierre de Breban, dit Clignet, y eut aussi son hôtel. Les Chapitres de Saint-Marcel et de Saint-Merry y possédaient des immeubles et la famille de Rebours, un hôtel, à une époque contemporaine de l'installation des bureaux des fabricants d'étoffes, appelés férandiniers et des Jurés Crieurs.

RUE DU MONCEAU SAINT-GERVAIS

Elle tirait son nom de l'éminence sur le sommet de laquelle a été construite l'église Saint-Gervais, qui constituait un fief sous Louis le Jeune, en 1141. Elle a été élargie en vertu d'un arrêt du Conseil du 31 Mars 1674, puis portée à 10 mètres par décision ministérielle du 13 Thermidor an V, enfin à 26 mètres, par ordonnance royale du 4 Mars 1836. Deux ans après, en 1838, elle recevait le nom du Prévôt des Marchands, *François Myron*, dénomination sous laquelle sont aujourd'hui comprises les voies publiques qui la suivent jusqu'à la pointe de Rivoli.

On voit figurer sur les anciens plans de Paris le fameux orme de Saint-Gervais, qui a, jusqu'à nos jours, servi d'enseigne et a souvent été renouvelé, car il en existait déjà un du temps de Guillot à cette place « Saint-Gervais et l'ormetiau ». Il était planté devant le portail de l'église. Suivant un antique usage, en sortant de l'office, on se réunissait à l'ombre de cet arbre pour y traiter les affaires et rendre la justice. Nous voyons même dans un compte de 1443, que le duc de Guyenne obligeait ses fermiers de Paris et des environs à se rendre en ce lieu le jour de la Saint-Rémi à la Saint-Martin d'hiver, pour y payer les rentes stipulées à son profit dans leurs baux. Philippe, fils aîné de Louis le Gros, associé à la Couronne, mourut en cet endroit d'une chute de cheval, en 1131.

Un compte des confiscations opérées sous la domination anglaise, en 1422, nous montre que les hôtels de Coucy et de Berry étaient situés rue du Monceau Saint-Gervais. Le premier appartenait au sire de Coucy, grand bouteiller de France, gendre du roi d'Angleterre, mais toujours fidèle à son Roi, malgré cette illustre alliance et dont la devise était :

> « Je ne suis roi ni prince aussi,
> « Je suis le sire de Coucy ».

Il avait été mêlé à toutes les grandes affaires politiques ou militaires de son temps et avait mérité le titre de « Gentilhomme le plus accompli ». Pendant l'émeute parisienne de 1382, on l'avait envoyé aux bourgeois de Paris. Il était descendu à son hôtel de la rue Monceau où il avait réuni les principaux habitants de la ville pour les amener à rentrer dans le devoir. Son intervention avait eu les plus heureux résultats et la sédition avait été apaisée par les voies de la douceur. Il mourut à Burse, en 1397, après avoir été fait prisonnier par Bajazet, au moment où il se disposait à rentrer en France, devenu libre par le paiement d'une forte rançon.

L'hôtel de Berry avait appartenu aux ducs de Berry, qui ont joué un si grand rôle dans l'histoire douloureuse de la domination anglaise.

Nous trouvons désignées dans un compte de cens de 1458, une maison sise en face du Chastel de Coucy et, dans un autre compte de cens de 1475, une maison située dans la même rue, vendue par noble dame Guye des Moustiers, dame de Lambre et de Beaumont-lès-Donay, veuve de feu messire Mathieu des Vertus, chevalier seigneur des dits lieux.

Une famille d'organistes distingués, les Couperin, habita la rue du Monceau Saint-Gervais de 1668 à 1690. François Couperin, le plus célèbre, y était né ; il s'y était marié et avait fait baptiser sa fille à Saint-Gervais, dont il était l'organiste.

Nous citerons encore parmi les habitants, en 1740 et 1753, de Villers, Trésorier de France, Herment, médecin par quartier suivant la Cour, Deherain, expéditionnaire de Cour de Rome et légations.

L'hôpital Saint-Anastase y possédait un immeuble et le bureau des huissiers audienciers au Châtelet y était établi, en 1790, avant d'aller se fixer rue de la Verrerie.

Les eaux de la rue se déversaient dans l'égoût de Pont-Perris, qui commençait dans le haut de la rue Saint-Antoine.

C'est dans une maison de cette rue que Voltaire s'était retiré au moment de l'impression à Londres de « ses Lettres sur les Anglais ». Il y fut arrêté et conduit à la Bastille.

RUE DE LA VIEILLE-MONNAIE

Elle débouchait à son extrémité dans la rue des Lombards, sur l'emplacement qu'y occupe aujourd'hui la maison portant le numéro 23. Divers actes trouvés dans les archives de l'ancien archevêché, font mention d'une maison appelée l'Hôtel de la Monnaie; c'est ainsi qu'on trouve, en 1227, une maison située *in Monetariâ*; en 1243, on dit *de Veteri Moneta*; en 1269, *Vetus Monetaria*; l'époque à laquelle la Monnaie était située dans cette rue, aujourd'hui englobée dans des propriétés particulières, est demeurée inconnue. Un procès-verbal de 1636 lui donne aussi le nom de *Passementière*.

Aucune rue publique n'était droite; la rue de la

Vieille-Monnaie faisait exception à cette règle presque invariable ; aussi le poète Guillot de s'écrier :

> Dieu grâce, on n'a point de defroy
> En le viez Monnaie, par Sens
> M'en ving aussi compar à Sens.

L'église Saint-Germain-l'Auxerrois et l'hospice Sainte-Catherine touchaient les loyers de deux immeubles situés dans cette rue, dans laquelle nous trouvons, en 1753, la demeure de l'expéditionnaire de Cour de Rome et légations, Malherbe, et, en 1790, le bureau des gantiers, bourreliers, ceinturonniers et parfumeurs, qui formaient une seule et même corporation.

RUE DU MOUTON

Elle allait de la place de Grève à la rue de la Tixeranderie et devait son nom à un propriétaire qui y possédait deux maisons au XIII⁰ siècle ; en son honneur, une maison prit pour enseigne « le Mouton » ; on la trouve désignée, en 1263, dans le cartulaire de Saint-Maur sous le titre « *Domus de Ariete, Domus Arietis* ». Jaillot avance qu'on y a fabriqué une monnaie appelée « *les agnels d'or* » et portant pour empreinte un agneau d'or avec ces mots « *Ecce Agnus Dei* ».

Un des ancêtres du général Andréossi demeurait au moment de sa mort rue du Mouton. Il fut inhumé le 10 Mai 1684, au cimetière neuf de la paroisse Saint-Jean-en-Grève. Il se nommait Jean-François Andréossy, escuyer, gentilhomme Lucoys. Nous y trouvons aussi, en 1740, de Verpillat de Beurville, Conseiller à l'élection de Paris. C'est dans cette rue qu'a commencé la renommée de l'encre de la Petite Vertu, vers la fin du XVIIIe siècle.

RUE OGNIARD

Rien à dire de particulier de cette rue, dont on ne connaît pas l'étymologie et qui forme aujourd'hui la continuation de la rue de la Reynie, entre les rues Saint-Martin et Quincampoix. Ce tronçon est tellement étroit qu'on peut, en étendant les bras, toucher les deux côtés des maisons qui la bordent. Son aspect donne une idée de ce qu'étaient, dans l'origine, la plupart des rues du Vieux Paris.

Cette voie publique est une de celles dont l'orthographe et la dénomination ont le plus changé. En 1260, elle s'appelait *vicus de Roissiaco* (et non Rosiart, comme le dit par erreur Sauval); en 1300, *Amauri de Roussi*; en 1493, *Oignat*; en 1495, *Hoignart*; *Koquare*, dans le Plan de la Tapisserie, *Oignard*, dans le censier de Saint-Eloi. Corrozet la nomme *Hannard*. Quant aux variantes, elles sont aussi fort nombreuses, les voici : *Amauri de Rossi,*

Emauri de Roissi, Marie de Poissy, Hungard, Hougnart, Oniart, Oignat, Oignac, Aniac. Nous avons adopté l'orthographe de Jaillot.

RUE PECQUAY

Cette orthographe est depuis longtemps admise; mais la véritable dénomination, reproduite par Sauval et les plans de Gomboust et Bullet, serait *Picquel.* C'était, avant le percement de la rue de Rambuteau, une impasse connue originairement sous le nom de rue *Maulart* ou *Molart,* puis sous celui d'impasse *Picquet, Piquet, Péquai* et *Pecquay,* de *Novion* ou des *Blancs Manteaux.* Jean de la Haie, dit Picquet, était propriétaire d'une vaste maison à l'extrémité de cette impasse; ses biens ayant été confisqués pendant la domination anglaise, elle fut donnée à Richard Beauchamp, comte de Warwick, le 14 Septembre 1425. Sauval dit que cette donation lui fut faite par le Roi en vertu de lettres datées de la Sainte-Chapelle. La date de ces lettres est exacte, car il est fait mention et de la confiscation et de la donation qui l'a suivie dans les comptes des années 1423 à 1427; mais si le Roi de France n'a pas pu octroyer ces lettres et les dater de la Sainte-Chapelle en 1425, puisque Paris était alors au pouvoir des Anglais, le roi d'Angleterre n'a pas pu davantage les dater de Paris, puisqu'il n'y a fait son entrée qu'en 1431. Le Comte de

Warwick accompagnait Henri VI lors de son entrée; il s'était montré l'un des plus ardents persécuteurs de Jeanne d'Arc. L'hôtel passa dans la suite au Cardinal La Balue, à Louis Guillard, évêque de Chartres et Chalon-sur-Saône, au Cardinal de Guise et de Lorraine, puis à ce Président au Parlement, de Novion, qui, au dire de Saint-Simon, falsifiait les arrêts et fut contraint pour ce motif de donner sa démission. Enfin nous y trouvons, en 1753, le Procureur général au Grand Conseil, Angran, qui avait été Conseiller au Parlement; Thiroux d'Arconville, Président de la 1re Chambre des Enquêtes, était alors son voisin.

En 1765, Rivals, procureur du Roi de la juridiction du Grenier à sel, habitait rue Pecquay; en 1790, le receveur particulier des Finances pour les quartiers du Louvre et du Palais-Royal, Lesteltes, y avait installé ses bureaux; les fils du Procureur Général au Grand Conseil, Angran, occupaient alors l'hôtel de leur père: l'un était Président de la 3e Chambre des Enquêtes; l'autre était lieutenant civil du Châtelet. Les mémoires contemporains citent de ce magistrat un trait digne d'être noté. En sa qualité de lieutenant civil, il recevait chez lui, le 25 Novembre 1782, un garde du commerce qui conduisait en référé un négociant accompagné de sa femme et de ses enfants. La procédure était régulière et, après des explications contradictoires, le magistrat dut ordonner l'exécution par prise de corps de la sentence consulaire, en vertu de laquelle les poursuites avaient lieu; mais, à minuit, le Lieutenant civil se rendait en personne à la prison et s'offrait pour caution. Rentré chez lui, il s'aperçoit que l'acte n'est pas en règle, il retourne à pied à l'Hôtel de la Force, transformé en prison pour dettes, et met en état la levée de l'écrou. Le malheureux négociant se jette à ses pieds pour lui témoigner sa vive reconnaissance, le magistrat le relève aussitôt, en lui disant du ton le plus simple : « Ne « perdez point de temps, allez consoler votre femme et vos enfants ». Quel plus bel exemple de bienfaisance rehaussé encore par le respect absolu de la loi !

Dans l'hôtel Angran ont été installés pendant la Révolution les bureaux des Droits réunis, puis l'immeuble a été morcelé et vendu par lots sur licitation entre majeurs, le 10 Novembre 1827.

L'impasse Pecquay dépendait de la paroisse Saint-Jean-en-Grève.

RUE PERNELLE

Deux rues ont porté ce nom : nous avons parlé de celle qui faisait au XVIIIe siècle la continuation de la rue de la Levrette et venait aboutir au quai de la Grève ; la seconde n'a point d'histoire. Elle a été percée en 1856, sur l'ancien emplacement de la rue de la *Lanterne* et de la *Petite Rue Marivaux* et des immeubles, dont l'expropriation et la démolition ont permis à ces deux rues de se réunir sous la même dénomination.

La rue de la *Lanterne*, appelée ruelle *Saint-Bon*, dans l'accord de Philippe le Hardi avec le Chapitre Saint-Merry de 1273 tirait son nom d'une enseigne. Plusieurs plans, notamment celui de Turgot, la nomme *de la Dentelle*. Elle donnait, d'un côté, dans la rue des Arcis, de l'autre, dans la rue Saint-Bon ; elle mesurait 16 toises. La *Petite Rue Marivaux* en comptait 25. On voyait encore, en 1790, à l'une des encoignures, sur un gros jambage, les figures de Nicolas Flamel et de sa femme Pernelle. Corrozet lui donna le nom *des Prêtres*, à cause des prêtres que le voisinage de Saint-Jacques-la-Boucherie y avait attirés.

RUE DU PET-AU-DIABLE

La rue du *Pet-au-Diable*, qui allait de la rue de la Tixeranderie au Cloître Saint-Jean, a exercé par la singularité de sa dénomination la sagacité des étymologistes ; leurs efforts n'ont pas été couronnés de succès. Sauval rapporte que ce nom lui vient d'une tour carrée appelée autrefois la *Synagogue*, le *Martelet Saint-Jean*, le *Vieux Temple* ou l'*Hôtel du Pet-au-Diable*. Quant à l'expression, elle serait, suivant quelques-uns, un terme de dérision et de mépris pour les Juifs. Jaillot, sans discuter l'opinion de Delamarre que les Juifs ont eu une synagogue en cet endroit, s'étonne qu'elle eût été placée par eux dans un lieu si proche de la rue de la Tacherie, où ils en avaient déjà une. Mais il paraît avoir oublié qu'à l'époque de leur expulsion, en 1182, les Juifs étaient très nombreux à Paris; que ce nombre avait nécessité la construction de beaucoup de synagogues, « converties dès 1183 en chapelles et églyses », (1) ou données par Philippe Auguste à divers personnages. C'est ainsi que le pastoral de Notre-Dame mentionne le don d'une synagogue fait par le roi à Maurice de Sully. Lorsqu'à prix d'or les Juifs furent autorisés à revenir habiter la capitale, la plupart de leurs anciennes synagogues ayant été affectées au culte divin, ils n'eurent pas le choix et durent racheter celles qui avaient reçu une destination profane. Voilà l'explication naturelle du voisinage des deux synagogues, dans le courant du douzième siècle.

La synagogue de la rue du Pet-au-Diable devint la propriété des Templiers. Après la confiscation de leurs biens en 1312, elle fut acquise par des particuliers, ainsi que le constate un contrat de vente du dimanche de la mi-carême de 1322.

Cette synagogue fut transformée en hôtel. Raoul de Couci, seigneur d'Encre et de Montmirail, en fit l'acquisition le 18 Août 1279 de François de Chanteprine, moyennant 3.000 francs d'or au coin du Roi.

L'hôtel consistait alors en un vaste logis voisin de l'hôtel de Couci et en une grosse tour que la tradition s'était plu à environner de mystères avec

(1) Duchesne, t. v. p. 9, 10 et 71. — Jaillot. Quartier de la Grève, p. 15. de Lamarre, t. 1er, p. 262.

d'autant plus de complaisance que les Juifs et les Templiers en avaient été longtemps propriétaires. Au pied de cette tour, on voyait, au XVᵉ siècle, une pierre de taille surnommée le Pet-au-Diable. Elle fut enlevée par des malfaiteurs en 1451 et le Parlement rendit un arrêt, le 15 Novembre de la même année, qui commettait le lieutenant criminel Jean Bezon, à l'effet de rechercher ceux qui s'étaient rendus coupables de cette soustraction, de se saisir de leurs personnes ou de les assigner à comparaître devant le Parlement. Une vente de cens du compte de l'ordinaire de Paris constate (1) qu'en 1463 cet hôtel, après avoir appartenu à Mᵉ Jehan de Bethisy, fut acheté par Mᵉ Jehan Tuillier, enfin par la famille de l'Hospital. Il prit alors le nom de Sainte-Mesme parce que Jacques de l'Hospital, qui en devint acquéreur, était seigneur de Sainte-Mesme. Sylvie de l'Hospital, fille du maréchal gouverneur de Paris, ayant épousé le marquis de Torcy, père du ministre d'État, gendre du marquis de Pomponne, l'hôtel passa dans la famille de Torcy, où il resta jusqu'à la vente qu'en fit l'ancien ministre de Louis XIV en 1719, le 16 Mai, à Georges le Roi, qui le transmit à ses enfants. En 1806, les Juifs, fidèles sans doute au souvenir de la synagogue, établirent dans cette rue leur Tribunal suprême, le Sanhedrin qui donna son nom à la rue du Pet-au-Diable.

Quelques auteurs, sans fournir aucune preuve à l'appui de leur assertion, ont prétendu que le nom de Pet-au-Diable, venait d'un bourgeois de Paris

____

(1) V. Sauval, t. III, p. 367.

appelé Peteau, surnommé le diable à cause de sa méchanceté.

La confrérie des marchands de vins de Paris, dite de la Conception de Notre-Dame, possédait un hôpital voisin de l'hôtel du Pet-au-Diable, dans lequel, dit le Cartulaire de Saint-Gervais : « Sont receuz tous « malades entechez de la maladie dont on re- « quiert les saints, qui là veulent faire leur neuf- « vaine et y sont logez bien et honorablement du- « rant le temps qu'ils y font leur dite neufvaine. » La Confrérie de Notre-Dame était propriétaire en l'église Saint-Gervais d'une chapelle restaurée et agrandie en vertu d'un accord passé avec le curé, le 16 février 1414.

Le nom de la rue a servi de titre à un roman auquel Villon, dans son *Testament* faisait allusion en s'écriant :

> Je lui donne ma librairie
> Et le nom de Pet-au-Diable.

En 1554, l'hôtel du Pet-au-Diable fut abattu pour construire le *Trésor, revestier et chapelles neufves* de l'église Saint-Jean. L'estimation des travaux fut faite par Charles Le Conte, juré du Roi et maître des œuvres de charpenterie, Guillaume Guillain, maître des œuvres de maçonnerie et Étienne Grand-rancy, clerc des œuvres.

Le côté droit de la rue du Pet-au-Diable était de la paroisse Saint-Jean, le côté gauche dépendait de Saint-Gervais.

PLACE DE LA PIERRE AU LAIT

Le carrefour, qui a donné temporairement son nom à la rue des Ecrivains, était le point de rencontre des rues de la Heaumerie, des Ecrivains, de la Savonnerie, d'Avignon et de la Vieille Monnaie. L'église Saint-Gervais jouissait d'une rente assise sur une maison d'encoignure de la rue des Ecrivains et du carrefour.

Notons une sentence du Châtelet de Paris, du 20 Avril 1370, homologuant un accord passé entre Richard des Nefs, bourgeois de Paris, et les maîtres de l'Hôpital Saint-Jacques, par lequel, au lieu d'une rente que Richard et sa femme avaient sur une maison sise en la rue Pierre au Lait, les maîtres et gouverneurs leur assignent en échange une rente égale, à prendre sur une maison située à Paris, rue Saint-Denis, près de la porte de côté dudit hôpital.

RUE PIERRE-AU-LARD

Cette rue commence à la rue Neuve Saint-Merry, elle retourne en équerre vers le milieu de son parcours et vient aboutir à la rue du Poirier. Elle a formé autrefois deux rues distinctes, ce qui a été cause des confusions dans lesquelles sont tombés la plupart des auteurs : les uns ont attribué à la première portion de la rue les dénominations qui s'appliquaient à la seconde ; les autres ont commis l'erreur inverse. Nous n'entrerons pas ici à ce sujet dans les détails d'une discussion d'autant plus oiseuse que cette voie publique, malgré son ancienneté, ne rappelle aucun souvenir historique intéressant et nous nous bornerons à rétablir tels qu'ils doivent l'être les noms primitifs de ces deux rues.

Le premier tronçon de la rue *Pierre-au-Lard* était appelé, en 1273, dans l'accord déjà souvent cité de Philippe le Hardi avec le Chapitre de Saint-Merry *Vicus Auffredi de Gressibus* ou Aufroi des Grés. A ce nom a été substitué, au XIVe siècle, celui d'*Espaulart*. Quant au second tronçon aboutissant rue du Poirier, un titre de rente de l'an 1311, appartenant à l'église Saint-Gervais, lui donne la dénomination de *Pierre au Lait*, qui s'est modifiée en *vicus Petri Oilart, Pierre o Lard, au Lard, Aulard* ou *Allard*, enfin, par corruption, *Pierre Dibart*. Le nom qu'elle porte dans tout son parcours date du commencement du XVIe siècle.

Vers la fin du XIVe siècle, Guillaume Lesueur, maître des monnaies du Roi, était propriétaire d'une des maisons de la rue.

RUE PLANCHE-MIBRAI

Le quai Le Pelletier et la rue de la Tannerie aboutissaient tous deux à la rue *Planche-Mibrai* ou *carrefour de Mibrai*, comme le disait en 1300 le poète Guillot ; l'étymologie de la Planche-Mibrai qui est le plus généralement admise, se trouve dans les vers suivants du moine de Vendôme, René Macé, dans son poëme manuscrit, *le bon Prince* :

> L'empereur (1) veut par la Coutellerie,
> Jusqu'au carfour nommé la Vannerie,
> Où fut jadis la Planche de Mibray,
> Tel nous portait pour la vague et le bray,
> Getté en Seine en une creuse tranche,
> Entre le pont que l'on passait à planche,
> Et on l'ôtait pour être en sûreté.

Il faut en conclure que ce carrefour formait jadis un bray (marais), si profond, creusé, tranché, qu'on était obligé de traverser sur une planche pour accéder au Pont Notre-Dame ; c'était au coin de cette rue, élargie en 1673, que le voyer de Paris rendait autrefois la justice.

Le terrier de la Ville de Paris, fait en 1505, indiquait qu'anciennement le Voyer de Paris tenait sa justice en la Planche-Mibrai, en la maison qui faisait le coin du Pont Notre-Dame et que la Planche-Mibrai faisait le coin d'une ruelle, qui fut élargie lors de la construction de ce pont. Un compte des confiscations opérées par les Anglais, en 1421, relate trois maisons de cette rue, parmi lesquelles un hôtel *« où soûlait pendre l'image Notre-Dame »*.

(1) Charles IV d'Allemagne.

Cet hôtel a été démoli et abattu jusqu'au rez-de-chaussée pour faire le chemin du pont Notre-Dame, en vertu d'une ordonnance du Prévôt des Marchands. Un autre compte de confiscations, datant de 1427, nous apprend que l'hôtel en question s'appelait hôtel « *de la Chaere* ».

La rue qui nous occupe dépendait de deux paroisses, de Saint-Gervais, du côté gauche, de Saint-Jacques, du côté droit. Elle était dans la haute, moyenne et basse justice du Temple. Les églises Saint-Gervais et Saint-Merry y percevaient des loyers ; le Chapitre Saint-Honoré et les Carmes de la place Maubert avaient des rentes à cens assises sur des immeubles de cette rue.

La première femme du naturaliste Valmont de Bomare, Jeanne-Madeleine Houdry, était née le 13 Décembre 1730 rue Planche-Mibray. Son père y exerçait alors l'état de limonadier.

RUE DU PLATRE

Elle commence à la rue de l'Homme Armé et finit rue du Temple ; elle mesure 145 mètres. Elle s'appelait, en 1220, rue *Deffunt Jehan Saint-Pol,* en 1240, *Jean Saint-Pol,* en 1280, 1300, 1330 et 1336, rue *au Plâtre, du Plâtre* ou de *la Plâtrière.* Sauval nous dit que ce nom lui vient des marais du Temple remplis autrefois de plâtriers et de marchands de plâtre qui l'habitaient ; mais on ne l'a

jamais appelée, comme il le pense, rue Thomas
Dacy.

La rue du Plâtre était située dans la censive de la
Commanderie du Temple ; elle faisait partie, à l'exception des cinq dernières maisons de chaque côté
de la rue Sainte-Avoie, (du Temple), de la paroisse
Saint-Jean-en-Grève.

En 1657, décédait dans cette rue Isaac de Laffémas, Conseiller du Roi, maître des Requêtes ordinaire de l'Hôtel. Il avait été pourvu par lettres de
1633 de la charge d'Intendant de la province de
Champagne ; il était devenu en 1634 Intendant du
Limousin.

Voici son acte de décès qui a été retrouvé par
M. Jal : « Le Vendredi 16e de Mars 1657 décéda
« messire Isaac de Laffémas, chevalier, Conseiller du
« Roi en ses Conseils, direction des Finances, et
« doyen de MM. les Maîtres des Requêtes ordinai-
« res de sa Majesté, demeurant rue du Plastre ».
Son corps fut inhumé dans l'église le lundi suivant.

Parmi les personnages, qui ont également habité
dans cette rue, nous citerons, en 1740, Dionis,
doyen et ancien officier des secrétaires du Roi, de
Charmon, substitut du Procureur Général au Parlement, Drouard de Bouffet, substitut du Procureur
Général de la Chambre des Comptes ; en 1753, Le
Vacher, Conseiller de la juridiction de l'Élection de
Paris ; en 1765, Carvillon de Sarmont, secrétaire
greffier garde-sac du Conseil du Roi ; Aymeret du
Gazeau, Conseiller honoraire à la Grand'Chambre
et Harmel, receveur-contrôleur de tailles et syndic

de tontine ; ces deux derniers demeuraient non loin
de la rue de l'Homme Armé.

RUE DU POIRIER

Elle fait suite à la rue Brisemiche, sans être plus
large que cette dernière. Sa longueur est de 78
mètres. Sauval l'a désignée à tort sous les noms de
Petite Boucherie et *Espaulart*. Elle est appelée
dans l'accord passé par Philippe le Hardi avec le
Chapitre Saint-Merry, *Parva Bouclearia ;* au XVIe
siècle, la *Petite Boucherie* devient *Baudroirie* et
Baudrerie et plus tard elle prit le nom de rue du
Poirier, qu'elle doit à une enseigne. Un document,
rapporté dans les preuves de Félibien, l'appelle rue
de la *Brille* à l'occasion d'un procès terminé par un
arrêt du Parlement rendu le 24 Janvier 1388 (1). Le
couvent des Chartreux, le Chapitre Saint-Merry et
l'hôpital Sainte-Catherine y possédaient des immeubles.

RUE DE LA POTERIE (des Arcis)

Elle aboutissait d'un côté à la rue de la Verrerie
et de l'autre au carrefour Guillori. Quelques auteurs

(1) Bibliophile Jacob, Curiosités de l'Histoire du Vieux Paris, p. 100

l'ont confondue avec les rues *Vieille Oreille* ou *Guigne Oreille*. Elle doit son nom aux potiers qui s'y étaient établis au cours du XII siècle et non à des bourgeois de Paris, Guillaume et Gui Potier, dont la résidence en cet endroit n'est que bien postérieure.

Cette rue était comprise dans la haute, moyenne et basse justice de la Commanderie du Temple; le coté droit dépendait de Saint-Merry; le côté gauche de Saint-Jean-en-Grève.

Germain Bollery, fils d'un peintre du XVI siècle, premier commis au greffe civil du Parlement, y avait élu domicile; le bureau des marchands de vins s'y installa dans la seconde moitié du XVIII siècle et il y resta jusqu'à la Révolution.

RUE QUINCAMPOIX

Cette rue a été d'abord divisée en deux parties; l'une, comprise entre les rues des Lombards et Aubry le Boucher, l'autre qui s'étend entre cette dernière rue et la rue aux Ours; elles ont été réunies en 1851. Nous parlerons d'abord de la première connue sous le nom de *rue des Cinq Diamants*; elle a porté primitivement celui de *Vieille Couréne* et celui de *Vieille Courroierie*.

Cette rue a formé une impasse, ainsi qu'en témoigne le passage suivant de Sauval : « J'apprends de « quelques anciens titres et de personnes même qui

« ont des maisons à eux dans la rue des Cinq Dia-
« mants... qu'il y avait là un hôtel d'Alençon, et,
« de fait, j'en ai vu des traces dans quelques logis
« bâtis à droite et à gauche, ce qui me fait juger que
« la rue a été coupée tout au travers par ceux qui
« l'ont acheté, soit pour leur commodité particu-
« lière, ou pour y mieux trouver leur compte » (1).

Le grand-père maternel de l'académicien Conrart,
« au silence prudent », habitait rue des Cinq Diamants. Il se nommait Valentin Targer, marchand et
bourgeois de Paris et c'est « en son hostel » (dit
un contrat de mariage, en date du 14 Juillet 1602,
conservé à la Bibliothèque Nationale) que fut signé
l'acte, qui mentionnait les stipulations civiles de
l'union de sa fille Péronne Targer avec Jacques
Conrart le père.

Quatre années plus tard, Katherine Jacquet, dite
Grenoble, de la famille des sculpteurs dont nous
avons déjà parlé, femme d'Antoine Barnat, maître
peintre, demeurant rue des Cinq Diamants, tenait
sur les fonts baptismaux, le 9 Février 1606, son
neveu Nicolas Grenoble, à Saint-Nicolas-des-
Champs. Gabriel Perrelle, le fameux graveur, émule
d'Israël Sylvestre, élève de Rabel, était établi dans
la même rue, lorsqu'il fit baptiser à Saint-Jacques-
la-Boucherie, le 16 Août 1628, sa fille Gabrielle, la
première des sept enfants qu'il eut de son mariage
avec Magdeleine Magnan. Chapelain y a aussi demeuré.

Le père de Beaumarchais, André, Charles Caron,

(1). Sauval, tome II, page 70.

chef d'une famille d'horlogers distingués, mourut le 23 Octobre 1775 à l'âge de 78 ans, dans une maison de la rue des Cinq-Diamants. L'enterrement fut célébré à Saint-Jacques-la-Boucherie. Les témoins, ayant comparu à son acte de décès, ont été Jean-Antoine Lépine, horloger du Roi et Jean-Baptiste-Octave Janot de Miron, avocat au Parlement, ses gendres. Beaumarchais n'était pas alors à Paris; il faisait, cette année même, dans ses voyages, la rencontre de Marie-Thérèse Willer Mawlas, qui devait onze ans plus tard devenir sa troisième femme.

Parmi les autres notabilités qui ont demeuré rue des Cinq-Diamants, nous citerons, en 1740, Huguier, marguillier laï de Notre-Dame et, en 1753, l'échevin Le Dreux.

Le Chapitre Saint-Honoré et l'abbaye de Saint-Martin-des-Champs possédaient des titres de rente sur des maisons de la rue.

La rue *Quincampoix* proprement dite, qui s'étendait entre les rues Aubry-le-Boucher et aux Ours est riche en souvenirs historiques et l'on a peine à se convaincre, en parcourant cette voie publique étroite, tortueuse et d'un aspect repoussant, qu'au commencement du XVIIIe siècle, des familles considérables dans la robe et la finance y ont établi leur résidence.

L'orthographe en a souvent varié, selon les époques et selon les auteurs : le livre de la taille de 1292 écrit *Quiquempoist*, Guillot et Guillebert de Metz, *Quiquempoil*, le livre de la Taille de 1313, *Quiqu'enpoist*; en 1482, c'est *Quinquempois*, puis *Quinquempoys*, en 1527 Lebeuf et Jaillot disent *Quinquempoix*, le plan de Ducerceau, *Quiquempoii*, celui de Vassalien, *Quiquempois*, de Quesnel, *Guingenpois*, de Mérian, *Quinquempoy*, de Bullet et Gomboust, *Quinquenpoix*, de Bretez, *Quinquempoix*, enfin de Lacaille, *Quincampoix*.

Quant à son étymologie, Lebeuf a pensé que le nom pouvait venir de cinq *Poist* ou *potestas* parce que la rue dépendait de cinq paroisses différentes. Cette version est généralement repoussée, elle est même traitée d'absurde par Jaillot. Lebeuf était certes mieux inspiré en la faisant venir d'une famille *Kiquempoit*, et, si l'on ne peut lui donner pour parrain Nicolas de Kiquempoit, il paraît au moins probable qu'elle doit sa dénomination à un membre de cette famille.

L'abbaye de Livry possédait dès 1210 dans cette rue un four, qui motivait des transactions entre elle et le Chapitre de Saint-Lazare en 1225 et 1229. L'acte de 1229 mentionne que le couvent de Saint-Lazare avait acheté le fief de Marly, dont la contenance est spécifiée en ces termes : *Qua terra incipit a domo Guillemi Cementarii et protenditur usque ad domum Hodoardis de Veres inclusive, scilicet super magnam viam quâ itur ad Sanctum Martinum de Campis et iterum protenditur in vico de Quiquempoist usque ad muros Sancti Maglorii Parisiensis supra cimeterium ejusdem loci.* (Observation faite qu'il faut traduire *ad muros Sancti Maglorii*, par ces mots « en face de Saint-Magloire) ».

Le séjour des banquiers avait, pour ainsi dire,

dès la fin du règne de Louis XIV, prédestiné la rue Quincampoix à devenir le centre des opérations de l'écossais Law. Le système de Law était bon en principe, car il facilitait les opérations commerciales; l'expérience l'a depuis démontré et la création de la Banque de France en est une preuve éclatante; mais il fallait en réglementer l'application pratique et ne pas permettre qu'un commis de ce financier pût être autorisé à crier d'un balcon à la foule, qui assiégeait les portes de l'hôtel rue Quincampoix : « Soyez tranquilles, nous prendrons tout l'argent ». La fièvre des spéculations sur les valeurs de bourse a causé de nos jours bien des malheurs et amoncelé bien des ruines. Que de fortunes modestes amassées à l'aide d'un travail opiniâtre ont été englouties en un instant, que de déboires à la suite de placements dans des affaires aventureuses ! Combien de gens plongés dans la détresse, eux et leur famille, pour s'être laissé prendre au désir immodéré de doubler ou de tripler leur capital, entraînés par les funestes exemples des privilégiés que le jeu avait favorisés ! Et cependant tous ces bouleversements ne sont rien auprès des désastres qu'a produits en cinq années le système de Law. Tous, grands et petits, nobles, gens de robe, de finance ou d'épée, commerçants et bourgeois, se livraient avec frénésie à toute l'ardeur d'une spéculation sans limites sur les actions de la banque. Les mémoires du temps nous font assister. presque incrédules, à un spectacle curieux et navrant à la fois. On peut difficilement se représenter la rue Quincampoix pendant ces quelque années. Les bureaux du financier trop à l'étroit dans l'hôtel qu'a fait disparaître le percement de la rue de Rambuteau s'établissaient dans les immeubles voisins et communiquaient entre eux par des ouvertures ménagées à l'intérieur, que l'on retrouve encore aujourd'hui. Les chambres se louaient rue Quincampoix jusqu'à 10 louis par jour; les boutiques d'artisans étaient transformées en restaurants; la foule accourait dès le matin, tous jouaient en buvant et en mangeant. Les rues voisines étaient encombrées par les voitures et les chaises à porteurs. Les femmes appartenant à la noblesse ne craignaient pas d'ouvrir des bureaux où l'on vendait des actions et, faute de bureaux, les marchés se faisaient dans la rue. On cite un bossu qui fit fortune en peu de temps, en prêtant sa bosse en guise de pupitre aux agioteurs ! Triste époque où la passion du jeu allait jusqu'à faire oublier à chacun et son sexe et son rang ! La grande dame coudoyait la petite bourgeoise et traitait avec elle d'égale à égale. Les princes du sang eux-mêmes, partisans déclarés ou adversaires opiniâtres du financier, réalisaient des bénéfices considérables, soit à la hausse, soit à la baisse. Les cours des actions n'avaient rien de régulier et tel, qui, chargé de vendre, conservait deux ou trois jours ces valeurs, faisait des profits énormes qu'il s'appliquait à lui-même. Cette effervescence éhontée n'était pas faite pour moraliser les esprits et les désordres de toute espèce qui signalaient la Régence, encourageaient les criminels en leur donnant l'espoir de l'impunité. Le guet faisait bonne garde à l'hôtel de Law; d'ailleurs la maison était construite en pierres de taille et les fenêtres du rez-de-chaussée avaient été garnies de solides barreaux de fer pour préserver la Banque des atteintes coupables.

L'hôtel faisait un singulier contraste avec les constructions de cette rue boueuse et étroite; il semblait dépaysé au milieu de ces bicoques sombres. Trois têtes sculptées en relief dans des médaillons accompagnaient le bandeau du premier étage : une de ces têtes, couronnée de joncs, représentait un fleuve ; la seconde figurait une femme ; la troisième, ornée de pampres et de raisins, donnait l'idée d'un satyre. A l'intérieur, la cour était séparée de l'escalier par un étroit passage et protégée par une lourde grille en fer. Les scélérats n'ayant pas espérance de ce côté, s'en prenaient aux spéculateurs et plus d'un s'apercevait trop tard de la disparition de ses valeurs qu'un adroit filou faisait fructifier à quelques pas de là. Ils ne reculaient point devant un assassinat et le cabaret de l'Epée de bois, à l'encoignure de la rue de Venise, était entre autres le théâtre d'un drame sanglant, qu'il n'est pas sans intérêt de rappeler.

Le comte de Horn, âgé de 22 ans, capitaine réformé, appartenait à l'une des grandes familles du Piémont; sa mère était fille du prince de Ligne, duc d'Arenberg, son frère était prince de Horn; cette famille était même alliée au duc d'Orléans. Le jeune comte s'était fait connaître à Paris par son libertinage et ses débauches; ses deux dernières escapades lui avaient valu un emprisonnement de quelques semaines à la Bastille. N'ayant que des dettes, il s'ingéniait à faire des dupes. Instruit de son indigne conduite et d'accord avec le Régent, le prince de Horn allait faire enlever son cadet pour le ramener en Piémont, lorsque ce dernier, estimant sans doute que l'escroquerie était chose vulgaire et de trop maigre profit, eut recours au vol et à l'assassinat. Sous prétexte d'acheter pour cent mille écus d'actions, Horn demande au spéculateur Lacroix un rendez-vous au cabaret de l'Épée de bois en plein jour. Il se fait accompagner par un gentilhomme piémontais, Laurent de Miles, et le fils d'un banquier de Tournay, Duterne, se faisant appeler Lestang et se disant chevalier d'Estampes ; tous deux sont les compagnons habituels de ses débauches. Duterne reste dehors pour faire le guet, tandis que les deux autres montent au premier étage dans un cabinet où les attend le capitaliste sans défiance. A peine les deux complices laissent-ils à la porte le temps de se refermer qu'ils se précipitent sur Lacroix, le frappent de nombreux coups de poignard et s'emparent de son portefeuille gonflé des titres qu'ils convoitent. Quelque rapide qu'ait été l'exécution de ce coup hardi, Lacroix avait eu le temps d'appeler au secours. Un garçon marchand de vins se précipite, ouvre la porte dont les assassins n'avaient pas pris la précaution d'enlever la clé, et voyant un homme baigné dans son sang, il referme la porte à double tour et crie à l'assassinat. Aussitôt Duterne prend la fuite, Horn et de Miles descendent dans la rue de Venise à l'aide d'une poutre que des maçons avaient laissée près de la fenêtre du cabinet ; mais de Horn s'est foulé le pied, il est arrêté sur place par un fort de la halle ; de Miles l'est à son tour quelques instants après et tous deux passent en jugement. Malgré les pressantes sollicitations qui assiègent le Régent, l'arrêt du Parlement, qui condamne les deux assassins à être roués vifs en place de Grève, reçoit son entière exécution. Tout avait été mis en œuvre pour obtenir du duc d'Orléans, sinon la grâce, du moins que le comte eût la tête tranchée. Il est intéressant de lire dans les mémoires de Saint-Simon, les motifs mis en avant par lui-même pour vaincre la résistance du Régent. Celui-ci demeura inflexible, se bornant à répondre avec Thomas Corneille :

« Le crime fait la honte et non pas l'échafaud. »

et à dire à ceux qui lui représentaient que le comte était son parent : « Eh bien, Messieurs, fort bien, je « partagerai la honte avec vous ; quand j'ai du mau- « vais sang, je le fais tirer. » Le peuple de Paris acclama le duc d'Orléans, et le loua fort de sa juste sévérité.

L'année suivante, la Banque de Law abandonna l'hôtel de Beaufort pour la place Vendôme d'abord, puis pour l'hôtel de Soissons où la ruine du système fut consommée. La rue Quincampoix et le cabaret de l'Épée de bois avaient déjà repris leur aspect accoutumé et retrouvé leurs hôtes habituels.

Guillebert de Metz nous apprend qu'au XVe siècle c'était rue Quincampoix qu'habitaient les orfèvres, parmi lesquels Colin Guyard, qui se portait caution bourgeoise de 200 livres pour le curé de Saint-Nicolas et qui était accepté à ce titre par arrêt du 4 juillet 1441. Quelques-uns restent fidèles à ce souvenir dans les siècles qui suivent, entre autres Blaru qui, le 7 octobre 1581, faisait baptiser son fils Antoine à Saint-Nicolas des Champs, Buisset et son élève Tronchin.

Parmi les autres habitants, dont le nom mérite une mention particulière, nous citerons : le père de Conrart à l'époque de son mariage, en 1602 ; le père de Boileau, qui s'y remaria et y eut huit enfants de 1620 à 1634, mais le poëte satirique naquit deux ans plus tard Cour du Palais ; Briot, tailleur général des monnaies, inventeur d'un système de monnayage, qu'il fit accueillir à Londres où il mourut avant que justice eût été rendue à son œuvre dans son pays ; Augran, greffier des requêtes de l'hôtel, auquel le père de Fouquet cédait, en 1632, partie de l'office de receveur des consignations de l'hôtel du Roi ; Hérault, peintre du roi, qui y eut, entre autres enfants, Charles Antoine, peintre de paysage et académicien, tenu sur les fonts baptismaux le 1er janvier 1644 à Saint-Nicolas des Champs par Charles Érard, peintre, demeurant aussi rue Quincampoix ; la femme du célèbre graveur Claude Mellan, fille de feu Lallouin, avocat au Parlement ; Pater, peintre du Roi, maître de Watteau, mort le 26 juillet 1736 ; un parent de Molière, Poquelin, marchand bourgeois de Paris, qui y consentait main-levée d'inscription à Henri de Lorraine, marquis de Mouy en 1650 ; la tante du comédien Potier des Cailletières ; la demoiselle de Fuentès, qui prenait pour témoin de sa mésalliance avec le médecin Quinot un chirurgien demeurant dans la même rue ; Rohault, professeur de mathématiques, ami de Molière, dont Voltaire a fait plusieurs fois l'éloge et qui y mourait en Décembre 1672 ; le banquier agent de change Andreossi, grand-père du général de l'Empire qui y demeura de 1635 à 1637.

Les cloches de Saint-Nicolas des Champs se nommaient Catherine et Geneviève. Catherine eut pour « marraines (le 8 septembre 1620), Marie de Saint-« Germain, femme de messire de Marillac, conseiller « du Roi en ses Conseils d'Estat et privé, demeu-« rant rue Quincampoix, et demoiselle Marie « Hubert, fille de noble homme Messire Jean « Hubert, Conseiller du Roi et trésorier de l'ordi-« naire des guerres demeurant rue Sainte-Avoye. »

Ajoutons à notre énumération, en 1740, l'expédi-tionnaire de Cour de Rome et des légations, Cara-que ; le Conseiller au Grand Conseil, Frécot ; le Conseiller à l'Élection de Paris, Lourdet ; le doyen des Maîtres généraux des Bâtiments, Aumont ; Duhamel du Monceau, botaniste distingué, membre de l'Académie des Sciences de Paris et de la Société royale de Londres ; Perrotin, médecin du duc d'Or-léans et les Dibon, oncle et neveu, tous deux chi-rurgiens de la Compagnie des Cent Suisses.

En 1753, nous y retrouvons Caraque et Duhamel du Monceau, non loin de Prévost, ancien Bâtonnier doyen des Avocats du Parlement, installé près de Saint-Josse, de Dumesnil, premier lieutenant de la Prévôté Générale et de la Connétablie de France et de l'échevin Larsonnyer.

En 1765, Rigault, avocat aux Conseils du Roi y

demeurait près de l'hôtel de Beaufort ; Nolin, greffier en chef, occupait ainsi que le Conseiller au Conseil souverain de Bouillon, Collet, une partie de cet hôtel. Nous trouvons dans la même rue Le Roy de Saint-Aignan, docteur régent de la Faculté de Médecine et de l'Université, un autre docteur régent, Hérissant, associé de l'Académie des Sciences, en face de la rue de Venise, deux agents de change, deux banquiers et l'un des gardes du corps des merciers, Gallet.

En 1781, habitait rue Quincampoix le Conseiller à la 3e Chambre de la Cour des Aydes, L'Héritier, qui y résidait encore en 1790, près du bureau des pelletiers, bonnetiers et du bureau des tabletiers éventaillistes.

Nous avons dit que cinq paroisses se partageaient la rue Quincampoix ; c'étaient Saint-Leu, qui avait les trois dernières maisons du côté de la rue aux Ours, Saint-Josse, Saint-Nicolas des Champs, Saint-Jacques la Boucherie et Saint-Merry. Le Chapitre du Saint-Sépulcre possédait la maison connue sous le nom de l' « Image Notre-Dame ». Étaient également propriétaires d'immeubles ou de titres de rentes sur maisons de cette rue l'église Saint-Denis du Pas et le Prieuré de Saint-Martin des Champs. Ce dernier y jouissait en outre des droits de haute, moyenne et basse justice, ainsi qu'en font foi deux arrêts du Parlement, l'un daté de 1287, l'autre du 4 Mai 1336, lequel enjoignait au Prévôt de Paris, de replacer dans les prisons de Saint-Martin, d'où il les avait fait tirer, deux Anglais arrêtés rue Quincampoix sous l'inculpation de vol.

RUES DE RAMBUTEAU ET DES MÉNÉTRIERS

La rue de *Rambuteau* est de création trop récente pour avoir une histoire. Elle était projetée dès l'année 1793 ; mais au comte de Rambuteau était réservé l'honneur de mettre à exécution ce projet légèrement modifié et de faire communiquer la Pointe Saint-Eustache avec la rue de Paradis au Marais. La largeur de cette voie, fixée en 1793 à 10 mètres, puis à 13 mètres par l'ordonnance royale du 5 Mars 1838, paraît bien modeste aujourd'hui en comparaison des boulevards qui sillonnent en tous sens la ville de Paris. On lui a donné le nom du Préfet de la Seine, sous l'administration duquel elle a été percée.

Dans son parcours a été confondu le sol d'une rue dont nous devons rappeler en quelques mots le passé historique, c'est la rue des *Ménétriers*.

On a, jusqu'au XVIIIe siècle, donné à cette rue, par corruption, le nom de *Saint-Julien des Ménétriers* ; nous disons par corruption, car la rue ne doit pas son nom à l'église qui en était voisine. Elle existait en effet, plus d'un siècle avant la fondation de l'Hôpital et son nom lui venait des jongleurs ou ménestrels qui l'habitaient et qui, réunis en confrérie, créèrent cet hôpital vers 1330. Dans un compte de confiscations de 1424, rapporté par Sauval, elle est appelée *Menestrez*.

Les menestrels sont les premiers poëtes de la féo-
dalité ; quelques-uns, en petit nombre, étaient attachés à la personne des rois, les autres erraient, au
gré de leur fantaisie vagabonde, de ville en ville,
de château en château, tantôt richement récompen-
sés, tantôt abreuvés d'outrages.

> « Cils jongliors eurent bonne soldée.
> « Plus de cent marcs leur valut la journée. »

dit le roman des Vœux du Paon. Ils chantaient, en
s'accompagnant d'une vielle, les hauts faits de Charlemagne, de Roland ou de Charles le Chauve ; ils
y intercalaient des variantes qu'ils composaient eux-
mêmes. Plus tard ils se bornèrent à chanter les
poésies des trouvères et amusaient le public par des
tours d'adresse, mais, en même temps, ils devenaient moins nomades, et c'est alors qu'ils se réuni-
rent en confrérie et qu'ils s'établirent dans la rue
qui leur doit sa dénomination.

Chapelain a habité rue des Ménestriers, en 1632 ;
il venait de quitter l'hôtel du Grand Prévôt de
France, où il avait présidé à l'éducation des enfants
de Sébastien Hardy, seigneur de la Trousse, et
d'acheter une charge de secrétaire du Roi. Chapelain, qui n'est plus guère connu de nos jours que
pour avoir fait « de méchants vers douze fois douze
cents » était fort riche. M. Jal a retrouvé enfouis
chez des notaires de Paris, des actes qui constatent
des prêts par lui consentis aux familles de Rambouillet, Montausier et de Luynes. Il ne demeura

que peu d'années rue des Ménétriers et alla se fixer rue Salle au Compte.

La Houve, célèbre marchand de tableaux et d'estampes, eut une fille, le 25 Août 1607, qui fut tenue sur les fonts baptismaux par Adriane de la Houve, épouse de Valier, marchand, rue des Ménétriers. Antoine Lepaultre, architecte auquel on doit la construction de l'hôtel de Beauvais rue Saint-Antoine, eut un fils, Jean, sculpteur de mérite, qui mourut, le 2 juillet 1735, en sa maison rue Saint-Julien des Ménétriers. La mère de Talma y demeurait lorsqu'elle se maria le 29 Avril 1760. Trois ans après la célébration de cette union, fut dressé l'acte de baptême du grand tragédien, que nous reproduisons textuellement : « Le 15 janvier 1763 a été baptisé François « Joseph né aujourd'hui de Michel François Joseph « Talma, valet de chambre, et d'Anne Mignolet, « son épouse, demeurant rue des Ménétriers ; le « parrain Philippe-Joseph Talma, cuisinier, oncle « de l'enfant, demeurant rue de Clichy, paroisse de « Montmartre, la marraine, Marie Thérèse Mignolet, fille majeure, tante de l'enfant, demeurant rue « Portefoin, lesquels ont signé. »

En 1740 et en 1743, nous trouvons rue des Ménétriers un conseil de la Ville de Paris, Piedfort, procureur au Parlement.

Parmi les propriétaires de maisons ou de titres de rentes sur des immeubles de la rue, nous citerons l'église Saint-Eustache, le Prieuré de Saint-Martin-des-Champs et l'abbaye de Port-Royal.

Presque toutes les maisons, côté impair, dépendaient de la paroisse Saint-Josse, les autres et toutes celles du côté des numéros pairs étaient de Saint-Nicolas des Champs.

RUE DU RENARD SAINT-MERRY

Elle s'appelait primitivement la *Cour Robert de Paris* ou la *Cour Robert*. Jaillot affirme avoir lu, dans les archives de Saint-Merry, des lettres du chapitre Notre-Dame de 1185, dans lesquelles elle est énoncée sous ce nom. Le livre de la Taille de 1292, un acte de Mars 1271 portant fondation de la chapelle Saint-Jean l'Evangéliste à Notre-Dame et l'accord passé entre le chapitre Saint-Merry et Philippe le Hardi la désignent de même. Corrozet la nomme rue *du Renard qui prêche*. On y ouvrit vers la Révolution un théâtre destiné dans le principe à des amateurs.

Le secrétaire des Finances, Desnots, y possédait un immeuble vers la fin du XVIIe siècle, et, au nombre des autres propriétaires ayant pignon sur cette rue, il y a lieu de mentionner le Président au Parlement René Potier, le Conseiller d'Etat de Marillac, le Président de Lesseville, de Buzenval, le duc de la Trémoïlle, pair de France et Président des Etats de Bretagne, le Conseiller au Parlement Lucas, seigneur de Muin et la marquise de Castilly.

RUE DE LA REYNIE (*Troussevache*)

La rue de *la Reynie* s'est appelée jusqu'en 1822 *Troussevache*, du nom d'une famille propriétaire en cet endroit. Jaillot a trouvé dans le cartulaire de la Sorbonne un acte de 1248, dans lequel on cite un sieur de Braie, acquéreur d'une maison ayant appartenu au sieur Troussevache. Le même auteur a découvert également d'autres contrats de vente passés en 1257 par Eudes Troussevache. L'accord de Philippe le Hardi et du chapitre Saint-Merry, que nous avons eu maintes fois l'occasion de rappeler, et le cartulaire de Saint-Magloire parlent aussi de la rue Troussevache. Il n'est donc point exact de dire, comme certains l'ont prétendu, que la dénomination vient de l'enseigne « la vache troussée », qui est postérieure aux actes ci-dessus énoncés et qui a été sans doute inspirée par le souvenir de la famille dont nous venons de parler.

La rue Troussevache avait pour tenants et aboutissants les rues Saint-Denis et Quincampoix. En 1822, on lui a substitué le nom de la Reynie, à laquelle on a joint, en 1851, le tronçon de la rue Pierre Ognard, qui aboutissait à la rue Saint-Martin et non à la rue Saint-Denis, comme l'a écrit un auteur moderne (1).

(1). Lock. Dictionnaire des Rues de Paris.

Puisque l'occasion s'en présente, il nous sera permis d'exprimer le regret que certains noms de l'ancien Paris aient disparu. Nous approuvons fort certaines modifications, lorsqu'elles s'appuient sur des considérations morales ; mais, en vérité, ce n'est point ici le cas. Il est d'autres exemples de ces erreurs administratives. Signalons seulement, pour nous limiter, la rue Tirechappe, devenue sans motif plausible, la rue du Pont-Neuf. Les raisons qui lui avaient mérité son premier nom étaient assurément un titre pour ne pas le lui enlever, et cependant on lui en a substitué un, qui n'a aucune signification.

En 1565, la rue Troussevache servit de lieu de refuge au cardinal Charles de Lorraine dans les circonstances suivantes : Le cardinal, revenant du Concile de Trente, voulut faire à Paris une entrée triomphale. Arrivé à Saint-Denis, dont il était abbé, il se disposait à se mettre en route pour la capitale avec un cortège imposant d'amis et de gens bien armés, lorsque le maréchal de Montmorency, gouverneur de la Ville et de l'Ile de France, lui fit faire défense au nom du Roi et de la Reine-Mère de se présenter avec une si brillante escorte. Il ne tint aucun compte de cet ordre et reçut avec hauteur l'envoyé du maréchal. Il s'appuyait sur l'autorisation qui lui avait été donnée, disait-il, par la Reine-Mère, mais sans vouloir la produire, sous le prétexte que le maréchal ne devait pas l'ignorer. Il se mit donc en marche, et après avoir donné à son frère le duc d'Aumale le commandement d'une partie de sa troupe, il rencontra près de Paris le lieutenant du Prévôt et ses archers, qui ordonnèrent à ses gens de mettre bas leurs armes. Le cardinal passa outre et arriva ainsi auprès de l'église des Saints-Innocents, où il vint se heurter contre les forces du maréchal de Montmorency qui dispersèrent malgré sa résistance l'escorte du prélat. Celui-ci, qui était d'un naturel timide, prit peur et se sauvant par des rues écartées, se réfugia dans une maison de la rue Troussevache, où il resta caché jusqu'à la nuit sous le lit d'une servante. Il se rendit dans la soirée à son hôtel de Cluni où le duc d'Aumale vint le rejoindre. Ils y demeurèrent fort inquiets pendant quelques jours et bien qu'ils exhibassent alors la permission de la Reine-mère, ils se décidèrent à quitter Paris, ne se croyant plus en sûreté.

Gabriel Nicolas de la Reynie, pour lequel fut créée la place de Lieutenant général de la Police en 1667, introduisit dans Paris des réformes utiles. L'édit royal, qui le nomma à cette fonction, le chargea spécialement, entre autres attributions, de veiller à la sûreté, à la propreté de la ville et à son approvisionnement. Parmi les mesures dont on lui est redevable, il est juste de signaler l'établissement des lanternes garnies de fortes chandelles qui rendaient moins faciles les attaques nocturnes (1). On peut dire que la Police fut régulièrement organisée sous son administration. Il resta 30 années investi de ces délicates fonctions et se retira sur sa demande à l'âge de 80 ans, avec l'autorisation de céder

(1) Consulter sur ce sujet l'Histoire des Lanternes de Paris par M. Edouard Fournier.

moyennant finances cette charge importante à son successeur, de Paulmy d'Argenson.

Parmi les habitants de la rue Troussevache nous citerons : Pinaigrier, peintre sur verres, qui avait fait quelques-uns des vitraux de l'église Saint-Jacques-la-Boucherie, où il faisait baptiser le 25 Mars 1567, sa fille Marie ; Debèche, célèbre ouvrier orfèvre, qui disait de lui, sans trop de modestie : « Il n'y a qu'un Dieu et qu'un Debèche ».

Au nombre des propriétaires et des possesseurs de rentes à cens, nous trouvons l'église Saint-Jacques-la-Boucherie (la maison dont elle touchait les revenus rapportait 512 livres en 1790), la Maison des Cent Pauvres Orphelines de la Miséricorde Notre-Dame et le Prieuré de Saint-Martin-des-Champs.

RUE DE LA SAVONNERIE

Cette voie publique, dont l'étymologie n'est pas connue, était appelée simplement *la Savonnerie* au XIVe siècle ; elle partait du carrefour de la Pierre-au-Lait et aboutissait à la rue Saint-Jacques-la-Boucherie. Jaillot fait erreur, quand il dit que Sauval ne la mentionne pas, car on la trouve énoncée en ces termes dans un compte, par lui cité, des confiscations opérées par les Anglais en 1422 : « La Cour « Pavée lès Saint-Jacques-la-Boucherie, puis l'Hôtel « de la Corne du Cerf, lequel hôtel est dans la rue

« de la Savonnerie, de la mouvance du fief de Saint-
« Ladre de Jérusalem. »

Le Chapitre de Saint-Germain l'Auxerrois y possédait un immeuble.

Ont habité rue de la Savonnerie, en 1581, Bal-
thazar Blaru, en 1634, Jehan Blaru, tous deux orfèvres, de la même famille ; en 1569, Nicolas Pinaigrier, peintre sur verres déjà cité, dont une des
filles, Antoinette, y naquit le 29 juin de cette année
et fut baptisée à Saint-Jacques-la-Boucherie et, en
1724, Benoît Nicolas Patel, qui y demeurait chez sa
mère, Marie Verrier, lors de son mariage avec
Madeleine-Agnès Derolle. Ce Patel, peintre paysagiste, était fils de Pierre-Antoine, plus connu que
son père et petit-fils de Pierre Patel, appelé le bon,
et le plus célèbre des trois.

RUE SIMON LE FRANC

Cette rue a toujours porté le même nom depuis
1211 ; elle le tenait d'un bourgeois de Paris, Simon
Franque, propriétaire qui y demeurait alors. Dans
le siècle suivant, c'était une rue honteuse, car nous
voyons dans les lettres royales du 3 Août 1381
adressées au Prévôt de Paris que Charles VI ordonnait « l'expulsion des filles folles de leur corps de
la rue Simon le Franc », où elles avaient élu domicile.

Au cours du XVIIIe siècle, un certain nombre de

magistrats y habitaient, et parmi eux : en 1740, de Rotrou, Conseiller au Grand Conseil ; Aubin, Conseiller à la 2ᵉ Chambre des Enquêtes du Parlement ; Gosset, Conseiller correcteur à la Chambre des Comptes ; Boquet de Tillière, Conseiller à l'Élection de Paris. En 1765, nous y voyons le professeur de botanique au Collège de France, docteur Bellot et Villefroy, conservateur des saisies arrêts au Trésor Royal en 1781 ; le Conseiller à la Cour des Aydes, Defays. Longtemps avant eux, le Chancelier de France, de Gannay, y possédait un hôtel.

Le Chapitre de Saint-Merry, l'Hospice de Sainte-Catherine et l'église Saint-Paul étaient au nombre des propriétaires de maisons ou de rentes à cens dans la rue Simon le Franc, qui dépendait de la censive de la Commanderie du Temple.

RUE DE LA TACHERIE

Elle aboutissait d'un côté à la rue de la Coutellerie et de l'autre à la rue Jean Pain Mollet, en face de la rue Saint-Bon. Elle dépendait de la paroisse Saint-Merry. On l'appelait *Judæaria Sancti Boniti,* en 1261, dans des lettres de l'officialité, *Vicus Judæarius Sancti Boniti* dans d'autres, en 1263, *Judæaria* dans le pacte de Philippe le Hardi avec le Chapitre Saint-Merry en 1273, *Vetus Judæaria,* dans le cartulaire de Saint-Maur en 1284. Ce nom de la *Juiverie* provenait de la Synagogue qui avait son siège en ce lieu ; mais lorsque Philippe le Bel eût rendu son édit d'expulsion des Juifs, la maison qu'ils y occupaient fut donnée en 1306 par le Roi à son cocher Jean Pruvin. Depuis cette époque elle a toujours porté le nom de *la Tâcherie*, qui lui vient sans doute des atacheurs, atachiers ou atachières, fabricants de clous ou boucles qui s'y étaient établis. Les gainiers y avaient leur bureau en 1757.

L'abbaye de Saint-Antoine-des-Champs percevait une rente foncière sur une maison de cette rue, et au nombre de ses habitants nous citerons Jean le Moyne de Joinville, peintre du Roi, qui travailla sous la direction de Lebrun ; il s'était épris d'une voisine, Elisabeth Rousselet, fille d'un cordonnier, qu'il épousa après la mort de son père, le 29 août 1660. La mariée n'était âgée que de 14 ans. Il ne changea pas pour cela de résidence, car les deux premiers de ses huit enfants y naquirent les 5 Mars 1663 et 23 Mars 1664 ; le second eut pour parrain le sculpteur du Roi, Van Opstal.

RUE TAILLEPAIN

L'histoire de cette rue, fermée depuis de longues années par une grille, se confond avec celle de la rue Brisemiche. Elle était habitée comme celle-ci et ne mérite une mention que pour mémoire.

RUE DE LA TANNERIE ET DE LA VIEILLE TANNERIE

En quittant la place de Grève, on trouvait plusieurs ruelles, disparues aujourd'hui, qui allaient de la rue de *la Tannerie* au fleuve, la première appelée *de la Vieille-Tannerie* ou *Simon-Finel*, devait ce dernier nom à un bourgeois de Paris dont le père avait obtenu, le 5 juin 1481, la permission de « ficher quatre pieux en la rivière de Seine, pour soutenir un quai derrière sa maison » faisant le coin de cette ruelle (1) ; la seconde désignée ainsi par Corrozet : *ruelle allant aux chambres de maître Hugues,* conduisait aux trois moulins que le Parlement avait autorisé, en mars 1307, maître Hugues à reconstruire : ces moulins figurent sur les plans de Gomboust et de la Tapisserie ; la troisième avait dix-huit toises de long, privée d'air et de lumière, fermée par une grille, elle existait déjà sous Louis-le-Jeune ; quoique sa largeur fixée à 7 mètres en l'an XII, ait été portée à 10 en 1837, dans certaines parties, elle ne comptait qu'un mètre 20 centimètres de large, lorsqu'elle fut démolie vers 1850, puis reconstruite sous la même dénomination que la rue de la Tâcherie à laquelle elle venait aboutir, en se prolongeant jusqu'à la rue de la Vannerie. La par-

(1) Arch. de l'Archevêché — Jaillot, tome 3, p. 30.

tie comprise entre la Seine et la rue de la Tannerie
a porté primitivement les noms de l'*Archet*, à
cause d'une arcade voisine, du *Navet*, enfin des
Trois Bouteilles, dénomination empruntée à une
enseigne ; enfin la quatrième, disparue comme les
deux premières, s'appelait en 1369 *Jean le Forestier*. Le chapitre Notre-Dame y possédait une maison à l'angle de la rue de la Tannerie.

Sauval a prétendu (1) que la voie publique englobée aujourd'hui dans l'avenue Victoria, qui joignait
la rue Planche-Mibrai à la place de Grève, a porté
les noms de *Planche-aux-Teinturiers*, de l'*Ecorcherie* et de *la Tannerie*, cela n'est pas absolument
exact ; elle n'a porté le nom de *Planche-aux-Teinturiers* que dans l'espace qui séparait les rues des
Teinturiers et de la Planche-Mibrai ; quant au nom
de l'Ecorcherie, elle ne l'a jamais porté ; Jaillot
avait déjà élevé quelques doutes à cet égard ; ils ont
été pleinement confirmés par le rôle de la Taille en
1292, publié en 1837 par M. Géraud et les notes qui
le suivent (2).

La rue de *la Tannerie*, dont le nom vient des
ouvriers tanneurs qu'y avait attirés la proximité de
la Seine, dépendait de l'église Saint-Gervais, qui y
possédait une maison. Nous trouvons cet immeuble
mentionné en ces termes dans un compte de vente à
cens de 1421 : « Une maison sise en la Tannerie de
« Paris en la place aux cuirs où sont peintes les
« images de Saint-Gervais et Saint-Prothais, » et

(1) T. 1, p. 163.
(2) Page 264.

dans un autre datant de 1434 : « Masure appartenant
« à la confrairie Notre-Dame fondée en l'église
« Saint-Gervais à Paris, aux vendeurs de vin de la
« Ville de Paris, sise en la rue de la Tannerie. »
L'église Saint-Merry y possédait aussi une maison,
l'hôpital Saint-Anastase et le collège de Sorbonne
jouissaient de rentes foncières sur des immeubles de
cette rue.

Pierre Bordoni, architecte et valet de chambre du
Roi, épousa en deuxièmes noces à Saint-Gervais, le
15 Janvier 1651, Anne Petit, qui demeurait chez son
père, rue de la Tannerie. Il était fils du sculpteur
Francesco Bordoni, connu par les quatres figures
d'esclaves, qui ornaient le piédestal de la statue
équestre d'Henri IV.

RUE DES TEINTURIERS

Elle partait, dans l'origine, de la rue de la Tannerie pour aboutir à celle de la Vannerie ; plus tard,
elle comptait, en outre, le prolongement, qui, sous
les noms du *Navet*, des *Trois Bouteilles* et d'autres encore, donnait sur la Seine. Elle tenait sa
dénomination des teinturiers que le voisinage du
fleuve avait engagés à s'y établir et qui y sont restés jusqu'au règne de Louis XIV, ainsi que nous
l'avons dit en parlant du quai Le Pelletier.

Aucun souvenir digne d'être relaté ne se rattache
à cette voie publique.

RUE DE LA TIXERANDERIE

En quittant la place de Grève et la rue du Mouton, on pénétrait dans la rue *de la Tixeranderie*, qui s'étendait presque en droite ligne du carrefour Guillery à la place Baudoyer ; cette rue avait, d'après un cartulaire de Saint-Maur, porté dans l'origine, entre le carrefour et la rue du Mouton, le nom de *Vieille-Oreille*. Celui de Tixeranderie, que le reste de la rue a toujours porté, venait des tisserands qui l'habitaient. C'était une des plus anciennes voies publiques du Paris de Philippe-Auguste, car dès l'année 1293 un acte d'amortissement la désigne ainsi : *Viez-Tisseranderie*.

Entre les rues de la Poterie, de la Verrerie et des Coquilles, s'étendaient autrefois les dépendances de l'hôtel de Sicile ou d'Anjou. Après des aliénations partielles, l'hôtel du chancelier d'Anjou, qui existait en 1575 en face de la rue du Mouton, conservait encore, par cette dénomination, la preuve de son origine. Cet hôtel changea de nom dans la suite, car il était connu vers le milieu du XVIIIe siècle, sous celui de La Macq, à cause d'un bourgeois de Paris appelé Thomas La Macque qui avait habité vis-à-vis.

L'hôtel de Sicile était situé entre les rues des Coquilles et du Coq ; on le nommait aussi l'Hôtel du roi Louis, parce que Louis II, duc d'Anjou, roi de Naples, de Jérusalem, d'Aragon et de Sicile y avait demeuré vers la fin du quatorzième siècle. Cet hôtel a été dans la suite la propriété du sire Michel de Passe, puis du notaire, secrétaire du Roi, Laurent des Bordes ; du temps de Sauval les armes d'Anjou étaient encore gravées au-dessus de la porte. A l'autre encoignure formée par les rues du Coq et de la Tixeranderie, s'élevait l'hôtel de Jean, duc de Berry, quatrième fils du roi Jean. A côté de lui et joignant la rue des Deux-Portes, était celui de Jacques de Bourbon, comte de Ponthieu, connétable de France sous le roi Jean. Ces deux immeubles ont été réunis sous le titre d'hôtel de la Reine Blanche par Blanche de Navarre, seconde femme de Philippe de Valois. Cet hôtel devint ensuite la propriété de Charles le Mauvais, roi de Navarre, et après lui, de son second fils, Pierre de Navarre, comte de Mortaing ; la veuve de ce dernier, Catherine d'Alençon, exécutrice testamentaire de son mari, le vendit en 1417 à Anthoine Le Bourrier, conseiller à la Cour des Comptes, moyennant 4000 écus d'or. Le compte de l'Ordinaire de 1490 constate que l'évêque de Béziers l'avait acquis. En remontant la rue de la Tixeranderie, on trouvait en 1391, à l'angle de la rue des Deux-Portes, l'hôtel des comtes d'Auxerre ; plus tard les abbés de Saint-Faron firent construire, non loin de là, un hôtel, qui s'étendait en profondeur jusqu'à la rue de la Verrerie, et qui avait donné son nom à une impasse appelée auparavant de l'*Escullerie*, rue de *la Violette* en 1313, cul de sac ou rue *des Juifs*, enfin cul de sac *Barentin*. Les conseillers à la Cour des Monnaies, Durand du Boucheron et Andrieu, habitaient en 1781 rue de la Tixeranderie, ainsi qu'un conseiller au Parlement, l'abbé Chaubry de Beaulieu, Lefèvre et Hérault, avocats généraux à la Cour des Monnaies, neuf procureurs, cinq avocats et deux notaires. Deux autres personnages bien connus ont également habité au numéro 27 de cette rue, c'est Scarron et sa femme qui fut plus tard Madame de Maintenon. Ils logeaient, dit Sainte-Foy, au second étage ; lui et sa femme n'avaient pour tout logement que deux chambres sur le devant séparées par l'escalier, une cuisine sur la cour et un cabinet où couchait un petit laquais (le laquais qui servait à Scarron de secrétaire s'appelait Mangin) ; c'est dans ce réduit que venaient Turenne, Madame de Sévigné, le cardinal de Retz, Ninon de Lenclos, Mignard, Sarrazin, le comte du Lude et le marquis de Villarceaux.

Scarron, en deux endroits de ses ouvrages, a pris soin d'indiquer au public et à ses amis le domicile qu'il avait occupé en quittant la rue des Saints-Pères :

> « Je m'appelle Scarron,
> « Je loge en la seconde chambre,
> « Tout vis-à-vis l'hôpital Saint-Gervais.

Et ailleurs il écrivait en 1649, dans une épître à Deslandes Payen :

> « Logé bien haut chez mon ami Busine,
> « A quatre-vingts degrés de la cuisine,
> « Tout vis-à-vis l'hôpital Saint-Gervais,
> « Où le Seigneur me maintienne en sa paix.

M. Edouard Fournier, qui a visité la maison peu de temps avant sa démolition, en fait la description suivante : « En dépit du badigeon, elle conservait « encore le caractère de l'époque où elle avait été « construite. Sous la couche blafarde, on devinait « la brique et les cordons de pierres saillantes qui « l'encadraient à la manière des façades de la place « Royale. Sur la porte, aux lourdes ferrures, se « voyaient quelques fleurs de lys, souvenirs certai- « nement fortuits du séjour que l'épouse future de « Louis XIV avait fait dans cette demeure. La cour « était étroite, l'escalier en bois était éclairé à la « hauteur du premier palier par une haute fenêtre « sans appui. » Scarron mourut en 1660, dans cette maison qu'il avait habitée pendant douze années

L'hôpital Saint-Gervais, dont parle Scarron, situé rue de la Tixeranderie, ne doit pas être con- fondu avec l'église paroissiale du même nom ; cet hôpital, voisin de la paroisse, avait été fondé par un maçon appelé Gariès et par son fils, le prêtre Har- cher, pour loger les voyageurs pauvres. Robert de France, comte de Dreux, frère de Louis le Jeune, avait un droit de quatre deniers de cens sur cet hôpital. Il consentit à l'amortir par une charte de 1171 à la prière d'Etienne, archevêque de Bourges, et de frère Bernard de Vincennes. Le pape Alexan- dre III, par une bulle de 1179, autorisa cette fonda- tion, confirmée, en outre, le 10 septembre 1190 par une bulle de Nicolas IV ; cet établissement était ad- ministré par un procureur et des frères jusqu'à l'épiscopat de Foulques de Chanac qui y plaça quatre religieuses vers 1345 et non vers 1300, com-

me l'a dit Félibien, Foulques n'ayant exercé l'épiscopat que de 1342 à 1349. Le cardinal de Gondi,
en 1608, réforma l'administration de l'hôpital qui,
par suite de la mauvaise gestion et des procureurs
successifs, marchait à sa ruine. La chapelle dédiée
à Saint-Anastase a été reconstruite.

Les bâtiments de l'hôpital étaient devenus inha-
bitables en 1650 et le nouvel essor qu'il avait pris
ne pouvait se développer encore davantage à cause
de l'exiguïté du terrain qui l'enserrait. En 1654, les
Religieuses firent l'acquisition de l'ancien hôtel d'O,
situé rue Vieille-du-Temple. Quant à l'hôpital
Saint-Gervais, les restes en ont été abattus en 1758
seulement et les particuliers, qui s'en rendirent acquéreurs, y construisirent des hôtels privés.

La rue de la Tixeranderie était une des rues les
mieux habitées au cours du XVIIIe siècle. Nous y
trouvons, en 1740, Hocart de Felcourt, conseiller à
la Cour des Aydes, en face de la rue du Mouton,
de Hérain, procureur du Roi des Connétablie et
Maréchaussée de France en face de l'hôtel de la
Macque, c'est-à-dire en face de l'ancien hôtel d'Anjou, Huet et Delobel, Conseillers à l'Election de
Paris, près de la rue des deux Portes, Nivelle, bâtonnier de l'Ordre des Avocats, Moreau, premier
commis greffier de la juridiction de la Ville, Conseiller du Roi, syndic général des communautés
d'officiers dépendant de la Ville, près du cul de sac
Saint-Faron, Fortin, syndic de Tontine ; en 1748,
Louis Guilbert, maître maçon qui épousa Marie,
Joseph Caron âgée de 23 ans, sœur de Beaumarchais ;
en 1753, de la Corée, Maître des Requêtes au Con-

seil privé du Roi, près de la place de Grève, Péricard, Conseiller Maître à la Cour des Comptes, de Baillon, Conseiller à la Cour des Monnaies, près du cul de sac Saint-Faron, Day, Conseiller à la même Cour, vis-à-vis de la rue des Deux-Portes, Secousse, membre de l'Académie des Inscriptions et Belles-Lettres, au coin du cul de sac Saint-Faron; en 1790, le marquis et la marquise de Malleyssie, et Danjou, secrétaire du Roi et intendant des finances de Monsieur.

Les magistrats avaient succédé rue de la Tixeranderie aux peintres et sculpteurs. C'est ainsi qu'on y voyait, en 1634, le peintre Bellin qui habitait hôtel de la Macque, ancien hôtel d'Anjou (la macque était un instrument propre à broyer le chanvre); en 1639, Blanchin, peintre ordinaire du Roi, (qui pourrait oublier Jean Blanchin ? dit à son sujet l'abbé de Marolles), Barthélemy Boudin, sculpteur du Roi, de 1639 à 1641, Toussaint Chenu, sculpteur qui y mourut en 1666 (il avait reçu 100 livres pour une lame de cuivre rouge, sur laquelle il avait gravé une inscription commémorative de la construction du Val de Grâce); Pierre Dangers, un des maîtres jurés de la communauté des Imagiers et Peintres de Paris, en 1558, Jean Dangers, qui y demeurait lorsqu'il épousa Claire Fornille le 3 juillet 1601, rapporte M. Leroux de Lincy; ce peintre reçut 35 écus 4 sous tournois pour travaux exécutés à l'Hôtel de Ville; Eskena, peintre du Roi et de Monsieur en 1636; il y mourut en 1646; Jehan Langlois, peintre ordinaire du Roi sans brevet de valet de chambre, y naquit le 15 septembre 1600;

il était lui-même fils de peintre. Signalons encore la famille des peintres du Roi, Leblanc, la famille des sculpteurs, Normain, vers la fin du XVIe siècle, Pierre Patel le Bon, peintre du Roi, de 1653 à 1655. Sauval dit en parlant des appartements de la Reine au Louvre : « Les murs en sont parés de petits pay-« sages peints par Patelle *(sic)* et son fils ; ceux du « père sont si admirables que les gens qui s'y con-« naissent les appellent son chef-d'œuvre. » Le père de Poinsinet, valet de chambre du Roi, y naquit en 1710, Jean Just Van de Velde y demeurait, lorsqu'il épousa le 28 mars 1716 Geneviève-Madeleine Dauphin de Sainte-Marie, fille d'un sculpteur du Roi.

Le fief de la Croix comprenait une partie du côté gauche de la rue de la Tixeranderie, le cimetière Saint-Jean et la rue des Mauvais Garçons. Le côté droit, à partir de la rue du Pet-au-Diable jusqu'à la place Baudoyer, dépendait de Saint-Gervais ; l'autre partie de la rue et le côté gauche à compter de la rue du Pet-au-Diable jusqu'à la rue du Mouton étaient sur le territoire de la paroisse Saint-Jean

La rue de la Tixeranderie était, en totalité, comprise dans la juridiction de la Commanderie du Temple, qui y exerçait les droits de haute, moyenne et basse justice. L'hôpital Saint-Anastase y possédait plusieurs immeubles et le prieuré de Saint-Lazare y percevait des rentes à cens.

Le bureau de la communauté des Tonneliers y était installé au moment de la Révolution.

RUE DU TOURNIQUET SAINT-JEAN

On avait donné, dans le courant du XVIII° siècle, au dernier tronçon de la rue du Pet-au-Diable, depuis la rue des Vieilles Garnisons jusqu'au point de jonction des rues du Pourtour et du Monceau Saint-Gervais, le nom de *Tourniquet Saint-Jean*, parce qu'en cet endroit elle contournait le chevet de l'église Saint-Jean. Nous renvoyons aux détails que nous avons donnés, lorsque nous avons fait l'historique de la rue du Pet-au-Diable.

RUE TROGNON

Elle relie les rues d'Avignon et de la Heaumerie ; son étymologie est restée inconnue. Jaillot s'est demandé si cette rue qui a porté tour à tour les noms de *Jean le Comte, Cour Pierre la Pie, Tronion, Truvignon* et de *la Galère* n'est pas la même que celle relatée dans le compte de confiscations de 1421, sous la dénomination de rue *Jean Fraillon*, ou si elle désignerait le cul de sac *de la Heaumerie*. Jaillot aurait pu résoudre aisément cette question par un double motif : le premier, c'est que, dans le même compte de confiscations, la ruelle *de la Heaumerie* est mentionnée et le second, c'est

qu'il y est question de la rue *Jean Fraillon*, en
même temps que d'une maison donnant d'un côté
rue de la *Heaumerie* et de l'autre rue d'*Avignon*,
ce qui exclut l'idée qu'il puisse s'agir en cet
endroit du cul de sac de la *Heaumerie* situé en
face. Il faut donc conclure que la rue *Trognon* a
porté aussi le nom de rue *Jean Fraillon*, devenue
peut-être par corruption *Trognon*.

RUE DE VENISE

Le premier des noms sous lesquels cette rue, primitivement une impasse, a été successivement connue, était *Eudebourc la Tresfilière* ou *Sendebours
la Tresfillière*, *Heudebourc la Treffilière*, ou *La
Treffeillie*, ou *La Treffeillie de Bertaud qui dort*,
ou *Erembourg la Tréfilière*. On appelait tréfiliers
ou tréfileurs les ouvriers qui fabriquaient les fils
d'archal et de fer.

Elle venait aboutir, dans l'origine, aux murs des
jardins des Filles de Saint-Magloire et la partie qui
en séparait le fond de la rue Quincampoix avait
pris, dès 1210, le nom de *Vicus de Byeria*, de *Bier-
re de Brère par devers Saint-Josse*, de *Bierne*, de
Bièvre, de *Bièvre sans chef*, puis rue *Verte*, cul
de sac *Quincampoix*, jusqu'au moment où elle s'est
confondue avec l'impasse de *Venise*. Sauval rapporte que ce dernier nom, qui lui est resté depuis,
lui vient d'une maison où il y avait pour enseigne

l' « Ecu de Venise ». Quant à l'étymologie commune à la rue de Venise et à l'église Sainte-Marine qu'il attribue à un Italien, elle peut être ingénieuse, mais on ne saurait s'y arrêter.

La rue de Venise, célèbre par le cabaret de l'Epée de Bois au XVIIIe siècle (nous en avons parlé à l'occasion de la rue Quincampoix), était habitée vers le temps du crédit de Law par les gens de la haute finance. Elle dépendait du fief de Marly qui appartenait au Couvent de Saint-Lazare. Le Collège de Navarre jouissait d'un revenu foncier sur un des immeubles de la rue. En face de l'Epée de Bois, habitait, en 1765, Couturier, avocat du Roi près de la juridiction des Greniers à sel.

En 1851, on a réuni à notre rue et sous la même dénomination, la rue de la *Corroyerie*. Cette voie publique appelée *Lingarière* par Guillot, de la *Plastrière* au XIVe et au XVe siècles, a pris, dès le commencement du XVIe, le nom qu'elle a conservé jusqu'à nos jours. Il ne s'y rattache aucun souvenir digne d'être noté.

RUE DE LA VERRERIE

La rue *de la Verrerie*, l'une des plus anciennes du quartier Saint-Merry, a été formée de la réunion de quatre rues. La première commençait à la rue Saint-Martin et aboutissait à la rue Saint-Bon sous le nom de rue *Saint-Merry*. La seconde allait de la rue Saint-Bon à la rue de la Poterie; on l'appelait *Hélyot de Brie*, du nom d'un des propriétaires en cet endroit vers le milieu du xiii° siècle. A ce sujet les cartulaires de Saint-Maur et de Sainte-Geneviève mentionnent ce qui suit : « *Domum Helyoti de Braia in quadrivio Sancti Mederici in stratâ quæ tendit versus orientem.* » On trouve cette désignation dans Sauval qui a confondu cette rue avec la rue Jean Pain Mollet. La troisième sous la dénomination de *Saint-Merri* partait de la rue de la Poterie pour se terminer rue Barre du Bec (du Temple). On ne sait à quelle époque les trois tronçons ont été réunis, sous le nom de rue *de la Verrerie*, à celle qui en était la continuation, mais il est certain qu'elle le portait à la fin du xiv° siècle. Enfin la quatrième rue commençait rue Barre du Bec et se poursuivait, avec la désignation de rue *de la Verrerie* jusqu'au marché Saint-Jean. Divers plans de Paris, celui de la Tapisserie notamment, ont écrit par erreur *Vairerie*, *Voirerie*, *Varerie* ou *Voirie*, celui de Truschet, moins proprement encore, dit *Courrerie*. Le nom de *Verrerie* lui vient de plusieurs verreries établies jadis en ce lieu. Jaillot affirme avoir lu des lettres du chapitre Notre-Dame de 1185 dans lesquelles il était parlé d'un terrain depuis la maison de Robert de Paris « *usque ad domum Guidonis Vitrearii.*

La rue *de la Verrerie*, qui a été élargie en 1671 en vertu d'un arrêt du Conseil, était l'une des artères principales qui reliaient la Bastille au Louvre; aussi lorsqu'en 1612 la Reine Mère conclut le mariage de Louis XIII avec Anne d'Autriche et que des fêtes magnifiques, tournois et feux d'artifices furent donnés pendant plusieurs jours et plusieurs nuits à cette occasion, une partie du cortège des chevaliers ayant à sa tête de Lescure, pour éviter l'encombrement, prit par la rue de la Verrerie. Il faillit même en résulter un grave incendie : partout des feux de joie avaient été allumés, l'Hôtel de Ville, les établissements publics, les collèges, les tours et les clochers étaient illuminés, les fenêtres et créneaux des particuliers étaient également éclairés par des lanternes peintes de fleurs de lys, aux chiffres de Louis XIII, de Marie de Médicis et d'Anne d'Autriche. Un page en passant renversa par inadvertance une de ces lanternes avec sa lance ; cette lanterne était placée à la fenêtre d'un grenier au dessus d'une étable basse dans laquelle était entassé du foin. Le feu y prit aussitôt, mais grâce à de prompts secours, on n'eut à regretter que l'incendie de l'étable.

La rue de la Verrerie avait des hôtels meublés en renom ; telle était l'hôtellerie de la Ville de Reims tenue en 1698 par Jean Turpin dit Lespine ; il s'y passa un fait qui mérite d'être rapporté. Messire Charles, comte des Armoises, seigneur de Boutigny, Aunoy et Jaucourt, chevalier d'honneur de son altesse royale, la duchesse de Lorraine, bailly des ville et marquisat de Nomesny, était descendu avec sa suite dans cet hôtel en 1698. Le valet de chambre du comte des Armoises ayant laissé un jour, sur une des chaises de l'antichambre de l'appartement loué à son maître, une valise fermée à deux cadenas et contenant quinze attaches de dia-

mants à usage de femme et une trousse avec un petit miroir et un couteau de Langres, cette valise fut forcée et dépouillée de ces objets précieux estimés 6.800 livres. Le comte des Armoises, après avoir porté plainte en vol devant le Lieutenant criminel de robe courte, assigna l'hôtelier Lespine devant le Lieutenant civil en paiement des 6.800 livres. La sentence rendue le 17 mars 1699 condamnait Lespine au paiement de la somme réclamée ; mais, sur l'appel par lui interjeté et porté au parlement, la décision fut infirmée dans les termes suivants : « Notre cour, par son jugement et arrêt,
« met l'appellation et sentence de laquelle a été
« appelé à néant, émendant a débouté le sieur des
« Armoises de sa demande, tous dépens néanmoins
« tant des causes principale que d'appel compensés.
« Mandons mettre le présent arrêt à exécution selon
« sa forme et teneur ; de ce faire donnons pouvoir.
« Donné à Parlement le 7 décembre 1700. Signé
« deTillet. »

On sait que les décisions de justice n'étaient alors jamais motivées ; mais les raisons, qui militaient en faveur de l'hôtelier Lespine et qui avaient déterminé les juges, étaient mentionnées dans les écritures. Elles se résument ainsi : l'hôtelier ne pouvait être rendu responsable de la négligence du valet de chambre du comte des Armoises d'avoir laissé la valise et les objets réclamés sur des chaises dans une antichambre, alors qu'il avait les clefs de deux armoires qui fermaient bien et où il pouvait renfermer tout ce que bon lui semblait. Enfin on ajoutait que le secrétaire du duc de Lorraine, qui était venu à Paris en compagnie du seigneur des Armoises pour complimenter Mademoiselle sur son futur mariage avec le duc de Lorraine et qui était descendu dans le même hôtel, avait remis en dépot à la dame Lespine une bourse de 200 ducats qui lui avait été restituée, aussitôt qu'il l'avait réclamée.

Jean de Ganay, Chancelier de France, avait fait bâtir un grand logis rue de la Verrerie au coin de la rue de la Poterie ; c'était vers la fin du XVIIe siècle une vieille maison, appelée Hôtel d'Argent, dont il restait un ancien corps de logis flanqué de constructions récentes. il avait fait don à l'église Saint-Merry d'une madone en mosaïque florentine de David, qui se trouve maintenant au musée de Cluny.

Etienne Chevalier, secrétaire des Commandements de Charles VII et de Louis XI, contrôleur des Finances et Trésorier général de France, avait son hôtel entre les rues du Renard et Barre du Bec (du Temple). Il était fort estimé d'Agnès Sorel, qui l'avait nommé son exécuteur testamentaire. Par reconnaissance pour sa bienfaitrice, Etienne Chevalier avait fait sculpter sur le cintre de la porte, qui conduisait aux jardins, des lettres gothiques et cubitales entrelacées de feuilles d'or qui composaient l'anagrame suivant :

« Rien sur L n'a regard. »

Pierre de Craon, l'auteur de l'attentat commis sur Olivier de Clisson en 1392, avait sa demeure à l'extrémité de la rue de la Verrerie auprès de la rue des Mauvais Garçons. Cet immeuble a été confisqué, puis vendu ; sur son emplacement a été créé le cimetière Saint-Jean.

Dans les comptes de confiscations par les Anglais en 1421, sont mentionnées la maison attenant à l'hôtel du Roi Louis par derrière et celle qui appartenait aux abbé et religieux de Saint-Faron de Meaux.

Les comptes de l'ordinaire du domaine non muable indiquent, en 1489 et 1490, une maison faisant le coin de la rue André Mallet (du Coq) et de la rue de la Verrerie et ceux de 1517 relatent le paiement d'une somme d'argent fait par noble et sage homme Pierre Michon, Conseiller auditeur du Roi en la Chambre des Comptes pour l'acquisition d'une maison où « soulait pendre l'image du Mont Saint-Michel » attenante à l'hôtel Saint-Faron.

Le Connétable Bertrand du Guesclin possédait rue de la Verrerie une maison située dans la censive des chanoines de Saint-Merry. Il n'avait pas acquitté les droits dus aux seigneurs censiers au moment de sa mort, car ses exécuteurs testamentaires, Olivier et Hervé de Mauny, chevaliers, et Jean Le Bouteiller, écuyer, furent condamnés de ce chef par lettres patentes du 13 novembre 1380 à payer au chapitre la somme de 200 livres.

Les numéros impairs actuels faisaient partie de la paroisse Saint-Jean en Grève ; les numéros pairs dépendaient de l'église Saint-Merry.

Au nombre des anciens propriétaires, nous mentionnerons l'église Saint-Eustache, l'église Saint-Gervais (pour 3 maisons), l'église Saint-Jean en Grève, les Célestins, les abbayes de Sainte-Geneviève et de Saint-Antoine des Champs, Thibault Baillet, Président au Parlement de Paris et Charles

Claude, Conseiller et médecin ordinaire du Roi, professeur à l'Université de Paris, qui décédait dans sa maison en 1631 et était enterré à Saint-Merry.

L'hôtel de Pomponne était situé rue de la Verrerie, presque à l'encoignure de la rue du Renard. Robert Arnault d'Andilly l'occupait en 1641, lorsque, par acte en date du 2 janvier 1641 il cédait et transportait une rente au poète Chapelle. Cet immeuble, après avoir servi au cours du XVIII° siècle de bureau pour les voitures de Joinville, Châlons-sur-Marne, Metz et Strasbourg, est aujourd'hui occupé par l'un des marchands de métaux les plus importants de Paris.

Parmi les habitants de la rue de la Verrerie, il convient de citer : François Fouquet, père du Surintendant, Chabeausseau, joueur d'épinette d'Henri IV, qui y eut deux enfants baptisés en 1602 et 1605 à Saint-Jean en Grève, Blanchet, oncle des fameux organistes Couperin, Favart, père du fondateur de l'opéra-comique, qui y mourut en 1730 ; Favart, qui y mourut lui-même ; il s'y était marié en 1745 avec mademoiselle du Ronceray ; Le Baillif, Conseiller à la Cour des Comptes, qui demeurait au coin de la rue des Coquilles en 1740, le Conseiller à la Cour des Aydes, Tauxier, les Trésoriers de France, Ricard, Doyen et Jourdain, les syndics des notaires et des huissiers, Langloix et Lhoste, le professeur de Physiologie, Bailly, en face de la rue Barre du Bec, le Conseiller à la 2° Chambre des Requêtes, ancien secrétaire du Roi, Laurès du Meux, près des Juges Consuls, les Conseillers à la Cour des Monnaies,

Rogier Philippy de Bucelly et Flayelle d'Elmotte, les anciens échevins Tardif, Brion et Lhéritier, les médecins du roi par quartier, Possonié et Poissonnier Despérières, les chausse-cire et porte-coffre de la grande Chancellerie de France, Pelé de Saint-Pierre, père et fils, l'avocat au Parlement, Duvandier, Conseiller du Conseil supérieur de Bouillon, l'architecte Rousset, membre de l'Académie, non loin des bureaux des experts entrepreneurs des greffiers de bâtiments, et des maîtresses couturières découpantes, enfin le substitut du Procureur Général au Parlement, de Laurencel, et le Conseiller au Chatelet, Lalourcet.

Les peintres qui ont habité dans cette rue sont assez nombreux, quelques uns méritent une mention particulière : en 1594, Quesnel, qui épousa la fille du peintre Bollery, Bollery lui-même en 1595, en 1608, Laurent Vouet, peintre des écuries du Roi, père du fameux Simon Vouet, puis d'Uverlat, dont la femme tint sur les fonts baptismaux Corneille de Froidemontagne, David Ponteron, dont la sœur épousait, sans changer de rue, le peintre Bonnier et dont le fils fut peintre du Roi, Bernard, peintre de la Reine, Jacques Blanchard, Bornat, peintre du Roi, qui y mourut, Quentin Varin, peintre de Louis XIII, enfin le plus célèbre de tous, François Boucher, qui y naquit et fut baptisé à Saint-Jean en Grève. Nous ne pouvons passer sous silence le plus ancien de tous ces artistes Jacquemin Gringouneur, auquel on a généralement le tort d'attribuer l'invention des cartes à jouer, et qui recevait de Charles Poupart, argentier de Charles VI, 56 sol parisis pour

« trois jeux de cartes à or et à diverses couleurs de
plusieurs devises pour porter devant le seigneur
Roi pour son esbatement. »

Nous terminerons cette notice sur la rue de la
Verrerie en rappelant que le naturaliste Bomare,
censeur royal, y avait formé un cabinet, d'histoire
naturelle très célèbre, qu'il céda avant la Révolution
au Prince de Condé et qui fut transporté à
Chantilly (1).

(1) Il n'est pas sans intérêt de rappeler ici que, depuis que ces pages
ont été écrites, d'importantes opérations de voirie ont changé l'aspect
général du quartier Saint-Merry. C'est ainsi que, dans ces dernières années, notamment la rue Beaubourg et la rue du Renard ont été, du
moins dans une partie de leur parcours, considérablement élargies (Note
du rédacteur).

DEUXIÈME PARTIE

LES INCENDIES DE LA COMMUNE

LES

INCENDIES DE LA COMMUNE[1]

LA population parisienne ne cesse de se presser devant ceux de nos monuments que l'incendie a dévorés et se demande au milieu des manifestations de sa douleur et de son indignation, ce qu'il adviendra de ces ruines et quelle sera, sur leur restauration ou leur réédification, la pensée du gouvernement.

C'est sans doute pour répondre à ce sentiment de la population que M. Etienne Arago adresse à un journal une lettre, dans laquelle il propose un double projet sur la destination que doivent recevoir les ruines de l'Hôtel de Ville et celles des Tuileries.

[1] Gazette des Tribunaux n° du 7 juin 1871.

M. Etienne Arago pense que l'Hôtel de Ville doit être conservé dans son état actuel « dont la « sauvage beauté ne le cède, pour l'effet saisissant, « à aucun autre fragment encore debout des monu- « ments antiques.

« Ce serait, ajoute-t-il, perpétuer un souvenir « qui serait un grand enseignement pour la popula- « tion. Ce serait, dans cet état de sublime horreur, « la condamnation à travers les siècles de cette idée « à la fois brutale et nuageuse, propagée par l'In- « ternationale, idée éclose, ne l'oublions pas, dans « le pays dont les Huns descendirent autrefois pour « saccager le midi de l'Europe. »

Nous ne pouvons que féliciter M. Etienne Arago de cette explosion indignée de sa colère contre les misérables qui ont voulu faire ce que les Barbares n'avaient pas fait, et nous pensons, comme lui, qu'il est bon de laisser un enseignement à ceux qui seraient tentés, dans l'avenir, d'envahir à leur tour le sanctuaire municipal. Mais nous craignons que M. Etienne Arago, en grand artiste qu'il est, n'ait beaucoup trop de confiance dans les enseignements du pittoresque.

Du reste, M. Etienne Arago, nous devons lui rendre encore cette justice, exprime un regret touchant et presque filial pour cette noble et antique demeure de la municipalité parisienne à laquelle se rattachaient tant de souvenirs précieux, « dont la façade suivant son expression, disait, statue par statue, toutes les gloires de la cité. »

On ne saurait mieux dire assurément, bien que deux statues y manquaient encore, sans doute par un excès de modestie de MM. Etienne Arago et Jules Ferry.

Quant au palais des Tuileries, M. Arago, tout en se défendant de la moindre pensée politique sur le séjour du despotisme, n'hésite pas à dire qu'il faut faire disparaître ce qui en reste, et lui donner une meilleure destination. M. Etienne Arago nous apprend qu'il demeure dans le faubourg Saint-Germain et que, lorsque ses affaires ou ses distractions l'appellent sur la rive droite, il lui est fort pénible de traverser le Carrousel, « en été une Tauride *(sic)* ; en hiver, une Sibérie ; en temps de neige, un périlleux glacier... » M. Etienne Arago pense donc qu'il serait « d'une administration paternelle » d'établir sur l'emplacement des Tuileries un passage couvert, permettant aux piétons de se rendre plus commodément d'une rive à l'autre, c'est-à-dire de prolonger jusqu'au Pont-Royal le passage Delorme. M. Etienne Arago paraît si convaincu de l'urgente opportunité de cette transformation que nous ne serions pas étonné qu'il en eût déjà fait étudier le plan quand il exerçait à l'Hôtel de Ville ses fonctions de grand voyer de Paris.

En attendant qu'il soit statué sur les deux propositions de M. Etienne Arago, nous pensons qu'il n'est pas sans intérêt de jeter un dernier regard sur ces ruines lamentables qui désolent la cité et de dire quelques mots de l'origine et de l'histoire des monuments publics détruits par les incendiaires de la Commune.

I

Le Palais de Justice [1]

IL existe bien peu de monuments publics qui aient été aussi souvent détruits par l'incendie que le Palais de Justice ; moins que tout autre il devait être épargné par les fureurs dévastatrices des hommes, qui présidaient aux destinées de notre magnifique capitale, et, comme si la fatalité s'acharnait sur cet édifice, c'est surtout dans les bâtiments neufs que le feu a fait le plus de ravages.

L'amas confus des bâtisses informes, que les travaux de reconstruction avaient remplacées depuis 1842, rendait méconnaissable, avant cette époque, l'antique demeure de nos rois, et pour surcroît de malheur, les historiens de Paris qui, faute de documents, n'avaient pu en relater les origines, ne nous avaient pas davantage conservé la description

(1) Gazette des Tribunaux, n° du 7 juin 1871.

exacte ou complète du Palais, tel qu'il existait avant l'incendie de 1618.

Sans vouloir entrer ici dans des discussions que ne comporte pas notre cadre, il nous suffit d'indiquer qu'il existait probablement aux temps de la domination romaine, un palais dans la Cité qui devint, après des modifications et agrandissements successifs, résidence royale à partir du règne d'Hugues Capet. L'espace de terrain compris entre le boulevard du Palais et les bâtiments de la Cour de Cassation d'une part, le quai de l'Horloge et le quai des Orfèvres de l'autre, formant une sorte de rectangle, était entouré de murailles flanquées de nombreuses tours et tourelles ; dans cet enclos s'élevait le Palais, dont la Grand'salle construite par Philippe le Bel était consacrée aux solennités extraordinaires, telles que réceptions des souverains étrangers et des ambassadeurs, mariages des enfants de France et festins d'apparat ; elle était pavée de marbre blanc et noir, lambrissée et voûtée en bois sculpté ; une rangée de piliers également en bois ornés d'or et d'argent la soutenait, en la divisant par le milieu et en faisant face aux piliers qui la soutenaient aussi de chaque côté. A chacun de ces piliers étaient adossées les statues des rois de France, une inscription gravée au-dessous rappelait leurs noms, « le temps de leurs règnes et leurs trépas ; » ces statues étaient placées dans l'ordre généalogique, le commencement « desquelles est, dit Corrozet, entre les deux verrières, du chef de la Table de marbre vers Occident, du côté du parquet des Requêtes, » emplacement consacré aux dépendances de la Chambre des criées aujourd'hui consumées. Au bas des piliers on voyait les bancs des procureurs au Parlement. La table de marbre occupait presque toute la largeur de la Grande Salle. L'étendue et l'épaisseur de cette table étaient telles que l'on n'en avait jamais vu de pareilles ; elle servait aux festins royaux, et les clercs de la basoche étaient en droit à certains jours d'y représenter des pièces ou sotties. A l'autre extrémité, Louis XI avait fait construire une chapelle que surmontaient de chaque côté deux colonnes ; sur l'une d'elles s'élevait la statue de Charlemagne, et sur l'autre celle de Saint-Louis.

Depuis Louis X, le Parlement et les diverses juridictions devenues sédentaires avaient pris possession du Palais ; Charles V le leur abandonna en entier et sans partage.

Au milieu de la nuit du 5 au 6 mars 1618 le feu éclata avec violence dans les bâtiments du Palais ; quoiqu'il en soit des conjectures auxquelles on s'est livré sur les causes de cet incendie, le feu consuma la Grand'Salle, les boutiques des marchands, les bancs des procureurs, les statues des rois, la Table de marbre, les requêtes de l'hôtel, le greffe du Trésor, la première Chambre des Enquêtes, le parquet des huissiers, une partie de la Conciergerie et les étages supérieurs de la Tour de l'Horloge ; les accidents les plus graves ont servi de tout temps en France à exercer le genre burlesque. Théophile composa à cette occasion le quatrain suivant :

> Certes ce fut un triste jeu,
> Quand à Paris dame Justice,
> Pour avoir mangé trop d'épice,
> Se mit le Palais tout en feu.

Pour réparer les désastres causés par l'incendie, on vendit en 1620 les fossés et les terrains vagues qui entouraient Saint-Germain-des-Prés. Le comte de Nevers et les Religieux de Saint-Germain-des-Prés s'opposèrent à ce que l'on procédât à cette vente ; il fallut, pour triompher de la résistance des opposants, l'intervention du Parlement qui rendit à cet effet, un arrêt le 13 Août 1619. Les travaux de reconstruction furent confiés à Jacques de Brosse, déjà connu par le portail de Saint-Gervais, l'aqueduc d'Arcueil et le Luxembourg ; ils furent terminés en 1622. Cet architecte réédifia la Grand'Salle telle qu'on la voyait il y a quelques jours encore ; elle avait 222 pieds de longueur sur 84 de largeur ; les voûtes étaient soutenues par un rang de piliers en arcades qui la divisaient en deux nefs dans sa longueur.

En 1812, plusieurs arceaux des voûtes placées au-dessous de la Grand'Salle menaçaient ruine, quelques voûtes entières avaient fait des tassements considérables, l'une d'elles s'était écroulée sous les pas d'un magistrat, qui dut son salut à cette circonstance que les dalles du carrelage ne se disjoignirent pas ; enfin la disposition vicieuse des voûtes souterraines tendait à faire déverser la salle entière dans la cour du Mai. On commença en 1817 des travaux de consolidation et de soutènement qui furent terminés en 1819 et coûtèrent 170.000 francs. Récemment encore on avait complété ces travaux importants avant de reconstruire en fer les voûtes de la Grand'Salle étayées depuis plus de quinze ans.

Le second incendie qui se déclara au Palais éclata dans la nuit du 11 au 12 janvier 1776. Le feu détruisit la chancellerie, la première Chambre des Requêtes, la bibliothèque du Grand Conseil, la seconde Chambre des Requêtes de la Cour des Aydes en partie, son greffe, celui du Tribunal des eaux et forêts, enfin toutes les boutiques des galeries Marchande et des Prisonniers. L'incendie s'arrêta à la Sainte-Chapelle ; mais les constructions de la façade actuelle du Palais et des deux ailes, entreprises à la suite de ces désastres et pour les réparer, nécessitèrent la démolition de la sacristie, à laquelle on substitua la galerie qui a relié depuis le Palais au parquet, les cabinets d'instruction et les Chambres correctionnelles.

Enfin, l'incendie allumé par les insurgés, outre les bâtiments nouveaux, construits depuis 1842 autour de la Sainte-Chapelle, a détruit entièrement la Grand'Chambre de la Cour de Cassation, construite par Saint-Louis, et à laquelle se rattachaient d'importants souvenirs historiques.

Elle avait été affectée depuis Louis-le-Hutin aux audiences du Parlement ; *un fait surnaturel* s'y passa en 1464, s'il faut en croire la tradition ; un procès fameux se plaidait entre l'évêque d'Angers et un riche bourgeois de cette ville auquel on reprochait d'avoir dit en présence de témoins qu'il n'y avait ni Dieu, ni diable, ni paradis, ni enfer. Pendant que l'avocat de l'évêque répétait ces paroles en plaidant, le 15 juin 1464, toute la Chambre commença à trembler, et une pierre tomba, sans néanmoins blesser personne. On remit la cause au lendemain, mais le même fait se reproduisit dans les mêmes circonstances avec une plus grande intensité ; une poutre même sortit d'un grand mètre de sa place ; tout le monde s'enfuit, les uns laissant leur bonnet, les autres leurs sacs, et l'on ne put y plaider que cette Chambre ne fut refaite, elle fut réparée et mise entièrement à neuf sous Louis XIII ; elle servait aux assemblées générales, le roi y venait tenir les lits de justice.

On reprochait à ce propos à Louis XIV d'être venu au Parlement pour faire enregistrer un édit dans un costume de chasse avec des éperons, tenant un fouet dans la main. Les Conseillers au Parlement, en mémoire de cet affront, avaient fait clore la porte par laquelle il était entré ; elle n'a pas été rouverte depuis. Cette porte se trouvait à la place de la cheminée, au fond de l'auditoire. Les grandes affaires criminelles, avant 1789, se plaidèrent dans cette Chambre, qui a vu fonctionner sous la Révolution le Tribunal révolutionnaire et son accusateur public Fouquier-Tinville.

Fidèle sans doute à ce souvenir, l'ex-procureur de la Commune, Raoul Rigault, avait choisi les dépendances de la Cour de Cassation pour s'y établir ; le feu n'y a rien épargné, comme s'il eût voulu épurer ces lieux infectés par cet odieux séjour.

Il faut déplorer encore, au milieu de ces décombres, la perte du plafond de l'ancienne Cour d'Assises, dû au pinceau de Bon Boullongne, et qu'on espérait transporter et replacer dans une autre localité, avant d'opérer la démolition de cette salle d'audience.

II

La Préfecture de police. — L'hôtel du préfet (1)

L'HISTOIRE de la Préfecture de police et de l'hôtel du préfet est intimement liée à celle du Palais de Justice. On sait que les nécessités du service criminel exigent le voisinage immédiat de ces deux administrations.

Les bureaux de la Préfecture sont, depuis une vingtaine d'années environ, installés à titre provisoire rue de Harlay-du-Palais, dont ils occupent toutes les maisons, à l'exception de celles portant les premier et dernier numéros impairs.

Dans l'origine, deux îles séparaient le Palais de l'extrémité occidentale de la Cité ; les murailles du Palais servaient de quai ; il n'y avait ni chemin, ni passage le long du fleuve, et les deux quais construits depuis ont été pris sur le lit de la rivière ; le

(1) Gazette des Tribunaux n° du 8 juin 1871.

quai des Orfèvres fut commencé en 1580, le quai de l'Horloge (des Morfondus ou des Lunettes) le fut en 1584 ; on y travailla en même temps qu'on édifiait le Pont-Neuf ; le pont et les quais furent achevés en 1611. Quelques années auparavant, en 1607, Henri IV voulant récompenser généreusement les importants services d'Achille de Harlay, Premier Président au Parlement de Paris, auquel il devait l'entrée et l'accès de sa capitale, lui fit donation du terrain entre les deux bras du fleuve, depuis le bas du jardin du baillage jusqu'au Pont-Neuf et le long des deux quais.

Parmi les conditions et clauses du contrat sous forme d'adjudication, qui porte la date du 10 Mars 1607, ratifié par lettres patentes du 28 Mai, enregistrées le 15 Novembre de la même année, le Premier Président de Harlay s'obligeait à construire la place Dauphine et la rue de Harlay et à border ces voies publiques de maisons bâties avec symétrie, suivant les plans annexés audit contrat. L'incendie a détruit presque en entier le côté de cette rue voisin du Palais : il n'a pas épargné davantage les constructions provisoires qui reliaient à l'hôtel du Préfet les bureaux de la Préfecture de police et qui s'élevaient en partie sur l'emplacement de l'ancienne Préfecture de police, autrefois hôtel du premier président au Parlement de Paris et sous la Révolution, mairie de Paris. On se rappelle la configuration de ces bâtiments et de la cour rectangulaire qu'ils encadraient, ornée des portraits à fresque des premiers présidents au Parlement ; le jardin s'étendait à gauche de l'entrée, depuis les bâtiments jusqu'au quai des Orfèvres ; ils étaient fermés de ce côté par une grille en fer. Il n'y avait pas de communication directe entre cet hôtel et le Palais ; pour se rendre à la Grand'chambre du Parlement, le Premier Président devait s'engager dans la rue de Jérusalem et pénétrer sous une arcade placée sur le flanc gauche de l'hôtel de la Chambre des Comptes. Cette arcade, sculptée par Jean Goujon, a été fort heureusement préservée en 1871 comme elle l'avait déjà été une première fois en 1737 ; elle donnait accès dans la cour de la Sainte-Chapelle.

Outre les curieuses archives du Palais qui sous l'enveloppe supérieure de la grand'salle, contenaient non pas la collection des arrêts du Parlement, qui est déposée aux archives générales, mais les décisions rendues par le Châtelet et tous les papiers relatifs à cette juridiction, il faut déplorer la perte irréparable de la Bibliothèque de la Préfecture de police, qui contenait, entre autres, des documents très précieux sur l'histoire de la Révolution française.

Les constructions nouvelles du quai des Orfèvres, commencées, il y a quelques années, et non encore terminées, ont été préservées des flammes, ainsi que la façade du Palais de Justice du côté de la rue de Harlay.

L'hôtel du préfet de police, dont il ne reste que des pans de murailles et des débris fumants, était de construction récente ; il datait de 1737, mais il a remplacé un monument commencé par les ordres de Louis XII, en 1504, et terminé en 1505.

L'architecture et la disposition nous en ont été

conservées par des gravures et des descriptions. Quelques auteurs ont critiqué la façade, qui tenait à la fois de l'art gothique et des tâtonnements du style de la Renaissance. Cette alliance bâtarde devait produire, au premier abord, un singulier effet ; mais les détails des sculptures offraient un large dédommagement à l'œil de l'artiste et de l'amateur.

Voici en quoi consistait cette façade : la porte d'entrée, placée à l'encoignure du bâtiment en arrière de la Sainte Chapelle, était surmontée d'un portail avec trois petits clochetons. Sur ce portail, on voyait gravées les armes de France au-dessus d'un porc-épic couronné par deux cerfs-volants ; dessous serpentait l'inscription suivante :

REGIA FRANCORUM PROBITAS ; LUDOVICUS HONESTI

CULTOR ET ÆTHEREÆ RELIGIONIS APEX

La porte d'entrée donnait accès à un palier rehaussé de quelques marches, au bas duquel sur la gauche, commençaient les degrés d'un escalier extérieur et couvert, qui venait aboutir au palier du premier étage de la droite du monument. Cet escalier était, comme tout l'édifice à partir du premier étage, orné de fleurs de lys et de riches sculptures. Neuf fenêtres disposées en étages et paraissant n'en former que trois y compris celles de l'entresol, auquel on accédait par une petite porte au-dessous du perron, éclairaient l'intérieur. Entre chacune des fenêtres du premier étage et celles qui donnaient sur le perron, étaient cinq statues dans des niches : celle du milieu représentait Louis XII vêtu d'un

manteau au fond d'azur avec des fleurs de lys d'or ;
il tenait d'une main le sceptre, de l'autre la main de
justice, on lisait au bas ces deux inscriptions super-
posées :

LUDOVICUS HUJUS NOMINIS DUODECIMUS

ANNO ÆTATIS 46

QUATUOR HAS COMITES FOVEO, CÆLESTIA DONA ;

INNOCUÆ PACIS PROSPERA SCEPTRA GERENS.

Les autres statues représentaient : La Tempé-
rance tenant une horloge et des lunettes ; au-dessous
on lisait :

TEMPERANTIA

MIHI SPRETA VOLUPTAS

La Prudence tenant un miroir et un crible avec
ces mots au-dessous :

PRUDENTIA

CONSILIIS VERUM SPECULOR

La Justice tenant une balance et une épée, au-dessous :

JUSTITIA

SUA CUIQUE MINISTRO

Enfin la Force, embrassant une Tour d'une main
et de l'autre un serpent avec cette inscription :

FORTITUDO

ME DOLOR ATQUE METUS FUGIUNT

Les trois fenêtres du second étage étaient surmontées d'ornements et de clochetons sculptés. Une petite tourelle gothique joignait le bâtiment à la hauteur du premier étage dont elle formait l'encoignure gauche.

Ce monument, dans lequel siégeait la Chambre des Comptes, fut entièrement détruit par le feu en 1737, on pouvait donc déjà dire, avant l'incendie de cette année, que toutes les constructions comprises dans l'ancien enclos du Palais avaient été tour à tour la proie des flammes.

Une nouvelle Chambre des Comptes s'éleva sur les débris de l'ancienne ; l'architecture en était simple, elle n'offrait rien de remarquable ; la seule chose qui rappelât la destination première de cet hôtel était la sculpture de la porte d'entrée représentant, d'un côté, la statue de la Prudence, et, de l'autre, celle de la Justice.

La Cour des Comptes y siégea jusqu'en 1842, époque à laquelle, en vertu d'une ordonnance royale en date du 5 Mars, elle fut transportée dans le Palais du quai d'Orsay ; elle eût pour successeur le Préfet de Police trop à l'étroit dans les bâtiments de la rue de Jérusalem, pour lequel l'intérieur fut transformé en appartements, et l'édifice devint l'habitation des préfets qui, depuis 1842, ont dirigé l'administration de la police à Paris.

III

Le Conseil d'Etat. — La Cour des Comptes (1)

LE palais du quai d'Orsay a souvent changé de destination, et les sommes énormes dépensées pour sa construction provenaient des divers budgets vo'ẻ selon l'affectation nouvelle qu'il recevait. On en a fait tour à tour, en projet, le ministère des Affaires Étrangères, le ministère de l'Intérieur, le ministère du Commerce et des Travaux Publics, le palais de l'exposition des produits de l'industrie française ; il est devenu, en vertu d'une loi de 1838, le siège du Conseil d'État et de la Cour des Comptes.

Cet édifice fut commencé en 1810 sous la direction de l'architecte Bonard ; les travaux suspendus pendant la Restauration furent repris la dernière année du règne de Charles X. Louis-Philippe, après la mort de Bonard, lui donna pour successeur son élève Lacornée qui les termina en 1842. L'architecture de ce monument a été louée outre mesure à cette époque ; la façade du quai nous satisfaisait davantage que l'entrée principale sur la rue de Lille et les entrées latérales des rues de Poitiers et de Bellechasse, formées de deux arcades hautes et massives assez semblables à des arcades d'aqueduc. A l'intérieur de ce palais, on avait déployé un très grand luxe d'ornements architectoniques et de peintures ; aussi les dépenses se sont-elles élevées à près de dix millions, selon les uns, et à plus de douze millions, selon les autres. Le prix du terrain, mesurant 9.444 mètres de superficie, n'est entré dans cette somme que pour un chiffre minime, car toute cette partie du quai entre les rues de Poitiers et de Bellechasse était exploitée en chantiers de bois, à l'exception toutefois de l'encoignure de la rue de Bellechasse où le sieur Albert avait construit, sous Louis XVI, un établissement de bains composé de quatre corps de logis donnant sur une vaste cour ; c'était le premier établissement en son genre installé à Paris ; on y pouvait prendre des bains chauds, secs, à vapeur, russes, composés ou même froids et des douches.

IV

Le Palais de la Légion d'Honneur (1)

DE chaque côté des ruines encore fumantes du palais d'Orsay, l'incendie a entassé d'autres ruines. En se plaçant sur la terrasse des Tuileries, on voit à droite les restes du palais de la Légion d'honneur.

Cet édifice avait été construit en 1786 par l'architecte Rousseau pour le prince de Salm-Salm ; il était alors borné par le quai d'Orsay, les rues de Lille et de Bellechasse. L'expropriation de 1867, en lui enlevant un mètre de terrain, lui a donné pour limite, à l'ouest, la rue de Solférino. C'était une des habitations les plus somptueuses et les plus élégantes de Paris ; elle avait plutôt les apparences d'un monument public que d'une habitation particulière.

L'entrée rue de Lille consistait en un arc de

____

(1) Gazette des Tribunaux n° du 10 juin 1871.

triomphe flanqué de chaque côté par une colonnade conique en forme de galerie couverte et conduisant à deux pavillons en avant-corps, dont l'attique était revêtu de bas-reliefs ; au fond de la cour qu'entouraient ces colonnades, s'élevait le bâtiment principal relevé par des ornements de l'ordre corinthien ; la façade du quai, moins heureuse à raison de son peu d'élévation, était formée de deux corps de logis séparés par un vaste pavillon demi-circulaire, surmonté d'une terrasse décorée de six statues ; une autre terrasse basse, enserrant un joli parterre, régnait en avant des constructions le long du quai. L'intérieur du palais était orné de marbres, de stucs et de peintures : le salon, prenant jour sur le quai, était de forme ronde ; le plafond en avait été peint par Bocquet, peintre des menus-plaisirs du roi.

Il devint pendant la Révolution la propriété d'un chevalier d'industrie, qui prenait le titre de marquis de Bellegarde et qui, après y avoir reçu la société brillante de Paris, de 1795 à 1798, fut condamné en qualité de faussaire à quatre années de fer et à la marque. Sous le Directoire, Madame de Staël réunissait dans ce palais un cercle d'hommes d'Etat qui ne tarda pas à porter ombrage au premier consul, ce qui fut la cause de son long exil ; on s'explique, en se rappelant la magnifique résidence qu'elle avait choisie à Paris, la préférence que l'exilée accordait au ruisseau boueux de la rue du Bac sur toutes les habitations somptueuses qu'elle avait visitées dans ses nombreux voyages.

Le grand chancelier de la Légion d'honneur, le comte Lacépède, fit au nom de l'Etat, le 1er floréal an XII, l'acquisition de ce palais, qui subit aussitôt les transformations nécessitées par sa destination nouvelle. En 1830, l'architecte Lejeune a complètement renouvelé la décoration intérieure.

Dans une note insérée au *Journal Officiel* le 7 juin 1871, le grand chancelier de la Légion d'honneur pour réparer les désastres de l'incendie, déclare qu'il prend l'initiative d'un projet de souscription volontaire de tous les membres de l'ordre ; nous ne doutons pas du succès de cette souscription, et nous avons la conviction que les listes ouvertes dans les administrations publiques se couvriront de signatures dans un très court délai.

« Une somme qui ne doit pas dépasser un million, dit le *Journal Officiel*, a été reconnue nécessaire pour reconstruire, sur les mêmes plans ce gracieux palais, seul spécimen du genre à Paris, admiré des artistes et dans lequel, depuis bientôt un siècle, toutes nos gloires nationales étaient représentées.

« En présence des désastres qui affligent notre malheureux pays, il n'est pas possible de demander un crédit de pareille somme au budget ; mais les 65.000 membres de cette grande famille, qui s'appelle la Légion d'honneur, ne voudront pas laisser périr le berceau de leur institution. Au moyen d'une souscription volontaire, ils arriveront facilement, sans imposer aucune charge à l'État, à relever cette maison qui est la leur, etc., etc. »

Qu'il nous soit permis d'exprimer ici le vœu que l'adoption des mêmes plans puisse s'accorder avec la possibilité d'exhausser les bâtiments en façade sur le quai d'Orsay.

V

La caserne du Quai d'Orsay [1]

A gauche du palais du Conseil d'Etat s'élevait, il y a quelques jours encore, une immense caserne de cavalerie dont la façade n'a d'autre mérite que ses proportions et sa régularité.

Sur cet emplacement était autrefois l'hôtel d'Egmont transformé en hôtel des coches pour la cour ; on y trouvait, à toute heure du jour et de la nuit, des chaises à deux places ou des carrosses à quatre places qui conduisaient les voyageurs à Versailles, à Marly, à Compiègne, à Fontainebleau ou à Choisy. L'entreprise des carrosses et des messageries date de Charles IX. La première fut établie pour la ville d'Orléans en 1571 ; après avoir été louées par des particuliers, les diverses entreprises qui se fondèrent devinrent un privilège exclusif, et l'on créa un inspecteur des coches, Henri IV supprima cette inspection, nomma un surintendant et organisa la police des voitures sur les heures de départ, le prix et l'ordre des places, la tenue des registres et les devoirs des cochers.

Le Comité de salut public avait décrété, le 29 messidor an III, que l'Hôtel des Coches serait occupé par la légion de police nouvellement organisée ; il le fut ensuite par les guides de la garde consulaire ; enfin, un décret de 1805 ordonna la construction de la caserne d'infanterie que nous voyions il y a quelques jours encore, en se servant des bâtiments déjà existants. Sous la Restauration, les gardes du corps en prirent possession pour faire place à un corps de cavalerie.

VI

La Caisse des Consignations [1]

L'HOTEL voisin du bureau des voitures de la cour avait été construit par l'architecte Bruant, en 1721, pour le petit-fils du surintendant Fouquet, le comte de Belle-Isle, depuis maréchal de France et ministre de la guerre. Le duc de Choiseul l'avait remplacé au ministère. Le duc de Choiseul-Praslin acquit après sa mort l'hôtel de la rue de Lille. Les appartements étaient considérables, bien distribués, magnifiquement meublés ; les façades des bâtiments étaient décorées de balustrades et de vases, avec des balcons en saillie. La cage de l'escalier d'honneur était très large ; elle comprenait toute la hauteur du bâtiment de l'angle droit de la cour. La terrasse, du côté de l'eau, fournissant un des plus beaux points de vue de Paris, était établie sur des voûtes souterraines.

[1] Gazette des Tribunaux n° du 16 juin 1871.

Le duc de Praslin et son fils avaient réuni dans cet hôtel une collection précieuse de tableaux de toutes les écoles, notamment de l'école flamande, et un choix de meubles de Boule, des bronzes, des porcelaines, des marbres et autres objets de curiosité.

La duchesse de Praslin, morte le 11 avril 1784, avait déshérité ses enfants; elle avait institué ses légataires les petits-enfants du prince de Soubise; mais ce testament bizarre fut cassé. Entre autres dispositions singulières, il portait le legs à son mari du modèle du cheval de bronze d'Henri IV.

Les constructions qui avaient remplacé l'hôtel de Choiseul-Praslin, et dans lesquelles on avait depuis plusieurs années installé les bureaux de la Caisse des Consignations, étaient entièrement neuves.

VII

L'Hôtel-de-Ville (1)

L'HISTOIRE aura peine à expliquer comment s'est
établie l'épouvantable autorité de la Commune
à Paris, et nous craignons bien que l'enquête faite
à l'instigation de M. le Ministre des Affaires Étrangères n'arrive pas à la découverte des causes vraies
du triomphe inespéré des sicaires jacobins qui ont
siégé à l'Hôtel-de-Ville, instruments aveugles et
inconscients de l'Internationale. Un gouvernement,
quel qu'il soit, ne peut assez se désintéresser des
questions brûlantes qu'il lui faut aborder, au lendemain d'horribles désastres, pour rechercher avec
une sincérité absolue la vérité que les plus habiles
détours ne sauraient voiler aux gens impartiaux.

La Commune fut une puissance qui s'érigea tout
à coup en face de l'Assemblée Nationale; surprise

(1) Gazette des Tribunaux n° du 11 juin 1871.

de son succès, mais redoutant la réaction, elle appela dans ses proclamations et vit en peu de temps rassemblés autour d'elle tous les fauteurs de désordres et de pillage accourus de l'étranger, dociles à sa voix; sous son pouvoir tyrannique, l'Hôtel-de-Ville est devenu une caverne d'anarchistes, un repaire de brigands et d'incendiaires. Combien ont dû frémir d'horreur les mânes des prévôts des marchands et des échevins de voir pour la seconde fois réunie dans l'enceinte du palais municipal cette infernale assemblée. Leurs statues, respectées par le feu, semblent, en protestant contre les ruines amoncelées près d'elles, nous enseigner que, malgré les malheurs de la guerre, malgré les fureurs dévastatrices des insensés qui ont promené au travers de Paris l'incendie et la mort, notre magnifique capitale, fidèle à sa devise, renaîtra de ses cendres et restera toujours la reine des cités : « *Fluctuat nec mergitur.* »

Et cependant que de trésors enfouis et perdus à jamais! Le nombre en est considérable. L'administration municipale se propose d'en publier la longue et complète énumération. Qu'il nous suffise, pour en donner une faible idée, de dire qu'outre les documents importants concernant la voirie, les titres de propriété de tous les immeubles appartenant à la Ville, tous les actes de l'état-civil qui permettaient, en dehors des intérêts particuliers, de rétablir avec exactitude l'histoire communale de Paris avant 1789, etc., le feu a détruit tous les éléments qui constituaient l'histoire du Paris ancien et du Paris nouveau. La bibliothèque de la Ville a péri tout entière : elle se composait de 60.000 volumes, dont 15 à 20.000 ouvrages, manuscrits et monographies sur Paris. Toutes les éditions, même les plus rares, des ouvrages des historiens de Paris étaient rassemblées à l'Hôtel-de-Ville; l'administration ne reculait devant aucun sacrifice. Nous citerons, entre mille, l'édition de Corrozet de 1532, la magnifique Bible de Juvénal des Ursins, véritable chef-d'œuvre, qui avait été payée 45.000 francs. Toutes les collections des gravures et estampes, tous les tableaux ou plafonds, représentant des quartiers ou des maisons de la ville, ou des fêtes données par elle; tout le cabinet de numismatique, le plan de Paris, maison par maison, qu'on avait mis soixante ans à exécuter; tous les procès-verbaux de la commission historique et les ouvrages manuscrits contemporains sur l'histoire de la ville, prêts à être imprimés; mille exemplaires des ouvrages déjà parus ; toutes ces richesses ont été la proie des flammes.

Il est d'autres pertes aussi importantes, mais moins sensibles, parce qu'elles peuvent du moins être remplacées; ce n'est, en ce qui les concerne, qu'une question d'argent. Nous voulons parler des ameublements et tentures qui ornaient les salons de réception. On se rappelle la magnificence avec laquelle étaient décorées la salle *du Trône* qui occupait toute la façade de l'ancien Hôtel-de-Ville, la salle *des Fêtes* plus vaste encore, donnant sur la façade opposée, au-dessus de la salle *Saint-Jean*, la salle *des Cariatides*, la salle *des séances* du Conseil municipal, la salle à manger, les salons du *Zodiaque*, du *vote*, *d'annonce*, aux *Arcades*; les salons *bleu*, *jaune*, des *Arts*, des *Prévôts*, de la *Paix* et celui consacré à la mémoire de Napoléon Ier. On se rappelle aussi l'architecture remarquable de la cour Louis XIV dans laquelle avait été disposé, il y a une quinzaine d'années, le double escalier conduisant au salon ; on y admirait les peintures de Largillière, de Louis Boullongne, de Carle Vanloo et Hubert Robert; celles de MM. Paul Delaroche, Léon Coignet, Schnetz, Drolling, Séchan, Gosse, Schopin, Auguste Hesse, Vauchelet, Picot, Landelle, Gérard, Ingres, Henri Lehman, Benouville, Cabanel, Ch. Muller et Eugène Delacroix. Tous ces chefs-d'œuvre ont péri avec le monument lui-même, sur les origines duquel nous allons jeter un rapide coup d'œil.

Ce n'est pas ici le lieu de discuter s'il y a eu trois ou quatre maisons dans Paris occupées tour à tour par l'ancienne hanse ou municipalité parisienne, avant qu'elle prît possession de la *Maison aux Dauphins*, située place de Grève. Louis-le-Jeune avait cédé aux bourgeois de Paris, en 1147, la place de Grève, dont il était seigneur, moyennant 70 livres, mais sous la condition expresse de ne pas bâtir. Cette clause ne fut pas respectée; car nous voyons, en 1212, Philippe-Auguste acheter de Philippe Cluyn, chanoine de Notre-Dame et abbé de Preuilly, une maison située place de Grève et soutenue par des piliers. Cette infraction fut suivie de plusieurs autres, et bientôt des maisons furent construites à l'alignement et de chaque côté de la première, sur des piliers comme elle, pour les mettre à l'abri des inondations.

Philippe-de-Valois n'était pas encore sur le trône, lorsqu'en 1322 il fit don de la Maison aux Piliers à la veuve de Louis X, Clémence de Hongrie. Malgré cette donation, dès l'année 1324, Philippe la donnait à son tour à Guy, dauphin du Viennois. Ce fut le roi Jean, et non son père comme on l'a prétendu (1), puisqu'il était mort en 1350, qui confirma cet abandon à Humbert, dernier souverain du Dauphiné. Charles-de-France, qui hérita de lui, habita la Maison-aux-Piliers avant de la céder, en 1356, à Jean Auxerre, receveur des gabelles de la prévôté et vicomte de Paris. L'année suivante, celui-ci la vendait au prévôt des marchands, Étienne Marcel, moyennant 2880 livres parisis; à partir de ce moment, elle devint le siège de la municipalité.

« Le bâtiment, dit Sauval, était un petit logis qui
« consistait en deux pignons : il y avait deux cours,
« un poulailler, des cuisines hautes, basses, grandes
« et petites, des étuves accompagnées de chau-
« dières et de baignoires, une chambre de parade,
« une d'audience appelée le *Plaidoyer*, une cha-
« pelle lambrissée, une salle couverte d'ardoises,
« longue de cinq toises et large de trois, sans plu-
« sieurs autres commodités. » (2).

On l'avait agrandi en 1434, en y ajoutant un grand grenier pour l'artillerie, transformé pour son nouvel usage et décoré, selon la coutume du temps, de peintures représentant des fleurs de lys et des

(1) Rittiez, Histoire de l'Hôtel-de-Ville, page 151.
2) Tome II, pages 482, 483.

roses entremêlées et rehaussées des armes de France.

La Maison-aux-Piliers était devenue vieille et insuffisante depuis longtemps, lorsque le prévôt et les échevins, aidés de François Ier, qui brisa l'opposition des propriétaires, acquirent les maisons voisines de 1532 à 1534; on les démolit toutes, y compris la Maison-aux-Piliers, et l'on commença la construction de l'Hôtel-de-Ville, dont la première pierre fut posée avec un grand apparat.

L'architecte de ce monument se nommait Dominique de Cortone, dit *le Boccador*.

Maître Pierre Viole, sieur d'Athis, conseiller au Parlement, prévôt des marchands, Gervais Larcher, Jacques Boursier, Claude Daniel, Jean Barthélemy, échevins, ayant chacun à la main une truelle d'argent, mirent sur la pierre du sable et de la chaux, laissant à découvert une lame de cuivre sur laquelle étaient gravées au milieu les armes du Roi, des deux côtés les armes de la Ville et une inscription commémorative. Singulier rapprochement! Jacques Boursier avait joué un rôle secondaire dans la solennité de la pose de la première pierre; un Boursier, coryphée de la Commune, était un des premiers instruments qui amenèrent plus tard la destruction de ce monument.

Les travaux marchèrent lentement; en 1549, l'édifice n'était élevé qu'à la hauteur du second étage du corps de logis principal. Ils se prolongèrent avec des phases diverses jusqu'en 1606 sous la prévôté de François Miron auquel on devait le grand perron, le portique et les escaliers, la statue équestre d'Henri IV, enfin les ornements de la façade.

La statue d'Henri IV, œuvre de Biard, élève de Michel-Ange, fut détruite pendant la Révolution après une longue indécision; elle fut remplacée sous Louis XVIII par une autre statue en relief, placée comme la première, sur un fond en marbre noir. Les membres de la Commune de 1871 devaient avoir moins d'hésitations; leurs convictions s'arrêtaient à la parodie des crimes de leurs prédécesseurs, ils s'efforçaient de les surpasser, ils devaient être plus cruels et plus dangereux encore. Aussi, avant l'incendie, avaient-ils déjà abattu la statue d'Henri IV.

L'Hôtel-de-Ville inauguré sous Henri IV était beaucoup moins vaste que celui que celui que nous connaissions. Au nord, il était limité par l'église ou hospice du Saint-Esprit, à l'est par l'église Saint-Jean, au midi par l'arcade Saint-Jean, que des maisons particulières séparaient du quai.

Une émeute avait failli amener la destruction de l'Hôtel-de-Ville pendant les troubles de la Fronde; le 4 juillet 1652, vers quatre heures de l'après-midi, le peuple avait cherché à pénétrer dans la maison commune, défendue par quelques soldats sous les ordres du maréchal de l'Hôpital; pour y parvenir plus sûrement, ils avaient mis le feu aux deux petites portes de l'Arcade Saint-Jean et du Saint-Esprit. La porte d'entrée fut également dévorée par les flammes et la violence du feu fut telle qu'elle brisa en plusieurs pièces le cheval de la statue d'Henri IV. Les émeutiers se précipitèrent alors dans l'intérieur et mirent tout l'Hôtel au pillage. Le duc de Beaufort ne parvint que le lendemain à chasser cette bande de pillards, à éteindre l'incendie et à sauver le bâtiment.

Sous le premier Empire on fut obligé, à raison de l'extension des divers services de la préfecture de la Seine créée en 1802, de louer des maisons voisines; on acquit les terrains qu'occupait l'église Saint-Jean, mais ces mesures furent insuffisantes; on prépara bien des projets, mis à l'étude, puis suspendus, puis abandonnés tout à fait et l'on s'arrêta enfin en 1835 au plan d'un agrandissement de l'Hôtel-de-Ville en l'isolant de tous côtés. Les travaux commencés en 1837, le 20 août, terminés en 1846, consistaient dans la restauration des anciens bâtiments et dans l'adjonction à ceux-ci de deux autres corps de bâtiment à peu près de même style et de deux pavillons. L'ancienne façade avait 60 mètres de développement, la nouvelle mesurait 120 mètres de long sur 80 de large.

On dit que l'Administration municipale a le dessein de reconstruire l'Hôtel-de-Ville sur le même emplacement, mais sur des plans nouveaux; le genre d'architecture adopté par l'architecte qui devra être chargé de cet important travail serait, ajoute-t-on, le genre gothique.

VIII

Le château des Tuileries [1]

Pour clore aujourd'hui la liste funèbre des principaux monuments de Paris dévastés par l'incendie, il nous reste à parler d'abord du château des Tuileries.

Ce château était à Paris la résidence la plus moderne des souverains; sa dénomination indique suffisamment son origine; les Archives de la Chambre des Comptes avant l'incendie de 1737 en contenaient la preuve; elles rappelaient les noms des propriétaires qui, depuis le XIVe siècle, étaient à la tête de l'établissement de tuilerie sur l'emplacement duquel s'élevèrent les constructions.

Le chevalier Nicolas-François de Neuville de Villeroy, secrétaire des finances et audiencier de France, avait fait l'acquisition d'une charmante

(1) Gazette des Tribunaux n° du 16 juin 1871.

habitation, entourée de vastes jardins et de murs, hors de l'enceinte, sur les rives de la Seine, et qui avait remplacé l'ancienne fabrique de tuiles. Les médecins de la duchesse d'Angoulême, mère de François I⁰, conseillèrent au cours d'une maladie grave que fit cette princesse, un changement d'air sans toutefois quitter Paris. Elle habitait alors le palais des Tournelles, trop voisin de marais insalubres. Le roi choisit pour elle la propriété de Villeroy qu'il échangea, sauf une soulte, avec la terre de Chanteloup près de Montlhéry.

Le rétablissement de la princesse fut rapide; aussi, lorsque Catherine de Médicis fit démolir le palais des Tournelles, théâtre sanglant de la mort d'Henri II, vint habiter le Louvre et conçut le projet de faire bâtir un château de plaisance qui lui permit à la fois de résider à Paris et de respirer à pleins poumons l'air pur de jardins immenses, la superstitieuse régente jeta les yeux sur ce séjour. L'usufruit consenti par la duchesse d'Angoulême au profit des époux Tiercelin venait de prendre fin; elle ajouta aux acquisitions premières plusieurs immeubles voisins et quarante-deux arpents de terre donnés aux Quinze-Vingts par Pierre des Essarts en 1342. Philibert Delorme dressa les plans et construisit un palais qui consistait en un seul corps de bâtiment avec pavillons au centre et à chaque extrémité : c'est la partie du château dont la forme extérieure et la décoration sont le plus agréables. L'architecte mourut avant d'avoir achevé le grand escalier d'honneur abattu depuis. Cinq architectes, Bullant, Du Cerceau, Dupeyrac, Levau et d'Orbay, lui succédèrent tour à tour; ils introduisirent des modifications au plan de Philibert Delorme, et dans les annexes qu'ils ajoutèrent au corps de bâtiment principal, ils se préoccupèrent fort peu du style et des dimensions adoptés primitivement. C'est pour ce motif que l'ensemble du monument produisait un effet disparate et formait un choquant assemblage. Le château qu'une pensée superstitieuse avait fait commencer en 1566, qu'une autre pensée superstitieuse avait fait suspendre par Catherine de Médicis, ne fut entièrement achevé qu'en 1668. Tous les souverains, notamment Henri IV et Napoléon Ier, firent exécuter aux Tuileries d'importants travaux. Ce palais n'est plus aujourd'hui qu'un monceau de décombres et de ruines, trop heureux que les architectes puissent sauver du désastre et utiliser, pour une reconstruction, la partie des Tuileries et les bâtiments exécutés, dans l'origine, sur les plans de Métézeaux et réédifiés depuis deux ans à peine.

IX

Le Palais-Royal [1]

Elevé sur l'emplacement des hôtels d'Armagnac, de Rambouillet et de Mercœur, l'hôtel de Richelieu, acheté par le ministre de Louis XIII au marquis d'Estrées en 1624, devint, après des acquisitions et des constructions successives, le Palais-Cardinal et continua, malgré les critiques de Balzac, à s'appeler ainsi de 1636 à 1643.

Il faut convenir, sans faire tort à la gloire du poète, que Corneille était bien peu connaisseur en architecture, lorsqu'il s'écriait :

> Non, l'Univers ne peut rien voir d'égal
> Aux superbes dehors du Palais-Cardinal.

Qu'on se représente, en effet, une réunion de

bâtiments irréguliers, rattachés les uns aux autres sans goût, sans ordre, sans aucun style, et l'on demeurera convaincu que les éloges des contemporains et des poètes étaient autant de flatteries adressées à la toute-puissance de Richelieu.

En 1643, le 7 octobre, Anne d'Autriche quittait le Louvre avec Louis XIV et Gaston d'Orléans et prenait possession du Palais-Cardinal, transformé par son inscription, et que le ministre avait légué en mourant à son Roi, ou plutôt à celui dont il était le roi. Habité par la reine d'Angleterre de 1652 à 1661, il le fut, à compter de cette époque, par les princes d'Orléans qui en devinrent propriétaires, à titre d'apanage, au mois de février 1692. Jusqu'en 1763, les travaux consistèrent seulement en décorations intérieures ; mais l'incendie qui éclata le 6 avril 1763, ayant détruit la salle de spectacle construite par Richelieu, et qui, au dire de Sauval, contenait 3.000 spectateurs, l'aile gauche et une grande partie du corps principal, on se décida à reconstruire le Palais sur un plan d'ensemble. M. Moreau, architecte de la Ville, fut chargé d'élever une nouvelle façade sur la rue Saint-Honoré et de reconstruire la salle de spectacle. D'un autre côté, l'architecte du prince Coutant d'Ivry était chargé d'élever les constructions au droit des rues de Valois et des Bons-Enfants et de la cour des Fontaines. Lorsqu'en 1781 le feu prit de nouveau à l'Opéra, le duc de Chartres, devenu propriétaire, faisait bâtir par l'architecte Louis les corps de bâtiments qui entourent le jardin ; ces travaux furent interrompus par la Révolution, repris en 1814 et terminés en 1830.

L'incendie de 1763 avait détruit toute la partie qui a été, cette fois encore, la proie des flammes; mais, en 1763, la cause en était purement accidentelle.

Nous ne voulons pas pousser plus avant cette triste revue, et nous nous bornons à citer parmi les autres monuments détruits en totalité ou en partie : la Bibliothèque du Louvre, l'Arsenal, les Gobelins et les Magasins d'abondance.

TROISIÈME PARTIE

VARIÉTÉS

VARIÉTÉS

I

Les fondations des églises Saint-Pierre-aux-Bœufs et Sainte-Marine [1]

LES fouilles nécessitées par les constructions de deux immeubles, au droit de l'alignement de la rue d'Arcole, derrière le nouvel Hôtel-Dieu et près de la cathédrale, ont mis à découvert les fondations des anciennes églises *Saint-Pierre-aux-Bœufs* et *Sainte-Marine*.

La dénomination de l'église Saint-Pierre-aux-Bœufs a donné naissance à bien des discussions étymologiques. Les anciens auteurs étaient fort divisés sur l'origine de ce nom; l'abbé Lebeuf prétend qu'il faut l'attribuer à une ancienne famille des

(1) Gazette des Tribunaux n° du 4 mai 1870.

Lebœuf ou aux Bœufs dont les armes parlantes auraient été placées de chaque côté du portail en souvenir de la reconstruction de l'église à laquelle cette famille aurait puissamment contribué. Cet auteur ajoute, pour prouver qu'une famille de ce nom existait jadis à Paris, qu'un célèbre prédicateur cordelier, confesseur en 1418 d'Isabeau de Bavière, se nommait Pierre-aux-Bœufs, et que l'on conservait chez les Célestins de Paris un volume manuscrit de ses sermons prêchés devant le roi : l'abbé Lebeuf s'est complu dans une pareille étymologie qui l'intéressait personnellement, savante assurément, mais dénuée de tout fondement. Il ne s'agissait pas d'établir que le nom de Lebeuf était usité en plusieurs villes dès le XII° et le XIII° siècles, il fallait démontrer qu'il était en usage vers le commencement des X° ou XI° siècles, car c'est entre ces deux époques que doit se fixer l'origine de la dénomination « aux Bœufs ». Germain Brice (1) estime que ce nom vient de ce que l'on y marquait les bœufs avec une clé ardente pour les préserver de certaines maladies (2) ; mais cette coutume n'était pas aussi ancienne que la dénomination elle-même. D'autres auteurs ont recours aux miracles pour l'expliquer ; selon eux, pendant une procession solennelle faite en 1523, en réparation d'un sacrilège commis par un écolier, deux bœufs que l'on conduisait à la boucherie du Parvis-Notre-Dame, passant

(1) Tome II page 272.
(2) La clé était employée dans ces cérémonies comme l'emblème du saint sous l'invocation duquel on plaçait les animaux ainsi marqués.

devant la porte de cette petite paroisse, s'agenouillèrent devant le Saint-Sacrement. Nous nous bornons à mentionner pour mémoire, sans la discuter, cette étymologie, et nous nous rangeons à l'opinion de ceux qui attribuent l'origine de cette dénomination à ce fait tout naturel que l'église Saint-Pierre-aux-Bœufs était la paroisse des bouchers. L'abbé Lebeuf a dit, il est vrai, qu'il n'y avait jamais eu de boucherie dans la Cité; mais c'est là une erreur grossière depuis longtemps réfutée; les points sur lesquels nous appuyons notre opinion en sont d'ailleurs une démonstration évidente.

L'église Saint-Pierre existait dès le ixe siècle; nous en trouvons la preuve dans le texte de la donation faite, le 23 août 925, aux Religieux de Saint-Maur-les-Fossés par Theudon, vicomte de Paris, d'un emplacement où s'était élevée jadis *quædam cellula in honore sancti Petri*. Les Religieux de Saint-Maur y construisirent une église dédiée, comme la précédente, à saint Pierre, détruite en 1034 par un incendie, et reconstruite aussitôt sous la dénomination de Saint-Pierre-aux-Bœufs.

La corporation des bouchers n'avait pas encore conquis toute l'importance que ses immenses richesses lui donnèrent dans la suite; elle était néanmoins déjà fort riche et, de même que deux siècles plus tard elle devait contribuer en grande partie à la reconstruction de la troisième église de Saint-Jacques-la-Boucherie; de même, en 1034, il est probable que la paroisse des Bouchers, l'église la plus voisine de leurs étaux sur le parvis Notre-Dame, *in parviso super insula Nostræ Dominæ*, a dû sa réédification à leur concours efficace. En effet, la boucherie de la Porte de Paris ne possédait pas encore de chapelle dans son enceinte, et la boucherie de la Cité ne devait être abandonnée par la corporation que deux cents ans après, lorsque l'établissement de la Porte de Paris, accru des acquisitions transactionnelles de 1210 confirmées par lettres patentes de Philippe-Auguste, parut assez considérable à la communauté pour établir en ce lieu seul tout le commerce de la boucherie sous le nom de Grande-Boucherie. Quant à l'ancienne, Philippe-Auguste en fit don à l'évêque et au chapitre de Paris qui continuèrent d'y avoir des bouchers de leur choix jusqu'en 1418, époque à laquelle le roi ordonna la démolition de la Grande-Boucherie et la suppression de cette communauté, pour la punir du rôle qu'elle avait joué sous les ordres de Caboche, boucher du Parvis, pendant les troubles qui avaient désolé Paris. Ces ordonnances royales ne reçurent qu'un commencement d'exécution, et deux ans après la communauté fut rétablie dans tous ses priviléges.

Le premier titre qui nous soit parvenu et qui contienne la dénomination de Saint-Pierre-aux-Bœufs est une bulle d'Innocent II, de l'an 1136, qui comprend *Capellam sancti Petri de bobus* parmi les dépendances du prieuré de Saint-Éloi; en 1292, la circonscription de cette paroisse (*capella* ou *parochia* étaient synonymes) s'étendait dans les rues Saint-Pierre-aux-Bœufs, des Deux-Hermites, Cocatrix, Perpignan et des Trois-Cannettes.

L'abbé Lebeuf pense que la bâtisse, fort élevée,

remontait au XIII⁰ siècle seulement : « Il n'y avait,
« dit-il, que trois arcades dans la longueur, mais
« elles étaient surmontées de hautes galeries dont
« on voit encore les restes, principalement au-des-
« sus de la porte par le dedans. » Nous ne pouvons
juger aujourd'hui ni de l'élévation, ni du style de
l'édifice entier, mais il nous est permis d'admirer
encore, sur le côté droit du portail de l'église Saint-
Séverin qui sert de porte d'entrée en retour, la façade de Saint-Pierre-aux-Bœufs (1) enlevée pierre
par pierre et déposée d'abord dans une des cours
de l'Ecole des Beaux-Arts, enfin appliquée à un
monument en harmonie avec son style. On lisait
sur la façade de l'immeuble, qui portait, avant 1867,
le numéro 15 de la rue d'Arcole, l'inscription suivante : « Sur cet emplacement était autrefois l'égli-
« se Saint-Pierre-aux-Bœufs, dont on ignore l'ori-
« gine, mais qui existait déjà en 1136 ; démolie
« en 1837. »

Le portail gothique de Saint-Pierre-aux-Bœufs,
qui orne l'église Saint-Séverin, n'est pas décoré
des images des deux bœufs qu'on y voyait autrefois ; elles ont été enlevées sous l'épiscopat de
M. Péréfixe de Beaumont, quatrième archevêque de
Paris, mais on y peut admirer encore quelques
sculptures d'animaux, parmi lesquelles il est facile
de distinguer au-dessus de la porte une tête de
chouette ; quant aux inscriptions gravées sur les

---

(1) Supprimée en 1790, cette église devint propriété particulière, fut
transformée en magasin de tonneaux, puis démolie pour l'alignement de
la rue d'Arcole en 1837 ; le chevet donnait au fond de l'impasse Sainte-
Marine.

pierres, les seuls mots qu'il soit possible de lire nettement sont ceux de *Bouves* et *Bouvibus*.

La petite église *Sainte-Marine* était située en face de l'entrée de l'impasse du même nom. Des lettres de Guillaume, soixante-quinzième évêque de Paris, rapportées par Du Breuil et après lui par Sauval établissent qu'elle était paroisse en 1228 (1); c'était la plus petite paroisse de Paris; son exiguïté avait même donné lieu à ce dicton que tous les paroissiens étaient marguilliers. En 1639, leur nombre était de dix à douze, dit Du Breuil, et à l'époque de l'abbé Lebeuf, la paroisse comprenait vingt maisons. Cette église était si pauvre que Benoît XIII, par une bulle en date du 20 juin 1395, conseilla à Pierre, évêque de Paris, d'y unir la chapelle intérieure de l'évêché avec tous ses revenus L'évêque se conforma dès l'année suivante à ce désir. L'église fut donc à sa collation directe, et le curé qui avait *sa pitance* à l'évêché, fut chargé de confesser les prisonniers de la justice épiscopale; on lui donna, en outre, la mission de faire les mariages ordonnés par l'officialité : dans ces cérémonies, il était d'usage de passer au doigt des époux un anneau de paille.

L'église Sainte-Marine, devenue propriété particulière en 1792, fut transformée d'abord en théâtre, puis en ateliers; elle occupait le numéro 6 de l'impasse Sainte-Marine jusqu'au moment où les

(1) Lebeuf dit même avoir trouvé l'amortissement qu'en 1211 le prieur de Saint-Éloy accorda au curé pour une maison dont il avait fait son presbytère, à la charge du cens et de cinq sols à l'installation de chaque nouveau curé.

expropriations du nouvel Hôtel-Dieu en firent disparaître les derniers vestiges; on peut se rappeler avoir vu cette petite construction d'un gothique sans élégance dont Charles Nodier nous a conservé le dessin dans le tome 11 de son *Paris historique*.

II

Le château de Saint-Cloud (1)

LA guerre a des nécessités cruelles ; il est toutefois permis en les subissant d'en regretter les funestes effets et de jeter un regard d'adieu sur les ruines qu'elle amoncelle sous ses pas. D'après les dernières nouvelles, le château de Saint-Cloud serait en partie détruit.

Dans ces circonstances, il n'est pas sans intérêt de rappeler sommairement son origne et les diverses transformations qu'il a subies. Du village lui-même nous ne voulons dire qu'une seule chose : c'est qu'à toutes les époques malheureuses de notre histoire, lors des invasions des Normands, lors des guerres avec les Anglais, lors des dissensions intestines entre les Bourguignons et les Armagnacs, lors des guerres de religion, lors des invasions de 1814 et de 1815, il a eu beaucoup à souffrir de la présence des ennemis ou des factieux à raison même de sa situation élevée qui menace Paris et permet de s'y retrancher d'une façon formidable.

(1) Gazette des Tribunaux n° du 30 octobre 1870.

Les constructions du palais occupaient l'emplacement de plusieurs hôtels. Le plus considérable et le plus ancien avait appartenu, sous le titre de Maison de Gondi, à la famille de ce nom; il fut témoin des fêtes données par Catherine de Médicis, qui l'avait acheté, de l'assassinat de Henri III et de l'avènement de Henri IV au trône. Devenu propriété de l'archevêque de Paris, de Gondi, il faisait l'admiration des contemporains; il fut vendu par lui à Barthélemy d'Hervart, contrôleur général des finances. Dulaure et ses annotateurs ont commis une erreur en faisant deux immeubles distincts de la maison de Gondi et de l'hôtel d'Hervart. On en trouve la preuve dans le contrat de vente des eaux de la fontaine de Gardes, acquises par d'Hervart en 1655, et qui contient ces mots : « Pour être lesdites eaux conduites en la maison nouvellement acquise par M. d'Hervart, appelée vulgairement la Maison de Gondi. »

Le nouveau propriétaire avait consacré aux embellissements de ce domaine déjà magnifique des sommes d'argent considérables, lorsqu'il le vendit au roi par contrat passé devant Moufle et Lefoin, notaires à Paris, le 25 février 1658.

Voici dans quelles conditions se serait faite cette acquisition, s'il faut en croire l'anecdote suivante :

D'Hervart, qui avait été chargé de négocier le retour du grand Condé à la cour, avait reçu Louis XIV à Saint-Cloud; il avait fait avec complaisance les honneurs au roi de cette belle résidence, lorsqu'après cette visite il reçut celle de Mazarin. L'astucieux italien, après avoir vanté toutes les magnificences de cette demeure, dit à d'Hervart : « Je suis sûr que tout cela doit vous coûter au moins 1.200.000 livres. » Le contrôleur général, peu désireux de faire connaître au ministre le chiffre exact, répondit qu'il n'était pas assez riche pour consacrer à une résidence de campagne une somme aussi importante. « Elle vous revient donc à 200.000 écus, reprit Mazarin. — Non, monseigneur, dit le financier. — Allons, je le vois, ajoute le cardinal, cela ne vous coûte que 100.000 écus. » D'Hervart convint de ce chiffre.

La somme lui fut, le lendemain, envoyée avec une missive dans laquelle on lui annonçait que le roi se rendait acquéreur de sa maison pour le duc d'Orléans, son frère. Le porteur était un notaire, il fallut signer et Louis XIV devint propriétaire de Saint-Cloud. D'Hervart se consola en achetant rue Plâtrière l'ancien hôtel d'Épernon (aujourd'hui hôtel des Postes) qu'il fit démolir et reconstruire à sa fantaisie. Cette anecdote, en admettant sa véracité, n'est pas d'une exactitude absolue, car, si l'on se reporte au contrat de vente, ce ne serait pas même 300.000 mais bien 240.000 livres que Louis XIV aurait payées à d'Hervart.

Le duc d'Orléans agrandit son domaine par des acquisitons successives, il acheta, moyennant 60.000 livres, le 27 mai 1659, la maison du Tillet dans laquelle Henri IV avait été proclamé roi, une maison appartenant à un sieur Duverdier, moyennant 39.000 livres, une maison au duc de Charost, moyennant 66.000 livres, le fief de Villeneuve, moyennant 57.200 livres, le fief de l'Arpent franc, la pièce des rivières, la maison du financier Monnerot, enfin une propriété appartenant au surintendant Fouquet. Ces acquisitions réunies formèrent 1.156 arpents. L'auteur de l'histoire des environs de Paris se trompe lorsqu'il dit que le palais de Saint-Cloud s'élevait sur les ruines des maisons de Gondi, Fouquet et Monnerot, car l'acte de vente passé avec ce dernier indique la situation de l'immeuble vendu comme une dépendance de Sèvres; c'est sur les fondations et presque dans les limites de la maison d'Hervart que le duc d'Orléans éleva les constructions du château.

Poncet de la Grave, avocat au Parlement de Paris, a fait, en 1789, une description complète de Saint-Cloud tel qu'il était lors de sa construction et tel que l'avait modifié Marie-Antoinette. On n'a fait depuis au château que des modifications intérieures. Les belles peintures à fresque de Mignard avaient été conservées; plus heureuses que celles de Coypel, elles avaient trouvé grâce devant les projets de l'architecte Mique. Les pinceaux de Scheffer, d'Allaux et de Picot avaient depuis décoré les plafonds et les lambris des appartements.

Le château de Saint-Cloud a été successivement le théâtre de beaucoup de faits historiques qui sont dans tous les souvenirs.

La lanterne de Démosthènes et non de Diogène, comme on l'appelait à tort, a été détruite également : l'emplacement qu'elle occupait sur la hauteur était pour l'ennemi un point trop important pour lui permettre d'y installer et d'y maintenir un poste d'observation.

III

Les Filles de Sainte-Agnès [1]

LA prochaine discussion de l'article 7 de la loi
sur l'Instruction publique et les opérations
d'expropriation qui ont pour but le dégagement de
l'Hôtel des Postes donnent une actualité aux souvenirs historiques d'une maison d'éducation dirigée à
la fin du siècle dernier par les Filles de Sainte-
Agnès.

Cette maison avait été fondée en 1678, le 2 août,
par Léonard de Lamet, curé de Saint-Eustache ; elle
avait été autorisée, le 26 novembre 1681, par l'Archevêque de Paris, et le roi lui octroya, avec tous les
avantages dont jouissaient les maisons de fondation
royale, des lettres patentes datées de mars 1682
enregistrées au Parlement le 28 août 1683. Elle
comptait au nombre de ses bienfaiteurs Colbert
dont l'hôtel était situé dans le voisinage (rue Neuve-

(1) Semaine Religieuse n° du 3 janvier 1880.

des-Petits-Champs) et qui dès l'année 1683 leur faisait don de 500 livres de rente.

La communauté était dirigée par une supérieure;
les sœurs qui ne prononçaient pas de vœux se
dévouaient à l'instruction et à l'éducation des
jeunes filles; elles recevaient des pensionnaires,
mais surtout elles pourvoyaient à tous les besoins
matériels et moraux des enfants pauvres de la
paroisse, auxquelles elles distribuaient même une
grande partie de leur nourriture.

Ces sœurs poussaient si loin la charité et le
désintéressement que, lors de la disette de 1709,
elles sacrifièrent le seul bien qu'elles eussent, leur
contrat de 500 livres de rente, pour payer la farine
qu'elles avaient achetée afin de nourrir leurs élèves.

L'immeuble occupé par les Filles de Sainte-
Agnès consistait, en juin 1760, en deux corps de
logis, l'un sur la rue Plâtrière (aujourd'hui Jean-
Jacques Rousseau), et l'autre sur la rue du Jour, en
une cour et une aile de bâtiment de chaque côté de
cette cour. On peut se faire une idée très exacte de
la disposition et de l'étendue de cette maison en
consultant un plan manuscrit annexé au Mémoire
conservé aux Archives nationales et rédigé par les
fermiers de l'archevêché de Paris, en 1758, pour
établir que la maison acquise rue Platrière par leur
voisin, le secrétaire du roi Dupin, était dans la censive de l'archevêque. Les plans de Jaillot datés de
1772 donnent la même configuration; mais en 1778
elle n'était plus exacte, car le 2 juillet de cette année
les sœurs de Sainte-Agnès faisaient l'acquisition
d'un hôtel sis rue du Jour appelé petit hôtel Royau-

mont, mitoyen avec la partie de leur immeuble donnant aussi rue du Jour. Cet hôtel consistait en deux corps de logis sur cette rue, qui se joignaient et qui étaient doubles en profondeur; derrière eux s'étendait une grande cour. Lorsque, le 27 février 1790, en exécution de la loi décrétée par l'Assemblée nationale, Nicolas Claret fit devant le lieutenant de Maire au département du domaine, au nom des Filles de Sainte-Agnès, la déclaration de leur situation tant active que passive, le premier des immeubles sis rue Plâtrière fut évalué 100.000 fr., et le second, acheté en 1778, fut estimé 8.000 francs; les loyers des deux maisons rapportaient annuellement à peu près 8.400 francs, « attendu, dit la déclaration même, qu'une grande partie des logements sont occupés par les pauvres et par les sœurs. » Le procès-verbal de cette déclaration n'a pas été parfait, dit une note manuscrite émanant du domaine, parce que la maison des filles de Sainte-Agnès a été considérée comme maison d'éducation.

La supérieure des filles de Sainte-Agnès était, au moment de la Révolution, Marie-Jeanne de Bercher; elle était âgée de soixante-dix-huit ans; elle était entrée dans la maison à l'âge de dix-huit ans. La demoiselle Legendre, dépositaire, avait soixante-et-onze ans. Nous mentionnons qu'après le décès de la Sœur supérieure et après la fermeture de l'établissement, opérée le 13 ventôse an II, la citoyenne Legendre, qui était venue habiter rue Quincampoix, touchait toujours, à titre de rente, la somme de 466 francs, qu'elle recevait jadis annuellement et qu'il fallut, pour qu'elle continuât à la toucher, malgré une opposition formée par le boulanger des filles de Sainte-Agnès, de nombreuses démarches et des requêtes écrites; sans cela elle serait morte de faim.

Non seulement, ainsi que nous venons de le dire, la maison des sœurs de Sainte-Agnès ne fut pas comprise dans la loi du 18 août 1792, qui détruisait toutes les corporations en France, mais il convient de remarquer que l'on eut pour elles certains égards, à raison des services de toute nature qu'elles rendaient au quartier de Saint-Eustache, et que l'on se borna à les prier de transformer leur mode d'éducation et d'instruction. Nous en trouvons la preuve dans une lettre inédite du maire de Paris, Pache, écrite le 4 septembre 1793 à la municipalité; nous croyons intéressant de reproduire ce document historique qui est conçu en ces termes :

Citoyens,

Étant instruit que les communistes qui composent la ci-devant communauté de Sainte-Agnès donnent une instruction à un grand nombre de jeunes filles (1) qu'elles reçoivent chez elles, je vous serai obligé de vouloir bien employer toute l'influence que vous avez sur ces citoyennes, afin qu'elles dirigent exclusivement leur instruction sur la morale et le patriotisme.

PACHE, maire de Paris.

(1) On en comptait 400.

Les doctrines de l'heure présente ont de beaucoup distancé, on le voit, les paisibles admonestations des républicains modérés de septembre 1793.

L'immeuble fut vendu le 23 ventôse an III, comme propriété nationale, après morcellement : les bâtiments étaient déjà fort anciens, ils furent reconstruits vers la fin du dernier siècle sur la rue Plâtrière. Devenus propriété de la ville de Paris, ils furent tout d'abord affectés à leur destination primitive : on y installa une école communale du premier arrondissement. Ils sont aujourd'hui, après restauration et réédification partielles, occupés par une caserne de pompiers. Ils portaient sur la rue Jean-Jacques Rousseau le numéro 20 avant la réunion de cette rue avec la rue de Grenelle. Depuis que ces deux rues ont été confondues dans la même dénomination, cette maison, située en face de la rue Pagevin, porte le numéro 70.

IV

Église Sainte-Marie l'Égyptienne [1]

Nous avons rappelé les souvenirs historiques
qui se rattachent à l'établissement des Filles
de Sainte-Agnès, rue Jean-Jacques Rousseau. Non
loin de ces religieuses était fondée, dès le treizième
siècle, la chapelle de Sainte-Marie l'Égyptienne.
Nous allons en dire quelques mots et donner
quelques détails sur cette église disparue aujour-
d'hui et dont l'emplacement est maintenant occupé
par les numéros 43, 45, 47 de la rue Montmartre et
les numéros 19 et 21 de la rue de la Jussienne.

La rue de la Jussienne a porté tour à tour et simultanément les noms de Tricot, Égyptienne, Coq-
Héron, Maqueron, Moqueheron, Quoque Héron et
de la Jussienne ; cette dernière dénomination est
une corruption du nom de la chapelle de Sainte-
Marie-l'Égyptienne, les autres noms lui venaient

soit du voisinage de la cour Tricot, soit de celui de la rue Coq-Héron actuelle dont elle est elle-même le prolongement.

Le plus ancien propriétaire du terrain sur lequel a été depuis élevée la chapelle, auquel il soit possible de remonter, est Philippe Cormis ; il avait laissé à Théophanie, sa veuve, une maison et un jardin à l'encoignure des rues Montmartre et de la Jussienne. L'immeuble qui consistait, en 1259, en une masure et un verger fut vendu par elle au mois de décembre de cette année au frère Leufroid, prieur général de l'ordre des Frères Hermites (Augustins) pour y bâtir une maison et un oratoire ; il était situé à Paris hors des murs de la porte Montmartre, dans *la censive de notre seigneur l'évêque*.

Cette vente avait eu lieu moyennant 200 livres outre les charges ; la plus importante était la redevance annuelle de mainmorte, de 4 livres parisis payables à l'évêché le jour de la nativité de Saint-Jean-Baptiste.

Les frères Hermites ne demeurèrent pas long-temps en possession de la chapelle, qu'ils avaient érigée, et des dépendances ; nous la voyons, en effet, dès l'année 1290, passer entre les mains de Guillaume Le Normant, qui en devint acquéreur en vertu d'une sentence de l'official de Paris, le mardi d'après la Toussaint.

Trois ans après, *le manoir, l'oratoire, le jardin, le cimetière et le pourpris* sont la propriété du comte de Nevers, fils aîné du comte de Flandre.

Nous trouvons, plus tard, des lettres patentes de

Charles VI en date du 12 février 1402, qui permettent aux drapiers de Paris d'établir en cette chapelle leur première confrérie à cause, disent ces lettres, de la dévotion qu'ils ont à cette chapelle, et encore parce qu'une recluse, très dévote femme, y a vécu vingt ans très pieusement. La preuve en résultait des Minutes du Parlement déposées dans la tour du Palais de Justice et des statuts qui réglementaient la corporation des marchands drapiers.

Quelque temps après, Pierre Boucher, marchand drapier, faisait édifier une autre chapelle dans la même enceinte sous l'invocation de Saint-Nicolas. Le chapelain était à la collation du curé de Saint-Germain l'Auxerrois, il pouvait, quoiqu'il n'eut pas le titre de curé, donner la bénédiction nuptiale, soit à la chapelle de Sainte-Marie l'Égyptienne, soit à la chapelle Saint-Nicolas. En effet, dans les documents qui concernent cette dernière, conservés aux Archives Nationales, on retrouve la lettre d'invitation suivante, qui ne diffère pas sensiblement de celles qui sont en usage de nos jours, et que nous croyons intéressant de reproduire textuellement :

M. et Mme Gribert ont l'honneur de vous faire part du mariage de Mlle Gribert, leur fille, avec M. Moinery de Vitry et vous prient de leur faire

Celui d'assister à la bénédiction nuptiale qui leur sera donnée mardi 4 novembre 1777, à dix heures du matin, en la chapelle de MM. les Marchands Drapiers, rue de la Jussienne.

Le dernier titulaire, l'abbé Lefèvre, a soutenu

pendant les douze dernières années, qui ont précédé la Révolution française, de nombreux procès, soit à l'occasion de la revendication, par lui faite, de la maison voisine de la chapelle, soit à l'occasion de la vente que voulait faire de cet immeuble le conseiller supérieur de Cayenne, Gallet, et son frère bourgeois de Paris qui, sur l'opposition formée à la dite vente, soutenaient que la maison était depuis plus de cent ans dans leur famille, soit à l'occasion de la propriété des chapelles elles-mêmes.

Dès le 4 avril 1780, l'abbé Lefèvre obtenait du Parlement de Paris un arrêt conforme à ses prétentions, et dès le lendemain (il paraît que la procédure se faisait alors d'une façon plus expéditive qu'aujourd'hui), l'huissier au Parlement, Louis-Nicolas Everac, signifiait cet arrêt à l'abbé Breton, dépositaire des clefs de la chapelle de Sainte-Marie l'Egytienne, de celle de Saint-Nicolas et du logement attaché à la dite chapelle.

Mais là ne se bornèrent pas les instances engagées, car, en 1788, était rendu par les Maîtres des requêtes de l'hôtel du Roi un jugement souverain qui, sur la poursuite du Procureur général, déchargeait la dame veuve Gallet, le chevalier de Sarreau et l'abbé Lefèvre d'une accusation en soustraction et enlèvement des titres produits par ce dernier dans l'instance de la commission du bureau ecclésiastique, sur sa demande en maintenue des chapelles.

C'était se donner bien des soucis pour arriver à un résultat négatif, car dès 1790 le même abbé Lefèvre s'adressait à l'Assemblée nationale pour obtenir la jouissance des revenus de la chapelle, qui était vendue comme bien national, l'année suivante, le 18 décembre 1791, et démolie en juin 1792.

On a construit sur son emplacement les maisons portant les numéros 19 et 21 sur la rue de la Jussienne, que respectent les opérations d'expropriations nécessitées par la reconstruction de l'Hôtel des Postes.

V

L'église Saint-Hilaire [1]

LA rue des Sept-Voies, attaquée déjà en 1877 par
le marteau des démolisseurs, va l'être encore,
pour compléter les travaux que nécessite l'élargis·
sement de cette rue débaptisée par nos édiles
l'année dernière et désignée aujourd'hui sous la
dénomination de rue *Valette*.

Je ne sais pourquoi on a changé son ancien nom
qui n'était pourtant pas de nature à porter ombrage
aux scrupules politiques de l'administration municipale, et qu'on avait conservé sous tous les régimes.
Le poëte Guillot seul s'était permis, probablement
pour les besoins de la rime, vers 1200, une variante
en la nommant Savoie ; mais les historiens de Paris
qui, depuis, se sont succédé n'avaient pas suivi
son exemple, et pendant huit siècles elle rappelait
que sept voies publiques avaient un débouché sur
son parcours.

<hr>

(1) Semaine Religieuse n° du 8 mai 1880.

L'opération actuelle va faire disparaître jusqu'aux derniers vestiges de l'église Saint-Hilaire, dont les origines n'ont point été éclaircies par les nombreux auteurs qui ont parlé de la capitale et de ses monuments; quelques-uns, copiés par d'autres, ont hasardé des conjectures pour lui fabriquer un acte de naissance. L'abbé Lebeuf a écrit que le voisinage de cette église auprès de Sainte-Geneviève pouvait faire penser que Clovis, qui se croyait redevable à l'intercession de saint Hilaire, évêque de Poitiers, de la victoire qu'il avait remportée sur Alaric, avait fait bâtir un oratoire sous son nom, et Robert de Vaugondy, qui publiait, au dernier siècle, un ouvrage connu sous le nom de *Tablettes parisiennes*, a soutenu l'opinion que l'église Saint-Hilaire était une chapelle vers l'an 700, érigée en paroisse vers l'année 1200; mais l'absence de tout document à l'appui de ces deux versions doit les faire rejeter, et il faut se borner à constater que le plus ancien titre qui fait mention de l'église Saint-Hilaire est une bulle que le pape Adrien IV adressa au chapitre de Saint-Marcel le 7 juillet 1158 et dans laquelle on lit : *Capella sancti Hilarii de Monte*. Elle n'était donc encore à cette époque qu'une chapelle dépendante de Saint- arcel et il est vraisemblable de penser qu'elle a été érigée en paroisse lorsque, plus tard, les rues voisines ayant été créées et s'étant peuplées, l'éloignement de Saint-Marcel aura fait comprendre la nécessité de cette transformation. Il n'est pas douteux que Saint-Hilaire était déjà paroisse, lorsqu'elle a été pour la première fois reconstruite en 1300; sa réédification était encore indispensable sous le règne de Louis XI en 1470, mais la solidité de l'édifice ne devait plus laisser à désirer, si on en juge par les substructions qui existent encore dans les caves du numéro 6 de la rue des Sept-Voies et par les restes de parties de l'église qui s'élèvent de terre jusqu'au premier étage des numéros 4 et 6 de la même rue; aussi l'abbé Jacques Jollain, curé de cette paroisse, docteur de Sorbonne et de Navarre, qui y dépensa de ses deniers des sommes considérables, à la fin du dix-septième siècle et au commencement du dix-huitième, n'eut-il pas besoin de faire travailler au gros œuvre et mit-il tous ses soins à orner l'intérieur de cette basilique; on y transporta solennellement vers le même temps, en 1705, une relique de saint Hilaire qui avait été provisoirement déposée à Saint-Sulpice.

On remarquait dans l'église la sépulture d'un jeune écolier du collège d'Harcourt, âgé de dix ans, nommé Louis-Hercule Raymond Pelet, fils du vicomte et de la vicomtesse Pelet de Narbonne; la tombe était en marbre blanc et placée dans l'aile septentrionale du chœur. Patrice Magnier, docteur en droit et premier aumônier de la reine d'Angleterre, y fut également inhumé. Quoique l'étendue de la paroisse fût fort restreinte, le collège d'Harcourt en faisait partie et cela au grand désespoir des curés de Saint-Côme, qui, malgré les nombreux procès qu'ils intentèrent devant le Parlement de Paris, furent contraints de supporter cette enclave au milieu de leurs paroissiens; le dernier arrêt porte la date du 2 septembre 1678.

La cure était à la nomination du chapitre Saint-Marcel ; il voulut même nommer le titulaire d'une chapelle dédiée à Saint-Denis et fondée à Saint-Hilaire, vers 1373, par un bedeau de l'Université, *Hamon-Lagadon* ; les volontés du fondateur furent respectées et reçurent l'approbation de l'évêque de Paris, Aimery de Magnac.

On admirait parmi les œuvres d'art qui ornaient l'église ; une Nativité, un saint Jean et un saint Joseph ; ces deux derniers tableaux étaient dus au pinceau de Belle, membre de l'Académie et inspecteur de la Manufacture des Gobelins.

En exécution du décret de l'Assemblée nationale, le curé Nicolas-Philippe Thuré faisait, en 1790, la déclaration des revenus attachés à sa cure qui se montaient à 5.480 livres, mais les dépenses excédaient de près de 800 francs les recettes de la fabrique. Après la levée des scellés, à laquelle procédèrent les administrateurs de la municipalité, le 29 octobre 1791, l'église devint un collège sous le nom de collège de l'Égalité, mais son existence fut éphémère et dès le 14 vendémiaire an IV (6 octobre 1795), l'église fut vendue à des particuliers et démolie peu de temps après. On éleva sur ses fondations et sur partie de la façade, rue des Sept-Voies, deux maisons supportées par des fragments de pilastres s'élevant sur le côté de l'immeuble, portant le numéro 4 jusqu'à la hauteur du premier étage.

Saint-Hilaire était, au commencement du dix-huitième siècle, l'une des paroisses les mieux desservies de la capitale, cela tenait à ce que les étudiants en théologie dont le séminaire était situé presque en face, dans la Cour des Bœufs, venaient s'y exercer aux cérémonies de l'église. Ce séminaire fut supprimé le 14 avril 1734.

————

VI

Le collège de Reims et la rue de Reims [1]

Au moment où le marteau des démolisseurs faisait disparaître les derniers vestiges de l'église Saint-Hilaire dont nous avons parlé récemment, l'administration municipale ouvrait une enquête pour la suppression de la rue de Reims qui aboutit à la rue Chartière, avec laquelle elle forme un retour d'équerre et qui commence rue des Sept-Voies.

De nombreuses réclamations ont été adressées par les propriétaires du quartier, qui voient avec une véritable répugnance que l'opération dont il s'agit aura pour conséquence de faire de la rue Chartière une impasse, alors que dans les environs déjà si tourmentés par les récentes expropriations, il y en a déjà un certain nombre et que la sécurité publique est intéressée à ce qu'il ne soit pas encore

(1) Semaine Religieuse n° du 19 juin 1880.

augmenté. Il eût été préférable sans doute que l'on pût retarder quelque temps cette opération, qui devait être le complément nécessaire des plans ultérieurs de la Ville de Paris dont le but est de reconstituer sur des bases toutes nouvelles cette partie du cinquième arrondissement, mais si on laisse de côté cette critique toute locale, il est évident que la suppression projetée ne présente pas au point de vue de la voirie de graves inconvénients et qu'elle offre d'un autre côté d'importants avantages.

L'opération tout administrative, qui va être la suite de l'enquête, nous donne l'occasion de rappeler sommairement les souvenirs historiques, qui se rattachent à la rue de Reims et à sa voisine la rue Chartière.

Parlons d'abord de la rue de Reims, l'une des plus anciennes voies publiques du quartier Saint-Benoît. Elle s'étendait autrefois jusqu'à la rue des Cholets qui, par un angle droit, venait aboutir à la rue Saint-Étienne-des-Grés, derrière l'École de Droit. La partie de la rue de Reims, qui la séparait de la rue des Cholets, a été supprimée en 1845, elle a été incorporée au collège Sainte-Barbe, sa largeur avait été fixée à sept mètres dans tout son parcours par décision du ministre Chaptal en date du 18 thermidor an IX.

La rue de Reims s'appelait originairement du Maine, et on lui a donné le nom de Bourgogne dans la partie qui s'étend de la rue des Sept-Voies à la rue Chartière.

> En prés est la rue du Moine
> Et la rue au duc de Bourgoigne.

dit le poëte Guillot. Moine est ici au lieu de Maine pour les besoins de la rime.

La dénomination du Maine lui venait de l'Hôtel des Évêques du Mans. Cet hôtel tombait en ruines lorsque le cardinal Philippe de Luxembourg, évêque du Mans, ayant résolu de fonder un collège à Paris pour douze pauvres écoliers de son diocèse et n'ayant pu réaliser ce projet avant sa mort, en confia par testament l'exécution à Christophe de Chauvigné, chanoine du Mans. Le cardinal Louis de Bourbon, successeur de Philippe de Luxembourg, approuva le choix de l'hôtel qu'avaient fait les exécuteurs testamentaires de ce dernier et, sur l'emplacement occupé par le palais épiscopal, s'élevèrent un collège et une chapelle. Les constructions coûtèrent 14.000 livres : les boursiers jouissaient chacun d'un revenu de 25 livres, celui du principal et du procureur chapelain était fixé à 50 livres ; mais il était interdit d'augmenter les bourses, de peur, disent les statuts en date du 9 juin 1526, que le bien-être ne les portât à négliger leurs études.

En 1613, Charles de Beaumanoir, évêque du Mans, permit aux boursiers, à raison de la diminution considérable qui s'était produite dans les revenus depuis la fondation, de louer à leur profit, les chambres du collège, de suspendre les cours publics et de n'enseigner que la philosophie. On n'y enseignait même plus, lorsqu'en 1682 les Jésuites du collège de Clermont achetèrent le collège du Mans qu'ils payèrent ou plutôt que Louis XIV paya pour eux 53.156 livres.

Les arrêts du Conseil, en date des mois de mai et juin 1682, qui ratifiaient cette acquisition, stipulaient que les deniers provenant de la vente seraient employés à l'achat d'une maison qui serait appelée collège du Mans. En vertu de ces décisions, on acheta une maison sise rue d'Enfer Saint-Michel, moyennant 37.000 francs; ce collège a été réuni au collège Louis-le-Grand par lettres patentes du 21 novembre 1763. Les bâtiments, qu'il occupait rue de Reims, ont été démolis, ils s'élevaient sur l'emplacement des numéros pairs actuels.

De l'autre côté de la rue, en face de l'hôtel de l'Évêque du Mans, vinrent s'établir, au treizième siècle, les ducs de Bourgogne. Ils y construisirent une vaste et splendide demeure qui, plus spacieuse que ne l'était le collège de Reims, s'étendait entre les rues des Sept-Voies, de Reims, Chartière et du Jour et comprenait même une partie de la rue d'Écosse; l'entrée principale était située rue de Reims, ainsi que le prouve un censier de Sainte-Geneviève de 1380 dans lequel on lit : *Hôtel de M. de Bourgogne qui fut Hué le Picart, devant la maison de M. l'Évêque du Mans.*

À cette époque et dans les deux siècles qui suivirent, les grands seigneurs, trop resserrés dans les rues de la boueuse cité, se faisaient bâtir des palais, des hôtels, dans le quartier de la Montagne Sainte-Geneviève, déshérité de nos jours depuis longtemps et abandonné presque entièrement aux artisans et aux malheureux.

Lorsque le dernier descendant de la maison des ducs de Bourgogne qui avait pour origine Robert, fils du roi Robert, vint à mourir en décembre 1361, au château de Rouvre, une partie de ses biens fut unie à la couronne, non par droit de retour stipulé à défaut de postérité (1), mais à cause de la parenté du duc avec le roi Jean dont la mère était sœur de l'avant-dernier duc de Bourgogne, Eudes IV. Au nombre de ces biens figurait l'hôtel de la rue de Reims que l'on nommait alors rue de Bourgogne. Il avait servi d'asile aux Religieuses de Poissy chassées par la guerre civile en 1354. Dix ans après, cet immeuble qui n'avait pas été compris dans l'investiture du duché de Bourgogne fait par le roi Jean au profit de son fils Philippe le Hardi, fut donné par Charles V à son frère. Ce prince n'en fit pas sa demeure ordinaire, il habitait l'hôtel de la rue Mauconseil, dont il nous reste une tour bien conservée au coin des rues aux Ours et Française, toutefois il y fit des réparations importantes, puis, dans le partage qu'il fit lui-même de ses biens, en 1402, il donna l'hôtel à son troisième fils Philippe, comte de Nevers et de Réthel. Dix années après, le 12 mai, celui-ci vendait l'immeuble et toutes ses dépendances, à Guy de Roye, archevêque de Reims, pour un certain nombre d'écoliers de son diocèse ; ils demeuraient au moment de cette acqui-

---

(1) La Bourgogne avait été concédée sans clause de retour par Robert.

sition rue Pavée, dans une maison qui devint plus tard la propriété du sire de Jainville.

Il serait trop long de faire ici l'histoire complète du collège de Reims, il nous suffira de rappeler que cet établissement, ruiné par les Anglais, du parti des ducs de Bourgogne en 1418, fut rétabli en 1443 par ordre de Charles VII qui y joignit le collège de Rhétel situé alors rue des Poirées.

En 1720 la situation pécuniaire du collège de Reims était si malheureuse qu'il n'y avait plus de boursiers et qu'il restait en tout deux officiers. Les efforts du cardinal de Mailly, alors archevêque de Reims, ne suffirent pas à relever la maison ; la façade rue des Sept-Voies avait été restaurée de 1745 à 1752 ; on lisait sur le nouveau bâtiment l'inscription suivante : *Annuente et favente serennissimo principe cerm. Julio de Rohan archiepiscopo duce remensi, primo franciæ pari etc., etc., hujusce domus superiore ac provisore, has cedes reædificari et augeri curavit P. F. Copelle collegii moderator primarius ann. D. 1752.*

Le collège de Reims, réuni à l'Université en 1763, fut supprimé en 1790 ; devenu propriété nationale, il fut vendu les 26 juin 1796, 2 mai et 8 août 1807 ; il est resté, depuis lors, la propriété du collège Sainte-Barbe qui y a installé son école préparatoire.

Il convient de mentionner en outre qu'il a été le berceau de la communauté de Saint-Nicolas du Chardonnet qui y débuta, en 1612, par dix ecclésiastiques.

VII

La Rue Chartière [1]

Nous avons rappelé sommairement l'histoire du collège de Reims, nous avons dit que cet établissement avait été ruiné en 1418 par les Anglais du parti du duc de Bourgogne et qu'il n'avait été rétabli qu'en 1443.

Dans les années qui suivirent le sac du collège, M⁰ Nicole Coqueret ou Coquerel de Montreuil-sur-Mer, prêtre, bachelier en théologie, prévôt et chanoine de Notre-Dame d'Amiens, avait fondé de petites écoles dans la cour basse et les dépendances abandonnées qui donnaient rue Chartière ; il s'en fit plus tard déclarer propriétaire et y éleva des constructions plus en rapport avec sa destination nouvelle ; d'une masse informe, dit Sauval, il a fait un assez beau collège, entre autres choses il l'a orné d'un degré en partie de pierre et en partie de bois,

(1) *Semaine Religieuse* n° du 21 Juillet 1880.

carré long qui tourne en quatre branches sans colonnes dans le milieu, bordé de balustres.

Ces dépenses utiles furent une des causes de sa prospérité, aussi l'acquéreur de Nicole Coqueret, Simon du Cruast devenu principal, fut-il élu recteur de l'Université en 1491. Le recteur qui lui succéda fut le régent du même collège, Guillaume Cappel. Robert du Cruast fut après son oncle Simon, principal du collège de Coqueret, il était docteur régent en droit canon et curé de l'église Saint-Hilaire. Pendant qu'il était en fonctions, l'un des maîtres du collège, Pierre Tillier, présentait requête au conseil académique présidé par Buchanam, en faveur d'un de ses collégues, lequel était, dit la requête, détenu dans les prisons de l'official de Paris sur la plainte de Robert du Cruast. La requête accusait le principal d'être avare, cruel, intraitable, le détenu avait été privé de sa liberté pour avoir pris, ayant faim, un pain d'un sol. Buchanam, régent de Sainte-Barbe, déjà partisan de la religion réformée, saisit avec empressement l'occasion de combattre le principal d'un collège concurrent du sien. En vertu de la décision universitaire, le prisonnier fut délivré et Robert du Cruast fut privé de ses priviléges universitaires, pour avoir cité un suppôt de l'Université devant un tribunal ordinaire. Plus tard, en 1551, un professeur de logique à Coqueret, Mᵉ Agidius Pernelle, porte une nouvelle plainte contre Robert du Cruast ; on le traduit devant le conseil pour avoir refusé nourriture et traitement à ses régents, cette fois la sentence sans appel retire au collège son privilége de scolarité. Toutefois l'exécution de cette décision n'a eu lieu qu'en 1571, époque à laquelle la maison a été délaissée et vendue à des particuliers. Denys de Cordes, conseiller au Châtelet, en devint propriétaire et, en 1578, elle fut adjugée à Antoine de La Porte. Un décret du 9 janvier 1604, confirmé par arrêt du 10 février 1624, transmit à un autre bourgeois de Paris l'immeuble qui depuis lors n'a cessé d'être une propriété privée; c'était avant la Révolution de 1789 une manufacture de carton, il porte actuellement le n° 11, rue Chartière.

Un certain nombre d'historiens de Paris ont à tort placé dans la rue Chartière, appelée aussi *Charretière* d'après Sauval, *Chareterie* d'après Guillot, le poëte du dict des rues de Paris, *Charrière* d'après l'acte de fondation du collège de Marmoutiers en 1328 et des *Charettes* d'après Corrozet, un autre collège, celui de *Thou* du *Tou* ou mieux de Toul (*Tullo* ou *Tulleio*), sur lequel il n'est parvenu jusqu'à nous aucun éclaircissement. M. le conseiller Desmaze, dans son ouvrage sur l'Université de Paris, a même omis de mentionner l'existence de ce collège. Mais M. Berty a de nos jours fixé d'une manière certaine l'emplacement qu'il occupait derrière l'église Saint-Hilaire; il comprenait toute la partie orientale de la rue d'Écosse. Il est difficile de se rendre compte des raisons, qui ont fait penser aux divers historiens de Paris que ce collège était situé rue Chartière; car, ils auraient pu lire dans les comptes de confiscation des années 1421, 1427 et 1434: « Grand hôtel rue de

« la Chartière, au-dessus du clos Bruneau qui fut à
« Me Jean de Londe, tué ès prison.

« Hôtel neuf appartenant au dit Me Jean de Londe
« sis en la rue Saint-Hilaire, faisant le coin du col-
« lège de Thou qui est des appartenances du grand
« hôtel ci-dessus. »

Le quartier de l'Université a été depuis un temps
immémorial habité par les écoliers des quatre
Facultés, aussi le Conseil supérieur a-t-il, dès le
treizième siècle, fait ses efforts pour qu'ils ne fussent pas victimes des spéculations des propriétaires
de ce quartier, et comme la concurrence entre les
locataires était grande, il a été nécessaire d'empê-
cher que cette concurrence ne tournât au profit des
propriétaires seuls. Les maîtres de l'Université
adoptèrent donc unanimement, dès 1244, un statut
dont le but principal était de modérer la cherté des
loyers. Le pape Innocent IV approuva la délibération prise par sa bulle du 6 mars 1244 et il interdit à
son tour que nul maître et nul écolier ne prît à
loyer la maison occupée par un autre. Lorsqu'un
propriétaire louait un prix supérieur à celui fixé par
les commissaires, sa maison était frappée d'interdit
et malheur à l'imprudent qui osait entrer en lutte
avec la puissante corporation de l'Université de
Paris. Les ordres religieux et les prêtres séculiers
tentèrent vainement de soustraire les immeubles
qu'ils possédaient à ce règlement, le Pape les rap-
pela à cette observation et une autre délibération
générale du Conseil universitaire, en date du 26 juin
1277, les y contraignit. En 1282, les commissaires
chargés de fixer le taux des loyers furent : Hugues

de Billom, de l'Ordre des Frères-Prêcheurs, frère Alot, de l'Ordre des Frères-Mineurs, quatre maîtres ès-arts ou bourgeois au nombre desquels nous trouvons Jean qui dort, dit l'Ancien, et Nicolas d'Auxerre ; ils taxèrent quarante-deux maisons ; l'une d'elles, située rue Chartière, appartenait à Gilbert de la Voûte et fut estimée 4 livres 10 sous.

Les écoliers attirèrent dans leur voisinage les libraires et relieurs, on en comptait un grand nombre dans les rues Chartière, des Sept-Voies, Froidmentel et autres voisines. Plusieurs membres de la famille *de Rome* qui rivalisait avec les Pasdeloup, ont habité ou contracté mariage rue Chartière. M. Jal nous en a transmis la curieuse nomenclature.

Nous ne quitterons pas la rue Chartière, sans rappeler l'intéressante tradition qui veut qu'Henri IV ou Gabrielle d'Estrées ait possédé un hôtel à l'encoignure des rues Froidmentel et Chartière ; cette tradition est mentionnée dans un passage du livre de l'abbé Lebeuf, dans lequel on lit : « la tradition est que Gabrielle d'Estrées, duchesse de Beaufort, y a logé et y a reçu quelquefois ce prince. » Depuis le savant auteur de l'Histoire du diocèse de Paris, cette erreur a été souvent reproduite, et dans le quartier même, elle s'est perpétuée par le souvenir. Avant 1790, on voyait à la hauteur du premier étage la statue d'Henri IV en manteau royal ; cette sculpture a fait place à un tableau placé au-dessous de ces mots en gros caractères : *ancienne maison du roi Henri IV*, sur la façade de l'établissement d'un marchand de vins rue Chartière n° 2, et qui représente le chef de la maison de Bourbon, le front ceint d'une couronne et portant sur l'épaule une écharpe blanche. Il faut revenir à la réalité historique ; il est en effet indiscutable que la tradition et l'abbé Lebeuf ont confondu les deux rues Froid-mentel et qu'il a placé dans l'ancien quartier Saint-Benoît ce qui concernait le quartier du Louvre. Il est vrai de dire toutefois qu'il y a eu un hôtel d'Albret dans les environs, mais il était situé sur les bords de la Bièvre et à une grande distance de la rue Chartière. Il en est de cette version comme de beaucoup d'autres traditions de l'histoire de Paris, qu'il est impossible d'admettre, lorsqu'en remontant aux sources exactes, on recherche avant tout la vérité historique absolue.

VIII

Les Ursulines du Faubourg Saint-Jacques [1]

LE prolongement de la rue de l'Abbé-de-l'Épée, dans la partie comprise entre la rue Saint-Jacques et la rue Gay-Lussac, a nécessité dans la session du mois de mars dernier (1881), l'expropriation des immeubles portant sur la rue Saint-Jacques, les n°° 231, 233, 235 et 237, qui tous quatre avaient pour propriétaires, en 1790, les Religieuses Ursulines du faubourg Saint-Jacques. Ces Religieuses possédaient en outre huit autres maisons attenant aux précédentes en face de l'église du Haut-Pas et du couvent de Saint-Magloire.

Les numéros que portent actuellement ces immeubles, ne sont pas ceux qu'ils avaient en 1790 (187 à 188, 190 et 200) par deux motifs, le premier, c'est que le faubourg Saint-Jacques commençait alors à la rue de l'Estrapade, le second, c'est que depuis la mesure adoptée vers la fin du dernier siècle de numéroter les maisons, le mode de numérotage employé a plus d'une fois été modifié, soit quant aux couleurs (rouge et bleu), soit quant au point de départ, soit quant à la confusion des nombres pairs et des nombres impairs.

Aucune des maisons en façade sur la rue du faubourg Saint-Jacques n'était occupée par le Couvent. Les bâtiments affectés aux Ursulines ou à l'Institution, ou aux locataires d'appartements intérieurs étaient situés au fond d'une impasse qui forme aujourd'hui la rue des Ursulines.

L'Ordre des Ursulines est le premier qui se soit spécialement attaché à l'instruction des jeunes filles, il a été institué à Bresse en Lombardie en 1537 par Angèle de Bresse. Ce n'était alors qu'une congrégation de filles ou de femmes veuves; ce fut en 1544 que le Pape Paul III confirma cette congrégation sous le nom de Compagnie de Sainte-Ursule; l'Ordre fut approuvé de nouveau en 1572 par le Pape Grégoire XIII.

Ces Religieuses vivaient, dès l'origine, séparément dans leurs maisons; dans la suite, elle ont vécu en commun sans faire de vœux ni garder la clôture.

Françoise de Bermont établit en 1594 une Congrégation d'Ursulines à Aix en Provence, avec la permission du Pape Clément VIII. La réputation de cette communauté naissante en accéléra les progrès et en multiplia le nombre.

Magdeleine L'Huillier, veuve de Claude Le Roux.

Vincent de Sainte Beuve, conseiller au Parlement de Paris, sur les instances de Mlle Acarie, qui avait tenté en vain d'établir, à Paris, un couvent de Carmélites réformées, consentit à fonder une maison destinée à l'éducation gratuite des jeunes filles. Elle loua, pour les y installer, en juillet 1608, la maison de la Croix d'Or, qu'elle acheta l'année suivante, le 18 juin, et dont elle fit don à la communauté, le 26 mars 1610.

Mme de Sainte-Beuve pensa que ses protégées devaient être de véritables Religieuses, gardant la clôture et joignant aux vœux ordinaires celui de l'instruction gratuite, elle ne rencontra aucune opposition à ses désirs, ce qui la disposa plus favorablement encore. Elle fit aussitôt construire un couvent et une chapelle en façade sur le faubourg Saint-Jacques ; la première messe y fut célébrée le 29 septembre 1610, et les Ursulines prirent possession le 11 octobre suivant.

Mais là ne se bornèrent pas ses bienfaits, et les Archives Nationales en conservent les nombreux témoignages inédits ; nous mentionnons ici les plus importantes acquisitions, cela nous permettra de rectifier les erreurs commises par les anciens historiens de Paris qui n'ont pas eu à leur disposition les titres eux-mêmes. Dès le 4 novembre 1610, Mme de Sainte-Beuve achetait, moyennant 300 livres, un jardin proche de la maison dite de la Fontaine de Jouvence, elle acquérait, l'année suivante, le 10 octobre, une maison où pendait pour enseigne une Herse et une autre maison appelée Le Mazure, par contrat du 15 janvier 1614.

Voici en quels termes elle faisait, le 12 octobre 1616, une autre donation plus importante que la première; elle donnait : « Une maison lieu et « appartenances d'icelle, comme elle se poursuit « et comporte *seize* ès-dits faubourg Saint-Jacques, « en laquelle la dite demoiselle est demeurante, et « qu'elle a fait bâtir à neuf sur le fond du jardin « dépendant de la maison du Petit-Saint-Antoine, cy « après déclaré, tenant de toutes parts à la dite « demoiselle, avec un jardin aujourd'huy y annexé « et dépendant d'une maison cy-devant acquise par « la dite demoiselle de noble homme Jacques « Fauye, sieur du Boullay-Thurry, conseiller du « du roi et commissaire ordinaire des guerres, et « demoiselle Anne du Raynast sa femme, avec une « maison seize ès-dits faubourgs Saint-Jacques, où « pend pour enseigne l'ymage Saint-André, de « laquelle sont, depuis tous les dits jardins, par « contrat de change fait et passé entre eux. »

D'autres acquisitions vinrent s'ajouter aux premières, elles consistèrent avant la mort de Mme de Sainte-Beuve arrivée le 29 août 1630, en : sept quartiers de terres labourables au lieu dit les Poteries, par contrat du 4 décembre 1618, une maison et dépendances en vertu d'un décret de 1619, enfin une maison dite Le Petit Cerf par contrat d'échange du 9 mars 1624 : toutes ces acquisitions ont été faites des deniers de Mme de Sainte-Beuve sous le nom des Ursulines.

De l'acquisition de 1619 faisaient partie le corps de logis destiné aux prêtres attachés à l'établissement, la cour aux poules et le passage de l'impasse, qui s'étendait de la grande porte de la rue du Faubourg Saint-Jacques à la nouvelle église.

Après le décès de leur fondatrice, les Ursulines agrandirent encore leurs possessions, elles achetèrent par contrat du 16 mai 1632, moyennant 3,400 livres, la maison dite l'Hermitage et la même année, celle du Grand Cerf ; en 1653 le 22 mai, elles reçoivent quittance du sieur Caye, épicier-apothicaire de 9,000 livres de principal et 1,050 francs d'accessoires pour le prix de six maisons construites au lieu dit la Porte Dorée ; le local occupé par les tourières en dépendait. La dernière acquisition est celle de la maison dite la Petite Herse en 1671.

Tous ces immeubles ont subi des transformations importantes, des constructions vastes se sont élevées sur l'emplacement d'une partie des jardins, quelques-unes des maisons ont été rebâties ; celle des Mazures l'a été en 1689 et dès cette époque a formé deux corps de logis distincts en façade sur la rue du faubourg Saint-Jacques.

Pour donner une idée exacte de l'étendue du couvent et de l'enclos des Ursulines, il faut se rapporter à la déclaration faite en leur nom le 20 janvier 1790 par Aignan Louis Petit Delafosse, avocat aux conseils. On y voit que le couvent proprement dit comprenait 2 arpents, 26 perches et que le jardin mesurait 4 arpents, 86 perches, ce qui représente en mètres, 24,343 mètres 38 centimètres.

L'établissement des Ursulines ne fut autorisé par lettres patentes qu'au mois de décembre 1611, enregistrées au parlement le 12 septembre 1612. La bulle du pape Paul V, qui permet l'érection de cette communauté en corps de religion sous le titre de Sainte-Ursule et sous la règle réformée de Saint-Augustin, date du 13 juin 1612. La prise d'habit des douze premières Ursulines eut lieu le 11 novembre 1612.

Nous avons dit plus haut que Mme de Sainte-Beuve avait fait construire une chapelle à l'alignement de la rue du faubourg Saint-Jacques. Cet édifice ne tarda pas à devenir trop exigu, aussi la fondatrice fit-elle bâtir une église petite, mais jolie, dont la reine Anne d'Autriche posa la première pierre le 22 juin 1620, qui fut achevée en 1627 et bénite le 14 mars de cette année, par Henri de Gondi, Cardinal de Retz, qui porta le premier le titre d'Archevêque de Paris.

Mme de Sainte-Beuve a été enterrée en 1630 au milieu du chœur des Religieuses. Le maître-autel était décoré de colonnes de marbre de Dinan et orné d'un tableau représentant l'Annonciation dû au pinceau de Van Mol, élève de Rubens. Le tabernacle était décoré de colonnes de marbre, dont les bases, les chapiteaux et les autres ornements étaient de bronze doré. A gauche du maître autel on voyait deux tableaux de Robin, peintre du Roi et censeur royal ; l'un était un Saint-Joseph, sur l'autre était peinte Sainte Angèle instruisant les enfants.

Dans l'église on remarquait la tombe de Jean de Montreuil, conseiller d'État, conseiller privé des princes de Condé et de Conti, qui mourut le 27 avril 1651. On lisait sur le mur voisin deux épitaphes, l'une en français, fort longue, l'autre en latin composée des vers suivants :

Montroül cineres (quem Gallia luget ademptum)
Hæc gelido clausos continet urna sinu :
Si numeras benè quæ gessit, plus Nestore vixit,
Si numeras annos, occidit ante diem.

Cette maison a servi de modèle à toutes celles qui se sont établies depuis en France et dans les pays voisins. L'Ordre était divisé en 11 provinces ; la province de Paris comptait 14 monastères, il y en avait 300 en France. La maison de Paris a même fondé une succursale à la Martinique, elle a envoyé à cet effet 6 Ursulines du faubourg Saint-Jacques, en 1682. L'année du noviciat coûtait 400 livres et la profession 4 à 5000 livres. Toutes les religieuses s'obligeaient dans leurs vœux à l'instruction des enfants, elles étaient en 1760 au nombre de 35 et de 36 en 1790 ; il y avait en outre au moment de la Révolution 13 sœurs converses professes, la supérieure était alors Marguerite de Laugier Beaucousse, et la dépositaire, Anne Marguerite de Lange. La bibliothèque se composait de 700 volumes.

Les jeunes filles élevées par elles payaient une pension de 400 livres et versaient 100 livres pour l'entretien.

Les maisons, que possédaient les Religieuses et qui se suivaient à l'alignement du faubourg Saint-Jacques, étaient louées à des particuliers, plusieurs personnes étaient même admises dans l'intérieur du couvent ; une seule des locataires d'une maison, située à l'extérieur, jouissait d'un droit particulier. Voici la clause du bail de 6 ou 9 ans à elle consenti en 1704 : « Mesdames religieuses, y est-il dit, pro-« mettent et s'obligent de fournir à Madame de la « Tour, lors de son entrée en jouissance, les clés « de la petite porte du monastère et celle qui ouvre « la barre. »

Nous trouvons au nombre des différents locataires des Ursulines, outre les artisans tels que le perru-quier Degournay, le serrurier Raguin, le menui-sier Gallien, le tailleur de pierre Langlois, et le maître-maçon Combault, qui étaient logés dans les maisons de la Porte-Dorée, du Grand-Cerf, du Petit-Cerf, du Gril et des Trois-Poissons, des grands personnages et des membres de nobles familles : c'étaient en 1711, Charles, marquis de Sévigné ; sa veuve Jeanne Marguerite de Bréhand renouvelait bail en 1717 ; en 1714, Charlotte Leclerc de Lesseuille, veuve de Jacques-Pierre Bussière, marquis de Lossanges, brigadier des armées du roi ; en 1704, le marquis de Dreux de Croisches, qui occupait un hôtel en face de l'église de Saint-Magloire ; en 1721, Gabrielle Dugué, veuve de mes-sire Léonor, comte de Mornay, marquis de Mon-chevreuil, lieutenant général des armées du roi, gouverneur et capitaine de Saint-Germain-en-Laye ; la princesse de la Cisterne qui occupait en 1727, outre son hôtel de la rue du Bac, un appartement voisin de l'église même du monastère ; en 1745, Louis Henry, comte de Choiseul de Chevigny ; de 1752 à 1764, le marquis de Bouville, maréchal de camp, chevalier de Saint-Louis ; en 1761, Louis Le Pelletier, chevalier et sire de Rosambo, ancien premier président au Parlement de Paris, qui occupait un hôtel nouvellement reconstruit ; enfin, en 1790, la comtesse de Langenals. Au moment de la Révolution, les revenus, qui se montaient à 31,448 livres 9 sous, consistaient en : loyer dans l'intérieur du couvent, 1000 livres, loyer de maisons à l'extérieur, 11,010 livres, fermages du Plessis-Gassot, 2000 livres, rentes perpétuelles sur le roi et le clergé, 16,525 livres 19 sous, et rentes viagères 912 livres 10 sous ; les charges ne s'élevaient qu'à 11,939 livres 8 sous 6 deniers.

Après la fermeture du couvent, les maisons et les bâtiments conventuels furent vendus par lots le 11 ventôse an VI (1er mars 1798). L'église et les bâtiments conventuels ont été démolis, et les terrains morcelés pour l'ouverture de la rue d'Ulm et le prolongement de l'impasse des Ursulines.

IX

Les Dominicains de la rue Saint-Jacques [1]

Les récentes expropriations qui vont bouleverser le quartier de la Sorbonne rappellent des souvenirs historiques intéressants. Nous indiquerons sommairement ceux qui se rattachent au couvent des Jacobins de la rue Saint-Jacques.

La rue Cujas, autrefois des Grès, formait, au XVIIIᵉ siècle, un passage établi le long du couvent des Dominicains au droit de l'église et séparant le monastère du cimetière affecté aux religieux et aux principaux dignitaires de l'Université.

L'enclos de ce monastère était borné originairement à la suite d'accroissements successifs par les rues Saint-Jacques, Soufflot, Victor-Cousin et Cujas ; le jardin s'étendait entre les rues Victor-Cousin et Soufflot et le boulevard Saint-Michel.

La fondation de l'Ordre des Dominicains remonte

à l'époque de la guerre contre les Albigeois. Saint-Dominique, qui s'était signalé alors par la conversion de plusieurs hérétiques, conçut le projet de réunir quelques personnes animées du même zèle pour former un Ordre destiné à la propagation de la Foi. Cette institution fut approuvée en 1216 par le Pape Honorius III sous le titre de Frères Prêcheurs. Dès le mois de septembre 1217, quelques-uns des disciples de Saint-Dominique, sur ses conseils, vinrent se fixer à Paris et habitèrent d'abord dans la cité, près de l'Hôtel-Dieu : l'année suivante, Jean Barastre, doyen de Saint-Quentin, leur fit don d'une maison et d'une chapelle y attenant, sous le vocable de Saint-Jacques, le tout situé près des murs de la porte du même nom.

Cette ancienne chapelle a donné le nom du saint, sous l'invocation duquel elle était placée, à la rue et même à tous les Dominicains répandus sur le territoire de la France ; avant la prise de possession des Religieux, elle servait d'hôpital pour les pèlerins, on l'appelait l'Hôpital de Saint-Quentin ; une voûte voisine en a longtemps conservé la dénomination.

Saint-Louis combla les Dominicains de bienfaits, il fit achever l'église commencée par eux pour remplacer la chapelle, il fit construire un dortoir et leur fit donation de deux maisons rue de l'Hirondelle.

Le livre rouge de l'Hôtel-de-Ville mentionnait que le Parloir aux Bourgeois (la Municipalité) leur délivra, en 1281, des lettres d'amortissement pour les acquisitions qu'ils avaient faites de plusieurs immeubles qui joignaient leur couvent soit du côté de la rue Saint-Jacques, soit près du collège de

Cluny (rue Victor-Cousin). Philippe le Hardi confirma, au mois de mars de la même année, ces lettres d'amortissement.

Louis le Hutin leur donna en outre deux tours et la partie du mur d'enceinte de Philippe-Auguste qui régnait le long de leur couvent, ce qui leur permit d'étendre de ce côté leurs constructions ; toutefois, le cimetière, l'infirmerie et un dortoir étaient placés en dehors de la ville, aussi, lorsqu'en 1358 on creusa des fossés pour garantir la capitale des incursions des Anglais, tous ces bâtiments furent abattus. Charles V les en indemnisa en achetant des Religieux de Bourg-Moyen près de Blois une maison et un jardin qu'ils avaient eux-mêmes acquis de la ville ; c'est la partie du monastère qui formait autrefois le jardin des Jacobins et s'étendait entre la rue Victor-Cousin et le boulevard Saint-Michel.

Plus tard, Louis XII ajouta à toutes ces libéralités le don de l'ancien Parloir aux Bourgeois et une ruelle longeant le mur d'enceinte, surnommée *Coupe Gueule*, à cause des crimes qui s'y commettaient la nuit et même en plein jour.

Le cloître des Jacobins fut reconstruit en 1556, grâce aux bienfaits de Nicolas Hennequin, bourgeois de Paris, et, en 1563, leurs écoles, qui tombaient en ruine, furent rebâties au moyen des aumônes que leur procura un jubilé accordé pour cet objet par le Pape Pie IV.

Au commencement du seizième siècle, le Pape ordonna une réforme de l'Ordre et la maison reçut dans son sein, pour y procéder, des Jacobins réformés de Hollande.

Peu de temps avant la Révolution, l'église tombait de vetusté, et le service divin était célébré dans les Écoles Saint-Thomas. Le 1er mai 1790, on dressa procès-verbal des biens des Dominicains ; il y avait dans le couvent vingt-trois frères, dont quatre religieux savoyards. Sur vingt religieux consultés, douze déclarèrent vouloir rester dans l'Ordre, cinq ne pouvoir s'expliquer dans le moment, un ne vouloir faire aucune déclaration précise, enfin deux profiter des décrets pour sortir immédiatement du monastère. Lors de la suppression, les dettes s'élevaient à 17,907 livres, garanties au delà par les immeubles et les deux bibliothèques, qui se composaient de douze mille volumes.

La municipalité fut autorisée, le 10 juin 1790, à faire évacuer le monastère, pour y établir un hôpital en faveur des mendiants ; ce projet ne fut pas mis en exécution, mais les Écoles Saint-Thomas furent occupées par des ateliers de charité pour femmes. L'église, restée vide jusqu'à la Restauration, fut rendue à son ancienne destination, puis fermée de nouveau et abattue en 1849, pour la continuation de la rue de Cluny (Victor-Cousin). Elle contenait une collection précieuse de tombeaux de rois, de reines, de princes et de princesses qui a été dispersée ; toutefois, M. Lenoir en a recueilli quelques-uns : en 1816, ils ont été transportés dans la crypte de Saint-Denis.

X

Les collèges du quartier de la Sorbonne (1)

Nous avons rappelé les faits historiques principaux qui se rattachent à la maison des Dominicains de la rue Saint-Jacques; nous dirons quelques mots aujourd'hui des collèges ou autres immeubles intéressants, situés dans le voisinage ou dans le périmètre des terrains nécessaires aux opérations de reconstruction de la Sorbonne.

Sur le terrain qui porte sur la rue des Cordiers les numéros 2 et 4, s'élevait en 1391, la maison de Pierre Fortet, chanoine de l'église Notre-Dame, qui la léguait par testament, en y ajoutant d'autres libéralités, pour fonder un collège de son nom, dans lequel serait admis huit pauvres écoliers, dont quatre seraient natifs d'Aurillac, son pays, ou du diocèse de Saint-Flour, et quatre de Paris. Cette maison, dite *des caves*, ne servit que quelques

(1) Semaine Religieuse n° du 9 Juin 1883.

années à l'usage de collège ; les chanoines de Notre-Dame, exécuteurs testamentaires de Pierre Fortet, ne la trouvant pas commode, la vendirent, et, le 26 février 1397, en achetèrent une autre, rue des Sept-Voies (aujourd'hui Valette), appartenant à Louis de Listenois, seigneur de Montaigu.

Une autre maison d'éducation a eu son berceau rue des Cordeliers, c'est la Congrégation du Saint-Esprit, créée le 27 mai 1703, par Claude-François Poullard-Desplaces ; ce ne fut d'abord qu'une réunion de petits Savoyards à qui l'on faisait le catéchisme. On l'installa rue des Cordiers, avec le titre d'établissement des *pauvres écoliers*, mais le rapide accroissement qu'elle prit la fit transférer dès 1723, rue des Postes, où elle occupe encore les constructions qu'elle avait fait édifier en 1769.

Mentionnons, en passant, que l'hôtel de Jean-Jacques Rousseau, rue des Cordiers, 14, appelé autrefois Saint-Quentin, à cause d'une voûte voisine dépendant du couvent des Dominicains, a abrité pendant le XVIIIe siècle des philosophes et libres-penseurs, tels que Mably, Condillac, Leibniz, Gresset, Bordes et Jean-Jacques Rousseau et, de nos jours, Hégésippe Moreau et Gustave Planche.

Le collège de Cluny fut fondé, en 1269, par Yves de Vergé, abbé de Cluny et par son neveu et successeur, Yves de Chasant, pour les Religieux de l'Ordre qui voudraient venir travailler à Paris. Ce collège occupait presque tout l'emplacement limité par la place de Sorbonne et les rues de la Harpe, des Grès et de Cluny. Les abbés de Cluny qui n'avaient pas encore de maison à Paris, et qui demeuraient, pendant les séjours qu'ils y faisaient, dans l'hôtel des Évêques d'Auxerre situé à la porte Saint-Michel, s'y firent construire aussi un hôtel ; ils l'habitèrent jusqu'à l'époque où l'abbé Pierre de Chalus ayant fait, en 1430, l'acquisition d'une partie du Palais des Thermes, ses successeurs firent édifier le magnifique hôtel de Cluny, terminé vers 1490. Dubreuil prétend, mais sans fournir de preuves à l'appui, que les Religieux de Saint-Denis avaient été les prédécesseurs des abbés de Cluny dans la maison de la rue de Cluny.

La chapelle qui, par l'élégance de ses proportions et la richesse de ses sculptures, rappelait la Sainte-Chapelle, fut fermée à la Révolution et aliénée le 10 septembre 1797. David en fit son atelier et y peignit son Léonidas ; elle est devenue depuis le magasin de la librairie Hachette. Démolie en partie vers 1833, elle avait subi de grandes transformations, elle a complètement disparu aujourd'hui. Le musée de Cluny possède les débris de ce monument dont on peut regretter la destruction au point de vue artistique, ce sont : 1° une tombe de Lemire de Grillons, abbé de l'île Barbe, mort en 1349 ; 2° celle de Jean de Parthenay, abbé de Ferrières, au diocèse de Sens, mort en 1366 ; 3° la colonne du milieu de la chapelle avec sa base et son chapiteau ; 4° la petite porte ; 5° quelques clefs de voûte ; 6° des petits chapiteaux ; 7° plusieurs culs-de-lampe ; 8° deux roses à jour qui décoraient le pignon de la façade et l'épi en pierre qui surmontait ce pignon.

En face du collège de Cluny était établi jadis le

collège des Dix-Huit. Il faisait l'encoignure des rues Hugues-aux-Poirées, actuellement Gerson et de Cluny ; il s'étendait jusqu'à l'emplacement de la salle dite du concours, bâtie sur un ancien jardin. On lit, dans le registre XXVI des archives de l'Université, la mention suivante qui indique exactement la situation de ce collège : *Collegium quod olim vocabatur des Dix-Huit est Hodie, viridarium sive hortus ejusdem Sorbonæ... quæ omnia mutata sunt ab Em cardinal Richelio.*

Nous avons mentionné l'existence, à l'un des coins de la rue des Cordiers, de l'hôtel Saint-Quentin ; à l'autre encoignure et en façade sur la rue de Cluny, on venait, au XVIIIe siècle, visiter le cabinet d'histoire naturelle de De Favane de Moncervelle, continuateur de la conchiologie d'un amateur distingué, d'Argenville, connu surtout par son *Histoire des Peintres*. On peut voir dans l'ouvrage de Thierry l'énumération des différents objets qui composaient cette collection intéressante et très rare pour l'époque.

Le collège de Rethel avait été fondé, rue des Poirées (Gerson), par Gaultier de Launoy pour les écoliers rethelois ; Jeanne de Bresle y avait ensuite institué quatre bourses pour des écoliers du comté de Porcien. Presque tous les revenus étaient dissipés et les bâtiments tombaient en ruines, lorsque, par lettres patentes datées d'Amiens en 1443, enregistrées au Parlement le 4 mars 1444, Charles VII annexa ce collège à celui de Reims, en rendant ce dernier propriétaire des immeubles de la rue des Poirées.

XI

Le Collège de Sorbonne [1]

Avant de rappeler les souvenirs historiques qui se rattachent à la maison de Sorbonne, il est intéressant d'indiquer quels sont les préliminaires de la vaste opération d'expropriation qui a eu pour but l'isolement et l'agrandissement de cet établissement public.

Par ordonnance royale du 27 février 1821, l'ancienne maison de Sorbonne et les bâtiments en dépendant avaient été rendus au service de l'instruction, les Facultés qui y avaient été installées avec l'Académie de Paris étaient à l'étroit ; aussi, dès cette époque, les ministres de ce département qui se sont succédé ont-ils mis à l'étude divers projets d'agrandissement. Mais une question, qu'il fallait tout d'abord trancher, dominait tous ces projets ; il était de toute nécessité de commencer par

(1) Semaine Religieuse n° du 1 Août 1885.

élucider la question même de propriété des immeubles qui composaient la Sorbonne, revendiqués par le Domaine. Cette question ne fut définitivement résolue en faveur de l'Université qu'en 1845. Les pourparlers, entamés entre le ministère de l'Instruction publique et la Ville de Paris, afin d'associer aux projets de reconstruction de la Sorbonne l'administration municipale, aboutirent en 1852, et, quand le décret du 24 juillet 1852, qui décidait l'ouverture de la rue des Écoles, fut rendu, il fut ordonné, après une nouvelle étude des plans, par un autre décret du 11 août 1855, que l'emplacement resté libre au droit de la rue des Écoles, attenant à la Sorbonne, soit 5,116 m. 16 serait affecté à cet établissement.

Toutes les difficultés paraissaient écartées, et un plan d'ensemble de construction et de reconstruction, concerté entre l'État et la Ville de Paris, devant coûter 8 millions, était adopté, lorsque, l'argent faisant défaut à l'État, les chantiers furent abandonnés après la pose de la première pierre de l'édifice.

La situation ne pouvait rester plus longtemps la même. En vertu du dernier projet adopté par le Conseil académique et ratifié par les Chambres, on a procédé à l'expropriation des immeubles nécessaires à cette importante opération. Tous les services de l'Académie de Paris et des diverses Facultés vont enfin se trouver placés dans les conditions d'emplacement et d'aménagement désirables. C'est à la suite d'un concours auquel se sont présentés trente concurrents que l'un des dix projets primés dont l'auteur est M. Nénot, architecte, va prochainement recevoir son ex...ution. On a prétendu même que pour compléter cette vaste opération, il sera nécessaire d'exproprier l'autre côté de la rue Cujas non atteint jusqu'ici, portant les numéros impairs dans la partie comprise entre les rues Saint-Jacques et Cousin; mais si l'on a pu penser un certain temps que l'administration modifierait ses premiers plans, il est aujourd'hui certain qu'il n'y sera fait aucun changement.

Le collège de Sorbonne a été fondé par Robert de Sorbon, chapelain et non confesseur de saint Louis. Bien des erreurs se sont produites à l'occasion de la date de cette fondation; les divers historiens de Paris l'ont placée les uns à l'an 1200, d'autres en 1240, d'autres en 1252, d'autres enfin en 1254, aucune de ces dates n'est la vraie; il était pourtant bien facile de ne pas se tromper en se rapportant aux lettres royales de saint Louis octroyées à Paris en 1256.

Voici quelles ont été les causes de la création de ce collège: Robert de Sorbon était né dans la médiocrité, l'absence presque absolue de fortune lui avait rendu très difficile l'obtention du grade de docteur en théologie, il se le rappelait souvent et conçut le dessein d'aplanir ces obstacles parfois insurmontables, en établissant une société d'ecclésiastiques séculiers qui vivraient en commun et qui, assurés contre les nécessités matérielles de l'existence, ne seraient occupés que du soin d'enseigner et d'étudier gratuitement. Crevier, dans son histoire de l'Université, s'exprime ainsi : «C'était

« aux pauvres que Robert prétendait fournir des
« secours. La pauvreté était l'attribut propre de la
« maison de Sorbonne ; elle en a conservé long-
« temps la réalité avec le titre, et depuis même que
« les libéralités du cardinal de Richelieu l'ont
« enrichie, elle a toujours retenu l'épithète de
« *Pauvre* comme son premier titre de noblesse. »
Elle conserva encore ce titre jusqu'à la Révolution
dans les actes publics, où elle se qualifia de *Pauper-
rima Domus.*

Dès l'origine, Robert de Sorbon, qui prenait le
titre plus humble alors qu'il ne l'est aujourd'hui de
Proviseur, admit dans ce collège des docteurs, des
bacheliers, boursiers et non boursiers, et de pauvres étudiants ; leur nombre dépassait trente, on les
désignait sous les noms d'hôtes et d'associés et on
les recevait sans distinction d'origine et de nationalité. L'égalité la plus complète existait entre tous
les membres, ils ne se considéraient les uns à
l'égard des autres ni comme des maîtres, ni comme
des disciples, et la sagesse des règlements acquit
bientôt à la maison de Sorbonne une légitime
célébrité dans toute l'Europe.

Les premiers immeubles acquis ou échangés avec
saint Louis étaient situés rue Coupegueule, nom
significatif près des remparts de Philippe-Auguste,
et rue de Sorbonne, que Robert obtint, pour la
sécurité de son collège, la permission de fermer
aux deux extrémités, ce qui la fit appeler pendant
quelque temps rue des Deux-Portes.

Robert fit construire dans cette rue un certain
nombre de bâtiments et une chapelle, et, par des

acquisitions successives, il devint propriétaire de tous les immeubles jusqu'à la rue des Poirées, mais dans une partie de ce vaste espace, il bâtit un autre collège appelé *La Petite Sorbonne* ou *de Calvi* et dans lequel on devait enseigner uniquement les Humanités et la Philosophie. Ce collège fut terminé en 1271.

La première chapelle avait été placée sous l'invocation de la Sainte-Vierge, la seconde, édifiée en 1326 sous la même invocation, eut aussi pour patronnes sainte Ursule et ses compagnes depuis 1347.

Le cardinal de Richelieu, ancien élève du collège de Sorbonne, fit poser en 1627, par l'archevêque de Rouen, la première pierre des vastes constructions qui entourent la cour intérieure actuelle de la Sorbonne et qui nécessitèrent à cette époque d'autres acquisitions de terrains; le cardinal posa lui-même, le 15 mai 1635, la première pierre de l'église que l'on admire encore de nos jours et dans le chœur de laquelle fut placé en 1694, sous le dôme décoré par Philippe de Champagne, le magnifique tombeau du ministre de Louis XIII, exécuté par le sculpteur Girardon sur les dessins du peintre Le Brun.

La Sorbonne a servi de berceau à l'imprimerie en France; c'est dans les bâtiments du collège que s'installèrent, dans le courant du quinzième siècle, les premiers imprimeurs appelés de Mayence à Paris par les docteurs de la maison de Sorbonne.

La Révolution française, sans toucher aux bâtiments, détruisit l'institution même. Sous le premier Empire, la Sorbonne servit, ainsi que l'ancien collège de Cluny, d'ateliers et d'appartements pour les artistes délogés du Louvre. Ils restèrent en possession jusqu'à l'ordonnance du 27 février 1821, époque à laquelle la Sorbonne est devenue, pour ainsi dire, le quartier général de l'enseignement public et le siège de l'Académie de Paris.

XII

Les Cordeliers de la Rue de l'Ecole de Médecine (1)

LES travaux d'expropriation récemment entrepris pour l'agrandissement de l'Ecole pratique de la Faculté de médecine nous donnent l'occasion de rappeler les souvenirs historiques qui se rattachent au couvent des Cordeliers, prédécesseur de la clinique et du musée Dupuytren.

Les Religieux Cordeliers (ainsi nommés à cause de leur ceinture qui est un cordon noué), dits Frères-Mineurs ou Frères de la Pénitence, ont été institués en 1208 dans l'Ombrie. Ils s'établirent rue de l'Observance en 1230; la concession que leur fit l'abbé de Saint-Germain, au mois de mai de cette année, porte que l'abbé et le couvent de Saint-Germain, *commodaverunt* aux Frères-Mineurs, un lieu et les maisons qui y étaient construites situées sur la paroisse Saint-Côme et Saint-Damien pour y demeurer, *ut ibi maneant tanquam hos-*

piles; ils ne pouvaient en conséquence avoir de cloches, ni cimetière, ni autel ou chapelle consacrée, à cause de la pauvreté rigoureusement prescrite par le fondateur de l'Ordre Saint-François. Sous cette dénomination de prêt, saint Louis acheta, en réalité, à l'abbaye de Saint-Germain des Prés tous les immeubles et dépendances nécessaires à l'installation des Cordeliers.

Les interdictions partielles, qu'avait mises l'abbaye de Saint-Germain à l'établissement des Religieux, furent levées en 1240; dès lors Saint Louis employa à bâtir leur église une somme de 10,000 livres d'amende prononcée contre Enguerrand de Couci. Cette église fut dédiée en 1262 à Sainte Madeleine.

Deux acquisitions successives, soit de Saint-Germain des Prés, soit de Sainte-Geneviève, étendirent leurs domaines jusqu'aux fossés de la Ville. Ils étaient même propriétaires en dehors de l'enceinte, depuis les années 1295 et 1298, de trois pièces de vigne de cinq quartiers, qui leur furent enlevées, lorsqu'en 1358 on creusa des fossés au pied du mur extérieur de Philippe-Auguste. Charles V les indemnisa en leur faisant donation de deux maisons rues de la Harpe et Saint-Côme.

L'église, dont l'entrée principale donnait rue de l'Observance (1), fut détruite presque de fond en

(1) Appelée ainsi parce qu'en 1502 on introduisit chez les Cordeliers de Paris, autrefois conventuels, une réforme dite de l'*Observance*, qui servit à les distinguer des autres religieux du même Ordre jusqu'en 1771, époque à laquelle les Conventuels et les Observantins furent, en vertu d'un bref du Pape, réunis sous l'obéissance du général des Conventuels, dont ils ont reçu l'habit et les Constitutions.

comble par un incendie arrivé le 10 novembre
1580; elle fut reconstruite sur les mêmes fondations par les libéralités d'Henri III, des chevaliers
de l'Ordre du Saint-Esprit et de plusieurs particuliers; les travaux furent commencés en 1582, et le
21 novembre 1585 le chœur étant achevé fut béni,
et le grand-autel fut dédié à Sainte Madeleine par
Jules de Saint-Germain, évêque de Césarée. La
nef fut continuée par les ordres de Christophe de
Thou, son fils; elle fut terminée en 1606. La chapelle du Tiers-Ordre de Saint-François fut bâtie à
droite en entrant dans l'église, l'an 1672, et placée
sous l'invocation de Sainte Élisabeth.

En 1673, le cloître fut réédifié, et on construisit
au dessus des dortoirs très vastes. On plaça à cette
époque sur la porte d'entrée principale du couvent
cette inscription : « Le grand couvent de l'Observance de Saint-François, 1673. »

La Confrérie du Saint-Sépulcre était établie dans
l'église des Cordeliers; c'est aussi dans une des
salles de ce couvent que se tenaient deux fois par
an les assemblées de l'Ordre royal de Saint-Michel,
ainsi qu'il était ordonné par l'article 5 des Statuts
du 12 janvier 1665 et le règlement d'avril 1728; ces
réunions avaient lieu autrefois dans la chapelle du
château de Vincennes.

En face de la porte d'entrée de l'église était un
jardin transformé dans la suite en cimetière. On en
a pris une partie pour ouvrir les rues de l'Observance et de Touraine.

Au moment de la Révolution, les religieux étaient
au nombre de soixante; d'après la déclaration faite

à l'Assemblée nationale, le 18 février 1790, par Claude Agreve, gardien du couvent, les revenus se montaient à 415,133 livres 14 sous 4 deniers, et les charges étaient seulement de 10,441 livres 9 sous. Le couvent dont la bibliothèque possédait 24,000 volumes servait aux jeunes religieux de l'Ordre. Interpellés par les commissaires sur leurs intentions, le 29 avril 1790, huit religieux déclarèrent qu'ils voulaient demeurer sous la règle qu'ils avaient embrassée, vingt demandèrent à ne pas s'expliquer et six profitèrent de la liberté que leur donnaient les décrets : les vingt-cinq autres religieux étaient absents au moment de la visite.

Le couvent des Cordeliers a produit plusieurs cardinaux et quelques papes.

Camille Desmoulins a fondé dans une des salles d'école des jeunes religieux le fameux club des Cordeliers. Sur l'emplacement du monastère a depuis été construite la Clinique.

XIII

L'église Saint-Côme et Saint-Damien (1)

Nous dirons aujourd'hui quelques mots d'une ancienne paroisse du vieux Paris, qui était située sur l'emplacement de l'angle formé par les rues de l'École-de-Médecine et Racine : Saint-Côme et Saint-Damien.

Cette église n'était pas collégiale, comme l'ont imprimé à tort les éditeurs de 1639 du *Théâtre des Antiquités de Paris* ; l'auteur de cet ouvrage, le savant bénédictin Dubreuil, s'était gardé de tomber dans cette erreur, lorsqu'il publia sous ses yeux en 1612 la première édition.

Elle fut édifiée en 1212 par l'abbé de Saint-Germain des Prés, Jean de Vernon, et érigée en paroisse à la suite d'un accord passé entre ce dernier, l'évêque de Paris et le curé de Saint-Sulpice.

Les abbés de Saint-Germain conservèrent le droit

de nomination à cette cure jusqu'en 1345, époque à laquelle ce droit fut cédé à l'Université. L'église fut reconstruite dans le courant du quinzième siècle et dédiée en 1426. Son architecture n'offrait rien de remarquable, l'édifice très petit était irrégulier, construit de biais au fond et en dehors de l'alignement; toutefois, quoiqu'il fut resserré de tous côtés, on avait ménagé un emplacement pour un cimetière et des charniers.

La paroisse était une des moins riches de la capitale; sa délimitation a donné lieu à bien des procès; l'un d'eux, commencé en 1617 contre deux particuliers habitant rue Monsieur-le-Prince en face de la rue de Vaugirard, qui avaient refusé de rendre le pain bénit à Saint-Côme, n'était pas terminé en 1648, à raison de l'intervention du curé de Saint-Sulpice. A l'appui des prétentions du curé et des fabriciens de Saint-Côme et de Saint-Damien, on alléguait entre autres arguments que la reine Marie de Médicis, femme d'Henri IV, logée au Luxembourg, rendait le pain bénit à Saint-Côme, que le duc d'Orléans, frère de Louis XIII, y venait comme à sa paroisse et que plusieurs gentilshommes de sa maison y étaient enterrés. Ce long procès fut enfin l'objet d'une transaction entre les curés de Saint-Côme et Saint-Sulpice.

Nous venons de mentionner le peu d'importance de cette paroisse, on s'en convaincra facilement en se reportant à la déclaration que fit, en exécution des décrets de l'Assemblée nationale, Jean-François de la Roue, curé, le 26 février 1790. Le revenu consistait alors dans le loyer de deux maisons montant à

1,400 livres et dans le casuel élevé à 2,000 livres. Les finances de la fabrique étaient dans un plus triste état encore, puisque, le 17 août 1756, les marguilliers déclaraient à la Chambre ecclésiatique que les recettes atteignaient à peine 8,200 livres et que les dépenses s'élevaient à 9,767 livres, dépassant les revenus d'environ 1,500 livres.

Sous la Révolution, l'église fut vendue comme propriété nationale ainsi que le cimetière, à la charge par les acquéreurs de fournir gratuitement le terrain nécessaire à l'ouverture projetée de la rue Racine, mais l'élargissement de cette voie publique et son prolongement n'ayant été exécutés qu'après l'ordonnance royale de 1832, l'édifice servit jusqu'en 1836 d'atelier de menuiserie. A cette époque les démolisseurs mirent à découvert des tombes construites en briques revêtues d'un enduit de plâtre et qui ne remontaient pas au delà du seizième siècle. Dans le voisinage de ces tombes et même dans ces monuments funèbres, on trouva des vases en poterie de grès très commune qui contenaient du charbon : ces vases étaient placés à la tête des corps.

Un grand nombre de personnages ont été inhumés soit dans l'église, soit dans le cimetière; nous n'en citerons que quelques-uns : Nicolas de Bèze, conseiller au Parlement, archidiacre d'Étampes, oncle du fameux protestant Théodore, qui composa pour lui en 1532 l'épitaphe en vers latins qu'on lisait sur ce tombeau (1); François de la Peyrounie,

<hr>

(1) Lemaître nous l'a conservée. *Paris, ancien et nouveau*, t. I, p. 382.

premier chirurgien du roi (1747), plusieurs personnes de la famille de robe, Omer Talon (1618-1732) : la chapelle qui contenait ces derniers tombeaux a servi depuis à la sépulture de la famille de Bezons.

Trois confréries avaient été fondées à Saint-Côme, c'étaient : celle de Saint-Joseph, instituée en 1654 par les compagnons charpentiers ; celle du Très Saint Sacrement, érigée en 1664 ; celle des chirurgiens, qui fut établie en cette église, lors de sa fondation, grâce aux sollicitations de Jean Pitard, chirurgien de Saint-Louis. Les membres de la Confrérie prirent en 1437 le titre de chirurgiens de robe longue, suppôts de l'Université, pour les distinguer des chirurgiens barbiers qui n'étaient que de robe courte, et qui se contentaient ordinairement de raser, de saigner et d'accoucher : ils ne pouvaient prendre ni la qualification de bacheliers, ni celle de licenciés, ni celle de docteurs, les lectures et les actes publics leur furent également interdits. Quant à la confrérie des chirurgiens de robe longue, elle resta jusqu'à la Révolution sous la direction du premier chirurgien du roi, prévôt perpétuel, et de quatre prévôts électifs ; les étudiants en chirurgie ne passaient maîtres qu'après un examen subi devant trois docteurs en médecine et après une thèse publique.

Avant le règne de Saint Louis, les chanoines, mires ou médecins, soignaient les pauvres à l'entrée de la cathédrale de Paris ; depuis 1226, les chirurgiens remplirent le même office à Saint-Côme tous les premiers lundis de chaque mois. Ce ne fut toutefois seulement qu'en 1561 que l'on construisit un petit bâtiment pour le pansement des pauvres, il fut édifié par les soins du curé Claude Versoris.

Dans le courant du xviiie siècle, on institua une école royale de dessin près de l'église Saint-Côme ; à cette école gratuite appelée aujourd'hui des Arts-Décoratifs, le curé et les marguilliers étaient autorisés à présenter deux élèves qu'on fournissait de papier, de dessins et d'instruments, la fabrique avait pris à cet effet une délibération le 2 mars 1782.

XIV

Les travaux de l'église Saint-Merry (1)

Des travaux importants s'exécutent en ce moment à l'église Saint-Merry. Le Conseil municipal avait déjà ouvert, en vertu de plusieurs
délibérations, un crédit s'élevant au total à 60.000 fr.
pour la restauration de la Tour du Beffroi et des
deux tourelles du transept sud de ce monument
historique. Ce crédit était affecté au dérasement de
la partie supérieure ruinée, à la reprise des assises
supérieures de la partie restante et à son couronne-
ment par une flèche en ardoises dans le style général de l'église. Partie de la dépense était couverte
au moyen d'une contribution consentie par la
fabrique et d'une autre fournie par l'État à raison
du classement de l'église au nombre des monuments historiques. Mais la difficulté d'exécution
des travaux a rendu ce crédit tout à fait insuffisant,

(1) Semaine Religieuse n° du 11 juin 1881.

et, après examen minutieux, on a craint que cette exécution même n'eut pour conséquence de compromettre le caractère architectural de l'édifice.

Aussi l'attention du Conseil municipal ayant été appelée de nouveau sur les questions multiples que soulevait cette restauration, il fut décidé le 9 juin 1883 que la partie supérieure du Beffroi serait démolie et qu'on y appliquerait une couverture provisoire en carton bitumé dont la dépense était évaluée à 5.000 francs.

La démolition de la Tour est commencée depuis quelque temps, elle est aujourd'hui presque terminée. L'église de Saint-Merry avait déjà été éprouvée à différentes reprises, notamment pendant le cours du dix-huitième siècle. En 1709, les chanoines avaient fait abattre, sans le consentement du chapitre Notre-Dame, le Jubé et supprimer quatorze stalles ; vers le milieu du même siècle (1753) la fabrique avait dépensé plus de 5.000 écus pour convertir en plein cintre les 13 baies en arc brisé du chœur et de l'abside, pour renfermer les piliers dans des panneaux de stuc et pour fixer dans la travée terminale une Gloire à gros rayons dorés, de fort mauvais goût. Trois chapelles du côté méridional furent défoncées à la même époque pour ouvrir autant d'entrées à la chapelle de la Communion et l'on démembra une travée pour placer une chaire accostée de palmiers et surmontée d'une figure, enfin on remplaça par des verres blancs les magnifiques vitraux du seizième siècle.

Lors de l'insurrection des 5 et 6 juin 1832, l'église eut aussi beaucoup à souffrir des décharges de l'artillerie et il fallut de nombreuses réparations pour effacer les traces de ces importantes dégradations.

Pendant la Commune, la Tour du Beffroi a été touchée par les balles et elle aurait été détruite ainsi que l'église entière par le pétrole, si les habitants du quartier n'avaient eu la pensée de préserver tout l'édifice en établissant une ambulance dans la nef.

La Tour, dont on démolit en ce moment la partie supérieure, date du dix-septième siècle, elle n'offrait rien de remarquable au point de vue architectural et ne mérite pas d'être regrettée comme œuvre d'art.

XV

Le Couvent des Filles Anglaises
de la rue de Charenton [1]

La ville de Paris a fait procéder (juillet 1884) à l'expropriation du passage du Chêne Vert et de l'immeuble portant sur la rue de Charenton le n° 48, pour le prolongement de l'avenue Ledru-Rollin.

Cette avenue avait reçu, dans l'origine, le nom du colonel Lacuée, tué en 1805 au combat de Gunzbourg, pendant la campagne d'Italie ; un décret du 10 février 1875 lui a donné une dénomination toute politique ; elle commence au pont d'Austerlitz et doit aboutir, en s'infléchissant, à l'angle des rue et avenue de la Roquette avec une longueur totale de 1522 mètres ; les parties exécutées de 1806 à 1859 ont une largeur qui varie entre 12, 15 et 30 mètres. Le prolongement actuel entre l'avenue

(1) Semaine Religieuse, n° du 4 avril 1885.

Daumesnil et la rue de Charenton aura une largeur de 22 mètres, il englobera tout le passage du Chêne Vert et fera disparaître le n° 48 de la rue de Charenton.

Le passage du Chêne Vert était jadis la propriété des Religieuses Anglaises, elles avaient établi en ce lieu une plantation dont on n'avait conservé qu'un chêne abattu vers 1840.

Les bâtiments portant le n° 48 sur la rue de Charenton étaient une des dépendances de ce couvent. Il n'est pas indifférent de rappeler ici les souvenirs historiques qui se rattachent à cette maison religieuse, emportée comme tant d'autres par la tourmente révolutionnaire de 1793, mais non rétablie depuis.

Plusieurs historiens de Paris, dom Félibien, l'abbé Lebeuf, Piganiol de la Force et leurs copistes, en parlant des Religieuses Anglaises de la rue de Charenton, ont confondu les origines de leur couvent avec celles du monastère des Chanoinesses Anglaises Augustines dont la maison-mère était située rue des Fossés Saint-Victor. Voici le fait qui a motivé cette confusion. Les Chanoinesses Anglaises furent autorisées par lettres patentes du mois de mars 1633 à s'établir dans la ville ou dans les faubourgs de Paris. Après l'enregistrement au Parlement de ces lettres, le 31 août 1635, ces religieuses, déjà installées rue des Fossés Saint-Victor, voulurent fonder une autre maison, allant en cela plus loin que l'autorisation royale. A cet effet, elles firent l'acquisition de plusieurs maisons et jardins rue de Charenton, par contrats en date des 22 décembre

1635, 5 février 1637 et 9 juin 1653, mais cet établissement ne prospéra pas au gré de leurs désirs, et elles abandonnèrent en 1659 la rue de Charenton pour revenir dans le couvent de la rue des Fossés Saint-Victor et ne formèrent plus qu'une seule maison. Dès l'année précédente les Filles Anglaises avaient été autorisées de leur côté à fonder une maison à Paris, elles s'installèrent d'abord au faubourg Saint-Jacques, puis, en 1660, elles acquirent de leurs compatriotes, les immeubles de la rue de Charenton délaissés peu de temps auparavant.

Les Filles Anglaises, qui restèrent en possession de ce couvent jusqu'à la Révolution, étaient dans le principe établies en Angleterre, à Newport. Les persécutions et les troubles des guerres civiles les obligèrent à venir, sous la conduite de la dame Jernigan, leur abbesse, se réfugier à Paris. Ces religieuses étaient du Tiers-Ordre de Saint-François ; elles obtinrent en 1661 du pape Alexandre VII une bulle qui leur permit de prendre l'institut de l'Ordre de la Conception ; aussi connaissait-on leur couvent sous la dénomination de Monastère de Bethléem ou des Filles Anglaises de l'Immaculée-Conception.

Leur maison fut tolérée pendant douze années, car les lettres patentes qui l'autorisent ne furent octroyées qu'en 1670.

La première pierre de leur église provisoire fut posée, le 2 juin 1672, par la femme du Chancelier Le Tellier et la chapelle placée sous l'invocation de Sainte-Anne ; l'église définitive, qui n'a jamais été consacrée, fut construite par l'abbesse, Mme de Cleveland, qui en posa la première pierre le 13 novembre 1679. Le couvent dépendait de la paroisse Sainte-Marguerite.

Au moment de la Révolution, les religieuses professes étaient au nombre de 16 ; il y avait en outre dans le couvent 3 sœurs converses, 1 novice, 8 pensionnaires, 1 jardinier, 1 sacristain et 3 filles de service.

L'abbesse se nommait Winefried Stock ; elle mourut peu de temps après la déclaration des biens et charges qui se montaient pour les premiers à 44.169 livres et pour les deuxièmes à 11.188 livres 7 sous : car, lorsqu'il s'agit de porter à la Monnaie l'argenterie, le 13 messidor an III, c'est Elisabeth Green, qualifiée ci-devant supérieure, qui assistait à l'opération des commissaires de la Convention.

Quatre jours auparavant, les Religieuses Anglaises avaient obtenu l'arrêté suivant, signé le 9 messidor an III par le fameux docteur Guillotin et par Duchatel, que nous avons retrouvé aux Archives nationales :

« Tu voudras (sic) bien, citoyen, laisser aux ci-devant Religieuses Anglaises de la rue de Charenton, sous leur responsabilité, tous les effets dont elles jouissaient avant leur arrestation mêmes (sic) ceux relatifs au culte. »

Arrêtées une première fois, ainsi que le prouve le document qui précède, elles furent une deuxième fois mises en état d'arrestation le 14 octobre 1793, puis transférées le 14 novembre 1794, rue des Fossés Saint-Victor dans le couvent de leurs compatriotes. La situation de ces religieuses, qui étaient étrangères, causa certains embarras à la République ; elles furent mises définitivement en liberté le 27 février 1795 et, quelques jours après, elles présentaient à la Convention nationale un curieux placet qui se termine en ces termes, d'après la copie conservée également aux Archives :

« Vous ne souffrirez pas que le désespoir nous réduise à regretter d'avoir échappé au fer des assassins ! Nos biens sont séquestrés ; ainsi nous n'avons de ressource qu'en votre humanité, nos besoins sont pr.ssants, accordez-nous un asile et un secours provi..ire jusqu'à ce que vous ayez soumis à la discussion si nos biens doivent nous être rendus ou acquis à la République. Nous ne cesserons de bénir votre justice et de dire : Vive la République française ! Vive la Convention nationale ! »

La Convention fit droit à cette requête, en leur faisant remettre les revenus de leurs biens, mais les biens eux-mêmes finirent par rester la propriété entière de l'Etat. Le couvent fut vendu en trois lots, les 7 et 17 vendémiaire an VIII.

XVI

Le Couvent des Filles-Dieu [1]

L'expropriation va faire disparaître prochainement une des voies publiques les plus insalubres de Paris : la rue des Filles-Dieu, dont la dénomination rappelle le voisinage de l'ancien couvent
de ces religieuses. Cette rue existait déjà en 1530,
on la trouve désignée dans le censier de l'évêché
de cette époque sous le nom de rue Neuve de l'Ur-
sine.

Les origines du couvent des Filles-Dieu ont fait
l'objet de nombreuses dissertations. La plupart des
historiens font remonter à Saint Louis la fondation
de ce monastère, en 1226. La date seule est exacte ;
Saint Louis, qui n'est monté sur le trône qu'à la fin
de l'année 1226, à l'âge de onze ans, n'a pu être le
fondateur de ce couvent. L'établissement en est dû
à Guillaume d'Auvergne, devenu en 1228 évêque de

(1) Semaine Religieuse, n⁰ˢ des 16 et 23 mai 1885.

Paris, qui engagea par ses prédications un certain nombre de femmes pauvres à mener une existence régulière en commun et à se réunir dans ce but en une maison hospitalière qu'il fit bâtir en 1225 ou 1226 hors de la ville et près de Saint-Lazare ; il les y installa sous le nom de femmes nouvellement converties. Dès cette époque, les terrains et dépendances de ce couvent étaient considérables, ils ne comprenaient pas moins de 80 arpents ; leur configuration exacte nous a été conservée par un acte de 1226 dont nous aurons à parler plus loin. Cet acte détermine aussi les limites de la propriété : elle partait de la rue actuelle des Filles-Dieu, rue Saint-Denis, s'étendait jusqu'à l'enclos de Saint-Lazare, contournait l'égout en formant un double coude représenté par les rues des Petites-Écuries et d'Hauteville jusqu'à la rue de Paradis, suivait cette rue jusqu'au chemin des Poissonniers (faubourg Poissonnière), pour aboutir à la rue d'Aboukir et à l'extrémité de la rue des Filles-Dieu ; tout ce vaste espace était entouré de haies, de fossés et de murailles. Quant aux bâtiments, ils avaient remplacé au droit du faubourg Saint-Denis, la maison de la Corne de cerf.

L'établissement des religieuses ne se fit pas sans difficulté ; le prieur de Saint-Martin-des-Champs et le curé de Saint-Laurent s'y étaient tout d'abord énergiquement opposés. Ils y consentirent aux conditions suivantes mentionnées dans l'acte auquel nous faisons allusion plus haut. Ce concordat, qui porte la date de septembre 1226, stipule que la maison devra porter le nom d'hôpital, qu'on y recevra incessamment les pauvres sans qu'il soit possible de changer le nom ou la destination de la maison, que les hospitalières auront un cimetière, des fonts baptismaux, un clocher et deux cloches pesant chacune 100 livres et qu'elles célébreront le service divin aux heures qui leur seront le plus commodes. En échange, le prieur de Saint-Martin cède tous ses droits à l'exception du patronage des chapelles qu'il fondera en ce couvent ; le curé de Saint-Laurent, de son côté, fait abandon de tous ses droits curiaux ; toutefois les officiers, les domestiques et les pensionnaires le reconnaîtront pour leur pasteur.

Si le roi Saint Louis n'a pas été le fondateur du couvent des Filles-Dieu, il faut reconnaître qu'il en a été le plus zélé bienfaiteur. Guillaume d'Auvergne avait sous son règne et sur ses vives instances trouvé des imitateurs. Leurs sermons convertirent deux cents femmes que Saint Louis appelle femmes pénitentes et qu'il adjoignit aux premières hospitalières. Saint Louis leur constitua sur son trésor 400 livres parisis de rente ; c'était, pour l'époque, une somme considérable, si l'on songe que la valeur de l'argent a doublé depuis Saint Louis jusqu'au roi Jean et décuplé depuis ce dernier jusqu'à Louis XIV. Le roi ne borna pas là ses libéralités, il leur fit construire des dortoirs, des réfectoires et autres dépendances, il leur fit don, tous les carêmes, de 2 muids de blé et leur concéda en 1265 la grosseur d'un gros tournois de l'eau de la fontaine Saint-Lazare, à la charge d'entretenir à leurs dépens les tuyaux qui la conduiraient de la fontaine jusqu'en leur hôpital. Les religieuses usèrent de cette concession pendant tout le temps qu'elles occupèrent leur premier monastère et lorsque l'eau cessait de venir par la négligence des moines de Saint-Lazare, elles les faisaient condamner par arrêts du Parlement à exécuter les réparations nécessaires. Enfin Saint Louis ne les oublia pas dans son testament, il leur laissa une somme de 100 livres.

On leur donna le nom de Filles-Dieu. Les historiens en ont cherché le motif ; ils ont prétendu que Saint Louis le leur avait donné pour perpétuer le miracle de ces conversions et pour honorer Celui qui les avait converties. Nous ne le pensons pas, car elles étaient appelées ainsi, avant que Saint Louis fit entrer dans le couvent les deux cents pénitentes ; d'ailleurs, malgré la perversion de la première moitié du treizième siècle, les conversions étaient nombreuses et n'étaient point regardées comme des miracles. Il est plus exact de dire selon l'opinion de quelques savants, que c'est parce que presque tous les hôpitaux de ce temps-là se nommaient Hôtel-Dieu ou Maison-Dieu, et l'on peut invoquer à l'appui, les termes mêmes du Concordat de septembre 1226.

Le couvent des Filles-Dieu était dirigé par un prêtre qui prenait la qualité de maître-proviseur-gouverneur ; l'évêque de Paris l'appelait son bien-aimé en Jésus-Christ et recevait, par lui-même ou par ses mandataires, compte de la gestion des biens de la maison.

L'église, dédiée à Dieu, à Jésus-Christ, à la Vierge Marie, à Sainte Marie-Magdeleine et à tous les saints du Paradis, avait été édifiée par Saint Louis, dit-on, au coin du faubourg Saint-Denis et de la rue de l'Échiquier ; elle était, selon l'usage chrétien, entourée d'un cimetière. Sauval a pu voir, à la fin du dix-septième siècle, un morceau de pilier de cette église dans l'hôtellerie de l'Échiquier.

Quarante-neuf ans après la fondation du couvent, la peste et la cherté des vivres emportèrent plus de la moitié des religieuses ; l'évêque de Paris, Étienne Tempier, touché de leurs infortunes, en réduisit le nombre réglementaire à soixante ; mais les trésoriers de France, avertis de cette réduction, retranchèrent 200 livres sur les revenus. Le roi Jean, par ses lettres patentes du mois de novembre 1350, rétablit les 400 livres que leur avait octroyées Saint Louis.

Après la bataille de Poitiers, Étienne Marcel, craignant que les Anglais ne vinssent investir Paris, ordonna sans autre forme de procès aux Filles-Dieu de quitter leur hôpital, de le démolir et d'en enlever tous les matériaux, le tout sans indemnité ; dans un but moins patriotique, les auteurs des décrets ont suivi l'exemple de ce prévôt des marchands dont les violences et les actes ont mérité, de nos jours, un double tribut de gloire posthume. Le proviseur des religieuses obéit à l'injonction. Les édifices appelés *les Petites Queues,* *la Grange* et le *Vieux Monastère,* furent achetés par des particuliers ; les autres bâtiments, la charpente et les tuiles furent vendus, le 25 décembre 1359, à Pierre Bourguetelli, bourgeois de Paris, moyennant 500 deniers d'or à l'écu du roi Jean. Le reste forma, avec les immondices amoncelées de ce quartier, la Butte Bourbon-Villeneuve, appelée pour ce motif Villeneuve-sur-Gravois.

Le premier monastère des Filles-Dieu avait subsisté cent trente-trois ans.

Nous devons rappeler aussi les souvenirs historiques qui se rattachent au second couvent de ces religieuses, établi rue Saint-Denis et occupé par elles jusqu'à l'époque de la Révolution.

Après la vente des derniers matériaux de leur maison et de ses dépendances, les Filles-Dieu étaient restées sans asile. L'Évêque de Paris, Jean de Meulan, les établit en 1360 dans l'hôpital de la Madeleine, fondé quarante-quatre ans auparavant rue Saint-Denis, sur l'emplacement du passage du Caire, par Imbert de Lyons ou de Lyon, d'après les historiens de Paris ; mais dont le nom doit s'écrire de Lions, conformément à la signature même du fondateur que nous avons pu lire au bas de la copie des lettres patentes de la création de cet hôpital. Les lettres d'amortissement de l'Évêque de Paris portent la date de l'année 1316.

Jean de Meulan obligea les Filles-Dieu à pratiquer, dans la maison qui leur était destinée, l'hospitalité dans les conditions où elle s'exerçait auparavant ; cette hospitalité consistait à recevoir de pauvres femmes pendant une nuit et à leur donner, le lendemain, un pain et un denier. La chapelle primitive était placée sous l'invocation de Saint Quentin, mais l'évêque en fonda une autre dédiée à Sainte Madeleine ; il donna aux Filles-Dieu des statuts et fixa à douze le nombre de lits que devaient occuper les pauvres femmes dont les sœurs converses prendraient soin pour que les religieuses ne fussent pas troublées au milieu des exercices du cloître et du service divin.

Dans le courant du quinzième siècle, l'esprit de l'ordre religieux se perdit ; il ne restait plus dans le monastère que trois religieuses et cinq sœurs converses, qui négligeaient même de s'acquitter des devoirs d'hospitalité que leur imposait l'acte de fondation. Charles VIII, pour remédier à ces désordres, ordonna par ses lettres patentes du 27 décembre 1483, de substituer aux Filles-Dieu les religieuses de Fontevrault, dont l'abbesse avait sur les religieux du même ordre un pouvoir souverain, par imitation de la soumission et de l'obéissance qu'avait montrées Saint Jean l'évangéliste à la Vierge Marie. Après onze années de luttes avec les Filles-Dieu, et pour arriver à mettre d'accord les constitutions des deux ordres, l'évêque de Paris, Jean Simon de Champigny, consentit à sacrifier ses droits d'administrateur sur la maison, par ses lettres du 13 avril 1494 et se borna à exiger que les religieuses de Fontevrault feraient tous les ans l'office de Saint-Louis, et qu'après le décès de Charles VIII et le sien, elles feraient célébrer un service pour le repos de leurs âmes. Huit religieuses nouvelles et sept religieux prirent possession du couvent, le 15 juin 1495, en conservant le nom de Filles-Dieu ; elles n'y trouvèrent que quatre religieuses converses et deux sœurs qui furent mises hors de la clôture et qui, ne voulant pas se soumettre à la règle de l'observance, furent logées, nourries et entretenues jusqu'à leur mort.

Après leur installation, les religieuses de Fontevrault qui avaient été tirées du monastère de la Madeleine et de celui de Fontaine, près de Meaux, firent construire, dans les jardins, une nouvelle chapelle parce que les bruits de la rue troublaient le service divin ; la même année, on commença à bâtir l'église qui a subsisté jusqu'à la Révolution et dont Charles VIII posa la première pierre : elle fut achevée et dédiée en 1508. Des réparations importantes y furent exécutées en 1582.

François Mansard avait dessiné le maître-autel et les quatre colonnes corinthiennes qui l'ornaient. Depuis l'époque de cette restauration, on y voyait aussi les statues de deux anges et celles de Saint Jean l'évangéliste et de Saint Benoît, sculptées par Auguier. Adossée extérieurement aux piliers de la nef était une figure de Jésus-Christ attaché à la colonne. La figure du Christ était mal dessinée, mais la corde avec laquelle il était lié était si parfaitement exécutée que les cordiers eux-mêmes, s'y trompaient souvent. Cette figure disparut à la Révolution.

La déclaration, faite par les religieuses au conseil du roi le 25 janvier 1669, et dont le texte est conservé aux Archives nationales, établit que, malgré la dépossession brutale de leurs immeubles par Étienne Marcel, elles avaient toujours joui de leurs droits de censive ; nous avons précédemment indiqué la délimitation et la configuration de cette censive, son étendue était de 15 arpents, soit de 53.085 mètres.

Les Filles-Dieu ont eu à soutenir contre la municipalité de Paris de longs procès pour obtenir, à l'occasion de la question de propriété des anciens fossés et des fossés jaunes, d'être maintenues en qualité de dames foncières dans leur seigneurie de La Villeneuve-sur-Gravois ; un arrêt du conseil du roi, en date du 26 novembre 1686, termina, à leur avantage, cette volumineuse procédure.

Les religieuses, outre les deux principes de droit : *Bonorum raptorum nulla est præscriptio : in nullius bonis sunt* (les fossés), *a nemine possiden- tur*, invoquaient les lettres patentes de Charles V du 28 avril 1374 ; elles en tiraient ces conséquen- ces : 1° que les anciens fossés et arrière-fossés avaient été pris sur leurs domaines ; 2° qu'il avait été abattu 70 toises des murs du couvent, à 16 toises des anciens fossés, pour servir à l'établissement d'un passage situé autrefois entre la rue de Cléry et les fossés et qu'ainsi leur deuxième clôture était placée à l'endroit où est la rue de Cléry.

Après l'arrêt de 1686, les Filles-Dieu firent com- bler les fossés et, prolongeant la rue des Filles-Dieu, percèrent les rues Bourbon-Villeneuve (d'Aboukir), Sainte-Foy, Saint-Spire et l'impasse de la Grosse- Tête ; elles construisirent au droit de ces voies publiques des immeubles qu'elles louèrent d'abord, puis vendirent peu à peu, ce qu'elles firent également pour les maisons qu'elles avaient fait bâtir, la plupart en pierre de taille, à la même époque, de chaque côté de la rue des Filles-Dieu.

Les lettres patentes de Charles V leur furent uti- les pour obtenir justice dans une autre circons- tance ; elles portaient qu'il était défendu aux bourgeois et habitants du quartier de mettre, porter ou faire porter gravois, boues, fientes ou ordures entre les anciens fossés et les murs de clôture du monastère. Ces prescriptions étant fort mal observées, les religieuses, sous le règne de Louis XIV, se plaignirent de ce que le chemin des Poissonniers, aboutissant à une porte de la ville, ouverte sur les boulevards, en face du boulevard Poissonnnière, était encombré par des immondices qui entravaient la voie publique et leur causaient une odeur insupportable ; elles ajoutaient que les propriétaires, dont les terrains ouvraient sur les marais leur appartenant à elles, ouvraient sur ces marais des portes à leur gré. Cet état de choses fut modifié en vertu de plusieurs arrêts du Conseil, rendus de 1633 à 1673.

Les Archives possèdent deux plans manuscrits curieux : l'un porte la date du 5 décembre 1651, il montre l'étendue de l'ancienne censive ; l'autre est joint à un mémoire imprimé, publié pour la revendication par les Filles-Dieu des anciens fossés. On y voit figurer les anciens fossés, creusés en 1358, et les autres fossés commencés sous François Ier, terminés en 1562 et auxquels on a donné le nom de Fossés-Jaunes. De l'autre côté de la clôture du couvent, en revenant sur Paris, sont indiquées la cour des Miracles et la cour Sainte-Catherine, séparant le monastère de l'impasse de la cour des Miracles et des jardins des religieuses de Sainte-Catherine.

Les Filles-Dieu étaient chargées de fournir le dernier repas des condamnés d'après un usage emprunté aux Juifs, qui donnaient du vin de myrrhe aux criminels, pour les étourdir et les rendre moins sensibles aux supplices qu'ils allaient endurer. L'église des religieuses était située sur le parcours du chemin que suivaient les condamnés conduits aux fourches patibulaires de Montfaucon ; on les amenait devant le crucifix, placé, ainsi que nous l'avons dit, au chevet extérieur de l'église, ils le baisaient, recevaient de l'eau bénite et on leur apportait du pain, du vin et un denier ; ce repas se nommait le morceau du patient.

Les Filles-Dieu recevaient des pensionnaires, moyennant 350 livres par an ; le noviciat coûtait 300 livres, l'habillement 2000 livres et la dot 6000. Nous avons retrouvé, aux Archives, les premières minutes des sépultures et inhumations des religieuses de 1737 à 1755 ; le registre de 1754 porte la signature de d'Argouges de Fleury, maître des requêtes, lieutenant civil de la prévôté et vicomté de Paris, tous les feuillets en sont cotés et paraphés par ce magistrat.

Un grand nombre de personnages ont été enterrés dans l'église des Filles-Dieu, la liste en est longue ; Lensaire et Piganiol de la Force ont publié les épitaphes de quelques-uns d'entre eux.

En 1790, le couvent qui possédait 73,215 livres de revenus, grevés de 27,685 livres de charges seulement, se composait de trente religieuses professes, de trois postulantes et de quatre prêtres confesseurs ; il fut supprimé et vendu comme propriété nationale. L'église, après avoir servi de salle des séances au club des Droits des hommes révolutionnaires du 10 août, fut démolie. Sur l'emplacement qu'occupait l'enclos on bâtit la rue et le passage du Caire.

XVII

La Tour de Jean Sans-Peur (1)

Dans le courant de l'année dernière le Conseil municipal a été saisi d'une proposition ayant pour but la conservation et la restauration de la Tour, élevée vers 1390 par le duc de Bourgogne, Jean Sans-Peur. En 1880, on avait déjà installé un échafaudage destiné à la réparation de ce monument historique. On avait espéré qu'à l'occasion des expropriations de la rue Étienne-Marcel, l'administration pourrait entourer d'un square cette tour, comme il avait été fait autrefois pour la Tour Saint-Jacques. Il n'a pas été donné suite à ce projet qui serait actuellement d'une exécution impossible, depuis la construction de bâtiments scolaires établis en façade sur la rue Étienne-Marcel et soudés à l'édifice même.

On accédait, avant 1866, à la Tour qui rappelle

(1) Semaine Religieuse, n° du 17 octobre 1885.

par son caractère les forteresses du moyen âge, en pénétrant dans la cour de la maison n° 23, rue Tiquetonne, ce que nous avons fait alors, ainsi que l'ont pu faire tous les amateurs et les curieux. La description du repaire de Jean Sans-Peur, dont il est maintenant difficile de constater *de visu* l'exactitude, peut se résumer ainsi : La tour attenait à l'hôtel de Bourgogne, sa forme est rectangulaire, elle est haute de 15 mètres environ et est couronnée par une plate-forme qui fait saillie et qui est percée de créneaux et de machicoulis. L'escalier compte cent cinquante marches environ, il se termine par de larges branchages sculptés dans la pierre et entrelaçant les armes de Jean Sans-Peur. Chacun des paliers, au nombre de six, donne accès à une chambre : celle du deuxième étage était habitée par le duc de Bourgogne, c'est là qu'il s'était retiré en novembre 1407, après l'assassinat du duc d'Orléans, et qu'il y donna asile aux meurtriers de ce prince, notamment à Robert d'Aucquetonville ou d'Octonville et aux frères Courte-Heuse. La salle qu'il occupait n'avait pas de fenêtres, la porte en était basse et dans l'épaisseur des murs il y avait des issues qui communiquaient avec les souterrains.

Depuis trente ans ce vestige des institutions féodales a éveillé l'attention des archéologues, cette sollicitude vient tout récemment de se manifester d'une façon plus énergique encore. La Commission des monuments historiques a, sur le rapport d'un de ses membres, donné avis à la Ville de Paris qu'il était indispensable de prendre des mesures d'urgence pour la conservation de la Tour de Jean Sans-Peur qui menace de s'écrouler.

Aujourd'hui, les travaux de restauration s'imposent ; il est permis d'espérer que, sans reprendre le projet primitif, l'administration municipale, en expropriant les maisons qui portent sur la rue Française les n°s 8 et 10, ordonnera l'isolement partiel de ce fameux donjon qui restera au centre de Paris comme un spécimen éloquent de l'architecture du quatorzième siècle.

XVIII

Les Chanoinesses Anglaises [1]

Nous avons [2] à l'occasion de l'expropriation d'un immeuble situé à Paris, numéro 48 rue de Charenton, parlé incidemment des Chanoinesses Anglaises, en rappelant les souvenirs historiques qui se rattachaient au couvent des Filles Anglaises. Nous avons dit, en citant les auteurs dignes de foi sur lesquels nous avons appuyé notre opinion, que les Filles Anglaises avaient succédé dans cet immeuble aux Chanoinesses Anglaises ; l'un de ces auteurs, Jaillot, affirme même avoir consulté les titres de propriété que ces religieuses avaient mis à sa disposition. Nous avons appris depuis la publication de notre article, que, d'après une autre version, les Chanoinesses Anglaises seraient venues se fixer, non pas rue de Charenton, mais rue de Charonne.

(1) Semaine Religieuse, n° du 19 Décembre 1885.
(2) Voir ci-dessus page 311.

L'impartialité nous fait un devoir de signaler cette seconde opinion et d'indiquer les sources et les titres sur lesquelles elle est basée.

L'un des fondateurs du couvent des Chanoinesses Anglaises, à Paris, Miles Pinkney, surnommé Thomas Carre, prêtre, économe du collège anglais de Douai, a laissé, sur les origines de cette fondation, un mémoire manuscrit, dans lequel, après avoir rappelé leur premier établissement, rue d'Enfer Saint-Michel, que les religieuses tenaient seulement en location, il parle, en ces termes, de l'acquisition qu'elles firent pour l'installation définitive de leur maison : « Cette acquisition eut lieu au faubourg Saint-Antoine, près de la porte de ce nom, rue de la Roquette. Le vendeur était un certain Bertrand Fournier, confiseur, le contrat est daté du 22 décembre 1635. » La désignation de l'immeuble dont le titre de propriété est conservé aux Archives nationales, séries 4616 et 4617, est énoncée ainsi : « 5 arpents de terre en une pièce hors et proche la porte Saint-Antoine, sur le chemin de Charonne, au lieu dit l'Ane-qui-dort, tenant d'une part à René Jacquelin, marchand jardinier ; de l'autre à Gérard de Lappe, également marchand jardinier, d'un bout sur le chemin tendant de Paris à Charonne, et d'autre bout au chemin dudit Paris à la Roquette. Les 5 arpents de terre consistant en partie en jardins plantés d'arbres fruitiers, sur le devant duquel héritage et chemin de la Roquette étaient bâties trois maisons manables et couvertes de tuiles, que ledit sieur Fournier avait fait bâtir ainsi que les murs de clôture avec les appartenances et les dépendances. »

De son côté Thomas Carre fait en ces termes la description de la nouvelle propriété des Chanoinesses Anglaises : « Par les soins de la divine Providence, nous avions un jardin assez spacieux pour la communauté, consistant en 5 acres de terrain convenablement divisé en allées et planté de centaines d'abricotiers et d'arbres fruitiers d'espèces diverses. »

On voit par la reproduction même de la contenance énoncée dans les titres qu'il y a, entre les deux, une différence totale de 3138 mètres, en donnant à l'acre anglais la plus grande valeur. Il est donc permis de supposer que les 3138 mètres de terrain formant la différence entre les deux contenances se rapportent à la propriété de la rue de Charenton cédée aux Filles Anglaises et qui était cultivée en potager, parce que, d'après l'auteur contemporain, les Chanoinesses ne possédaient rue de la Roquette et rue de Charonne qu'un verger. Les deux immeubles ayant le même propriétaire ont pu être cédés par le même acte aux Chanoinesses pour arriver à constituer un ensemble de 5 arpents. Ce ne sont là, il est vrai, que des présomptions ; mais il est nécessaire de s'y rallier pour mettre d'accord les titres entre eux et les affirmations des auteurs qui ont consulté les origines de propriété des Chanoinesses Anglaises.

Nous devons la communication des documents historiques sur les Chanoinesses Anglaises à M. l'abbé Cédoz, leur aumônier ; nous les livrons à l'appréciation de nos lecteurs, et nous dirons comme Ducange (Dissertations sur l'*Histoire de saint Louis* par Joinville) : « J'ai établi toutes les raisons qui peuvent autoriser les deux explications, laissant à chacun la liberté de prendre tel parti qu'il voudra » ou comme Terentianus Maurus : « *Hæc putavi colligenda : tu sequere quod voles...* »

Il ne sera pas sans intérêt, puisque nous avons été amené à parler des Chanoinesses Anglaises, de donner ici un abrégé succinct de l'histoire de ces religieuses.

La communauté des Dames Augustines Anglaises fut fondée à Paris en 1634, à l'époque des persécutions contre les catholiques d'Angleterre, par Marie Tredway, issue d'une des premières familles d'Angleterre, assistée de M. l'abbé Thomas Carre, grâce à la protection de la duchesse d'Aiguillon (alors Mme de Combalet), nièce du cardinal de Richelieu. Après avoir passé deux années rue d'Enfer Saint-Michel, les Chanoinesses Anglaises vinrent se fixer rue de la Roquette, mais cet emplacement était malsain, entouré de marécages ; plusieurs religieuses furent atteintes de maladies, deux d'entre elles succombèrent ; elles quittèrent au bout de trois ans ce séjour d'autant plus pernicieux, que le double but de leur fondation était de former une pépinière pour élever, à Paris, la jeunesse catholique anglaise et d'ouvrir un asile aux âmes appelées à la vie religieuse.

Les Chanoinesses firent, en conséquence, l'acquisition d'une maison avec ses dépendances, rue des Fossés Saint-Victor, qui avait appartenu à Baïf, l'un des organisateurs de la Pléiade ; c'est dans cette maison même qu'avait été établie l'Académie de poésie et de musique, dont les travaux et séances ont été suivis avec intérêt par Charles IX et par Henri III.

Le pensionnat était en pleine prospérité, lorsque la famille royale d'Angleterre reçut un asile dans cette maison avant de s'établir à Saint-Germain en Laye, dont le château lui avait été désigné comme résidence par Louis XIV. Tous les aumôniers qui se succédèrent, venus du séminaire de Douai, contribuèrent par leur zèle et leur dévouement à rendre la communauté florissante ; notamment, l'abbé Lutton, désigné pour successeur dans la direction par Mgr Smitt, qui n'hésita pas à quitter la résidence du palais cardinal pour chercher, au milieu des Chanoinesses, dans l'accomplissement de ses fonctions pastorales, un adoucissement à l'exil et à la persécution.

La communauté continua jusqu'en 1793 à prodiguer des secours quotidiens aux indigents du quartier de la place Maubert ; elle fut, à cette époque, dénoncée comme suspecte, et une visite domiciliaire eut lieu, sans amener de résultats ; mais, quelques mois après, à la nouvelle de la prise de Toulon par les Anglais, en octobre 1793, les religieuses furent constituées prisonnières de guerre et gardées à vue dans leur propre couvent : on leur adjoignit les Bénédictines Anglaises et les Dames Bleues, également anglaises ; leurs biens furent séquestrés, les scellés apposés aux portes et aux fenêtres, et la maison fut remplie de prisonnières de tous rangs au nombre de cent vingt-deux, parmi lesquelles on comptait la duchesse de Montmorency-Laval, la duchesse de Doudeauville, la maréchale de Biron et la fille de Malesherbes, duchesse de Rosambo.

La liberté fut rendue aux religieuses au mois de mars 1795, on enleva les scellés, mais la maison avait été mise au pillage, le mobilier était vendu, les objets consacrés au culte étaient brisés ou avaient disparu ; le tabernacle et l'orgue étaient demeurés seuls intacts. Après avoir recouvré leur liberté, les Bénédictines et les Dames Bleues retournèrent en Angleterre ; les Augustines restèrent à Paris, rue des Fossés Saint-Victor, non sans courir de nouveaux dangers, car, en 1799, un décret du Directoire avait ordonné la confiscation et la vente des biens appartenant aux Anglais, et leur départ définitif de France était presque un fait accompli, lorsque la protection efficace de Lebrun leur fit restituer leurs biens ; le premier Consul lui-même, sur la recommandation de son collègue, favorisa cette maison d'éducation, qui se releva en peu de temps en recevant des pensionnaires françaises.

La communauté n'eut point à souffrir des événements de février et de juin 1848, mais un événement d'une autre nature, l'expropriation, les obligea en 1860 à quitter une maison que les souvenirs et même les malheurs leur rendaient plus chère.

Mgr Langénieux, leur supérieur ecclésiastique, leur fit trouver à Neuilly, boulevard Eugène, un vaste terrain sur lequel elles firent élever des constructions, fort bien distribuées et appropriées à leur usage, et une chapelle qui a été consacrée par le Cardinal Morlot. La maison peut contenir soixante-dix élèves ; ce sont, pour la plupart, des Anglaises, les autres sont de nationalités américaine, russe et espagnole.

La guerre de 1870 et l'occupation de l'immeuble par les communards avaient eu pour conséquence le départ des religieuses à Nantes et la destruction complète de tout le mobilier du pensionnat et de tous les objets sans exception destinés au culte : à leur retour, en 1871, la maison seule restait debout.

Dans l'enclos de la communauté, les religieuses ont fait construire une école gratuite dans laquelle elles donnaient l'instruction à quatre-vingts enfants pauvres ; depuis quelque temps elles ont abandonné l'administration de cet externat aux Sœurs de Saint-Vincent de Paul.

XIX

Le Pont-Neuf (1)

Les importants travaux de reconstruction partielle du Pont-Neuf sont terminés, ils nous
fournissent l'occasion de jeter un coup d'œil rétros-
pectif sur les souvenirs historiques qui se rattachent à ce pont, aussi cher qu'utile aux Parisiens.

Sa dénomination a donné lieu à deux étymologies ; les uns disent qu'il a été appelé ainsi, parce
que les habitants de la capitale donnaient le surnom
de nouveau à tous les embellissements dont elle
s'enrichissait chaque jour ; les autres prétendaient
qu'on le nommait Pont-Neuf à cause des neuf issues
qui y aboutissaient, trois sur la rive gauche du
fleuve, trois sur la rive droite et trois presque au
milieu, en face du terre-plein sur lequel s'élève la
statue équestre d'Henri IV. Cette dernière opinion,
que les auteurs ont reproduite sans la réfuter, ne

(1) Semaine Religieuse n°ˢ des 22 janvier et 16 mars 1887.

saurait être admise, l'anecdote authentique suivante en est la preuve manifeste.

Lorsqu'en 1608, le roi ordonna au prévôt des marchands et aux échevins de percer la rue Dauphine, les religieux Augustins, qui étaient propriétaires de tous les terrains au travers desquels la voie nouvelle devait être construite, refusèrent les offres d'indemnité qu'on leur adressa ; la loi d'expropriation n'existait pas, il était donc nécessaire d'obtenir une cession amiable. Henri IV fit convoquer au Louvre Miron et le supérieur des Augustins et, après une vive discussion à laquelle le roi prenait part, la conversation continua en ces termes :

« — Ventre-saint-gris, exclama Henri IV, les maisons que vous ferez construire sur la nouvelle voie vaudront mieux que le produit de vos choux.

« — Que M. le prévôt ajoute 5.000 livres, et c'est marché conclu, répondit le supérieur des Augustins.

« — Il n'ajoutera rien, dit le roi. Écoutez-moi, mon père : vous êtes Normand, je suis Gascon, ne jouons pas au renard, je vous donne quarante-huit heures ; si votre mur n'est pas abattu, j'irai moi-même ouvrir la rue Dauphine avec du canon, s'il le faut.

« — Sire, comment vous résister, répliqua le supérieur, vos arguments rentrent dans l'esprit de l'Église, puisque Votre Majesté s'appuie sur le *droit canon*. »

Et la rue Dauphine fut ouverte. Le Pont-Neuf portait ce nom ds la pose epuide la première pierre, il n'avait que huit issues jusqu'en 1608. La cérémonie de la pose de cette première pierre eut lieu le

31 mai 1578. Ce fut Henri III qui y procéda, les yeux encore tout gonflés des larmes que lui avaient fait verser, le matin même, les obsèques de ses mignons, Quélus et de Maugiron ; cela fit dire à un plaisant : « Le pont devrait être nommé le *Pont-des-Pleurs.* » Il aurait mérité plus tard, ainsi que nous le verrons, une dénomination toute différente, car ce fut, par la suite, l'endroit de Paris où l'on entendit le plus de rires.

Le P. Dubreuil nous apprend dans ses *Antiquités de Paris* qu'Henri III fit pousser activement les travaux dont l'exécution avait été confiée au jeune architecte Du Cerceau. « Le roi avait fait faire, dit le savant Bénédictin, les fondations de toutes les pilles à fleur d'eau de costé de la Mégisserie et une grande partie des arches du costé des Augustins, tellement qu'au moyen de certaines poultres et planches par dessus, l'on pouvait passer *aysément* des Augustins en l'isle du Palais. » Il ne faut pas prendre à la lettre l'expression *aisément* employée par le P. Dubreuil, car les travaux, suspendus pendant les guerres de la Ligue, n'avaient été repris que sous Henri IV et, le 20 mai 1603, ce roi voulant traverser en enjambant sur les planches, les courtisans qui l'accompagnaient lui firent observer que tous les imprudents qui avaient tenté ce qu'il voulait faire, s'étaient rompu le cou, ce à quoi il répondit : « Ils n'étaient pas rois », et il passa. Dans un article, publié en 1875, dans le Bulletin de la Société de l'Histoire de Paris, M. Bruel pense que le passage provisoire, fait de poutres et de planches, avait dû être ouvert au plus tôt à la fin de l'année 1583 et le savant archiviste cite, à l'appui, une lettre du 8 mars 1583 adressée par Henri III au prévôt des marchands et des échevins par laquelle il les engage, sans que cela puisse nuire à l'activité déployée jusqu'alors pour continuer les travaux définitifs de construction en pierre, à faire établir premièrement un pont de bois afin, y est-il dit, « que nous et ceulx de nostre cour et suitte et aussi les habitants de notre ville de Paris y puissions passer dedans la fin de cette présente année... »

S'il faut en conclure avec M. Bruel qu'un pont de bois a été livré à la circulation dès la fin de 1583, il faut convenir également que, vingt ans après, ce pont était presque détruit, tout au moins dans la partie de l'École Saint-Germain à l'Ile du Palais, les piles de ce côté étant seulement à fleur d'eau, ce qui faisait qu'on ne pouvait le traverser sans danger et qu'il arrivait de continuels accidents. Il y avait moins à redouter du côté des Augustins, car dès 1583, une grande partie des arches étaient exécutées et il n'y avait plus pour terminer le gros œuvre, que les remplissages intermédiaires, les poutres et les planches trouvaient un appui et le passant ne courait pas risque, s'il faisait une chute, de tomber dans le petit bras de la Seine.

Le bibliophile Jacob (Lacroix) a écrit avec raison dans la physiologie du Pont-Neuf que, durant les deux derniers siècles, ce qu'il y avait de plus curieux à visiter pour l'étranger, c'était le Pont-Neuf ; le czar Pierre-le-Grand et Francklin l'avaient dit avant lui. Sa renommée a eu des causes bien différentes. Livré à la circulation, il remplit tout d'abord le but que s'était proposé Henri III de *soullaiger le pont Notre-Dame du passage de tant de coches qui sont contraincts y prendre leur chemain n'y ayant que celui-ci qui y puisse servir.* De nos voies de communications il devient aussitôt la plus passante et la plus fréquentée par les voitures de toutes sortes ; s'il a perdu ses autres attraits, il a du moins conservé cette qualité d'être le plus utile de Paris, pour réunir les deux rives et la Cité qui, après avoir été le berceau de la capitale, en est devenue le centre.

Le Pont-Neuf a eu son rôle politique pendant les guerres civiles de la Fronde. Placé à proximité du Louvre, du Palais-Cardinal dont Anne d'Autriche avait fait sa demeure, plus rapproché encore du siège du Parlement et de l'hôtel de son premier président ; il était le seul passage pour accéder au Luxembourg et à l'hôtel de Condé, il était chaque jour traversé par les envoyés, soit de la Cour, soit du Parlement, soit de Gaston d'Orléans, soit des princes de Condé et de Conti. Tous les auteurs contemporains racontent, comment le carrosse du prince de Condé passant un soir sur le Pont-Neuf avait été accueilli par une arquebusade nourrie, dont on accusa les frondeurs, dont on soupçonna Mazarin et qui motiva des arrestations et une procédure abandonnée presque aussitôt après.

La foule des piétons et des voitures était grande sur le Pont-Neuf en ces temps de troubles ; l'anecdote suivante en fait foi : le 5 août 1650, la carrosse du duc de Beaufort s'y étant embarrassé avec celui du comte de Tonnerre et les cochers s'étant entre-fouettés pour passer l'un devant l'autre, puis les pages et les laquais ayant mis l'épée à la main, le comte se jeta hors de son carrosse et fut à celui du duc, lui témoigner son déplaisir et lui offrir toute satisfaction de son cocher, ce que le duc ayant reçu civilement, comme ils se séparaient, quelques-uns du peuple amassés crièrent à M. de Beaufort qu'ils étaient là pour le servir, mais qu'il verraient le lendemain s'il était Mazarin.

Le Pont-Neuf était tellement fréquenté que l'on a pu dire avec quelque vérité jusqu'à la Révolution : si l'on cherche à rencontrer quelqu'un, on n'a qu'à se placer, en sentinelle, à l'entrée et l'on voit bientôt arriver la personne à qui on a affaire. Aussi pour la plus grande publicité, choisissait-on cet endroit, c'est ainsi qu'à plusieurs reprises, en 1650 et en 1652, on y apposait des placards de toutes sortes ; le 4 novembre 1650 notamment, on y avait planté un poteau à carcan en face de la rue de la Monnaie, avec tableau, où l'image du cardinal Mazarin était peinte et représentée pendue, au-dessous était un écrit comme si c'eût été un arrêt du Parlement. Il était si nécessaire d'y maintenir l'ordre qu'un arrêt du 4 avril 1652 avait prescrit l'établissement de trois corps de garde, aux deux bouts et sur le terre-plein, pour réprimer la canaille, dit un témoin oculaire, Duplessis-Aubenay, qui demeurait à l'hôtel de Nevers sur le quai Conti.

Plusieurs décisions de la Cour souveraine y reçurent aussi leur exécution les 4 et 7 avril 1652 ; on y pendait trois condamnés, on y marquait même d'un fer chaud.

Déjà sous Louis XIV le Pont-Neuf avait été restauré et consolidé ; sous ce règne, les grands seigneurs et les voleurs s'efforçaient tour à tour d'y détrousser les passants et d'y battre le guet la nuit. Le jour, on y faisait très habilement la montre et la tabatière, cette singulière industrie s'exerçait facilement, grâce aux tréteaux et aux théâtres en plein vent qui étaient installés aux abords du pont, sur le terre-plein et sur la place Dauphine ; charlatans et opérateurs exécutaient des lazzi et jouaient des farces en vendant leurs drogues. Là figuraient Barry, Ferranti, Descombes, Alary, Desvignes et au premier rang Mondor, Tabarin et le grand Thomas.

Les poètes burlesques ont chanté le Pont-Neuf ; Claude-le-Petit, Berthod, Colletet ont tour à tour amusé le public à ses dépens. Boileau qui a longtemps habité le voisinage, a plusieurs fois, dans ses Satires et dans l'Art poétique, cité le Pont-Neuf et Tabarin. Il ne lui a même pas manqué l'honneur d'avoir un historien ; le regretté M. Edouard Fournier a publié il y a quelques années à son sujet un ouvrage intéressant. Depuis 1789, ce pont est bien déchu de son ancienne gloire, il a été souvent réparé, et cette année il a été menacé d'une ruine partielle, ce qui n'empêchera pas le public parisien de répéter encore : *Solide comme le Pont-Neuf*.

XX

L'Hospice des Enfants Assistés [1]

Une récente opération d'expropriation a eu pour
but de faire disparaître deux immeubles, situés à Paris rue Denfert-Rochereau, qui mas-
quaient les constructions nouvelles de l'Hospice
des enfants assistés; nous profitons de cette occasion
pour dire un mot de *l'établissement* religieux qui
l'a précédé et de la voie publique, en façade de laquelle il est placé.

Le Conseil municipal de Paris, éprouvant comme
toutes les administrations qui l'ont précédé, et à la
grande désolation des Parisiens, le besoin politique
de modifier les noms de nos rues de Paris, même
les plus anciennes, a trouvé bon, sans chercher à
faire un jeu de mots, de changer le vieux nom de
rue d'Enfer, en celui de rue Denfert-Rochereau.

Quoi qu'il en soit, cette voie publique appartient

(1) Semaine Religieuse n° du 23 Avril 1887.

à deux quartiers de Paris, le 19ᵉ et le 53ᵉ ; elle commence boulevard Saint-Michel, 107, et aboutit place Denfert-Rochereau ; sa longueur est de 1137 mètres, sa largeur entre le nᵒ 86 actuel et la place est de 31 mètres 64, sa moindre largeur, fixée par décision du 3 germinal an VIII et par ordonnance royale du 18 mars 1846, est de 12 mètres. L'opération, qui vient d'être exécutée, donne à tous les immeubles de cette rue le même alignement sur le plan duquel ont été placées les constructions nouvelles de l'hospice ; elle a fait disparaître aussi l'étranglement, dangereux pour le public, de cette partie de la rue, rendu plus dangereux encore par l'insuffisance des trottoirs, le passage continuel du tramway de Montrouge quoique réduit à une seule voie, et la circulation active sur ce point qui sert de communication entre le quartier de Montrouge et le centre de la capitale.

L'Hospice des enfants assistés occupe l'immeuble qui appartenait avant la Révolution aux prêtres de l'Oratoire. Cette institution, fondée à Paris le 11 novembre 1611, sous le titre des Grandeurs de Jésus, était établie originairement dans une maison appelée le Petit, ou séjour de Bourbon et de Valois, sise au faubourg Saint-Jacques, sur l'emplacement de l'abbaye du Val-de-Grâce. Les Oratoriens quittèrent cette résidence en 1616 et prirent possession de l'hôtel du Bouchage, rue Saint-Honoré, près du Louvre, que la duchesse de Guise vendit 90.000 livres à leur premier instituteur, le Cardinal de Bérulle.

Dans le cours de l'année 1650, grâce aux libéralités de Nicolas Pinette, trésorier de Gaston, duc d'Orléans, ils devenaient en outre propriétaires de l'immeuble de la rue d'Enfer-Saint-Michel qui leur servit de noviciat.

Il nous a été impossible de fixer d'une façon exacte l'époque de cette acquisition; ni les Archives, ni l'Assistance publique ne possèdent le titre originaire. Tous les documents administratifs, relatifs à la propriété de l'Hospice des enfants assistés, ne remontent pas au-delà de l'an VI; les titres de propriété antérieurs à cette époque ont été détruits dans l'incendie des bâtiments annexes de l'Hôtel-de-Ville.

Au temps de l'acquisition par les Oratoriens, l'immeuble de la rue d'Enfer consistait en 22 arpents de terre, sur partie desquels Nicolas Pinette avait élevé les bâtiments auxquels ont succédé les constructions actuelles. Gaston d'Orléans se déclara leur protecteur, il leur fit expédier des lettres patentes, en vertu desquelles le Roi leur accordait tous les privilèges dont jouissaient les établissements de fondation royale; la première pierre de l'église fut posée en son nom le 11 novembre 1655, elle fut dédiée le 7 novembre 1657 en l'honneur du mystère de la Sainte Trinité et de l'enfance de Jésus-Christ, sous le titre de Présentation au Temple.

Les revenus attachés à cette institution provenaient de titres de rentes, des maisons situées rues de la Huchette et Richelieu, de la ferme de Vaucastille, des bois de Saint-Paul et de la Haute-Maison, ainsi que des fermes de Maupertuis et de Vanves; le tout atteignait la somme de 70.545 livres, ainsi qu'il résulte d'un procès-verbal de visite dressé en 1789 par le supérieur général de la Congrégation. L'administration de l'Assistance publique est devenue propriétaire de cet immeuble en 1792.

Parmi les Oratoriens célèbres, on cite Mascaron, Mallebranche et Massillon.

FIN

TABLE DES MATIÈRES

IIe Partie. — Les Incendies de la Commune.

IIIe Partie. — Variétés.

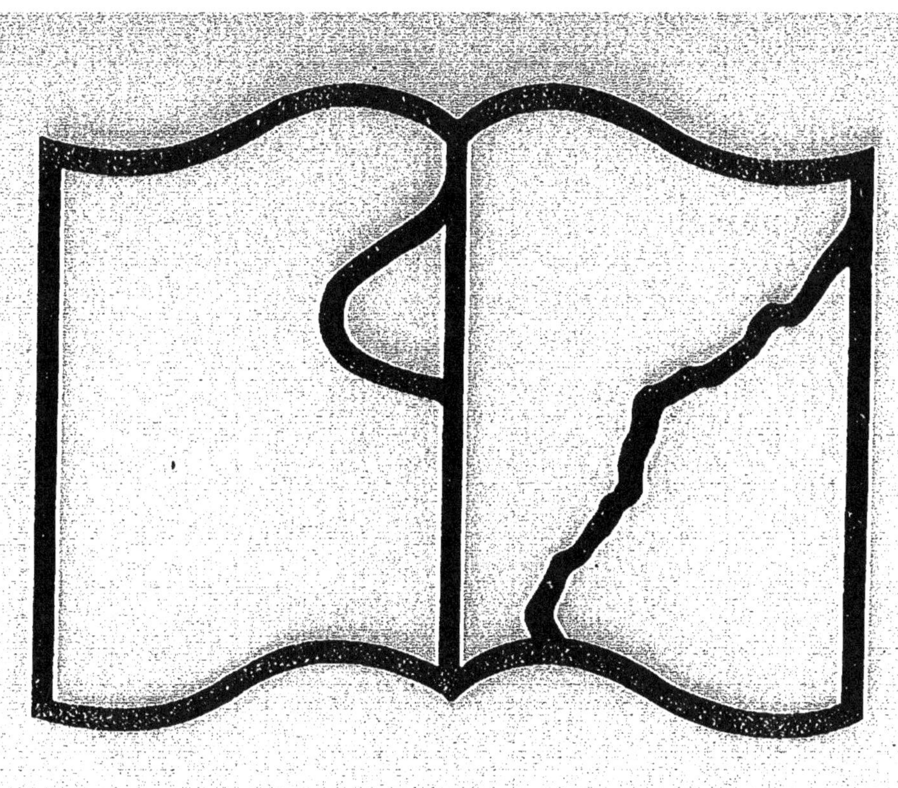

Texte détérioré — reliure défectueuse

NF Z 43-120-11

Contraste insuffisant

NF Z 43-120-14

www.ingramcontent.com/pod-product-compliance
Lightning Source LLC
Chambersburg PA
CBHW051251060726
47596CB00001B/77